NOTICES ET EXTRAITS

DE

QUELQUES MANUSCRITS LATINS

DE LA BIBLIOTHÈQUE NATIONALE

PAR

B. HAURÉAU

MEMBRE DE L'INSTITUT

TOME DEUXIÈME

PARIS

LIBRAIRIE C. KLINCKSIECK

11, RUE DE LILLE, 11

1891

NOTICES ET EXTRAITS

DE QUELQUES MANUSCRITS LATINS

DE LA BIBLIOTHÈQUE NATIONALE

a

TYPOGRAPHIE

EDMOND MONNOYER

AU MANS (SARTHE)

NOTICES ET EXTRAITS

DE

QUELQUES MANUSCRITS LATINS

DE LA BIBLIOTHÈQUE NATIONALE

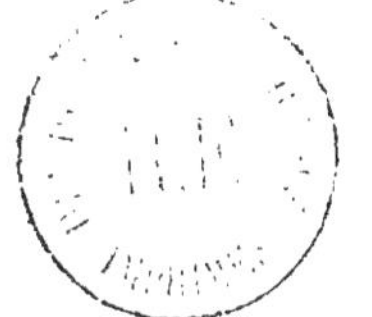

PAR

B. HAURÉAU

MEMBRE DE L'INSTITUT

TOME DEUXIÈME

PARIS

LIBRAIRIE C. KLINCKSIECK

11, RUE DE LILLE, 11

1891

NOTICES ET EXTRAITS

DE

QUELQUES MANUSCRITS LATINS

DE

LA BIBLIOTHÈQUE NATIONALE

DEUXIÈME PARTIE

(Supplément Latin)

8876

Les deux gloses anonymes, sur Isaïe et sur Jérémie, que contient ce volume, sont attribuées par divers manuscrits à Gilbert d'Auxerre, évêque de Londres, surnommé l'Universel. Cette attribution, quelquefois contestée, ayant été péremptoirement confirmée par l'*Histoire littéraire* (1), personne n'hésite plus à l'admettre.

Qui l'avait contestée? Plusieurs des bibliographes anglais, qui, bons patriotes, avaient réclamé les deux gloses, l'une et l'autre estimées, pour Gilbert Crispin, abbé de Westminster, qu'ils croyaient né dans leur île. Mais ils se trompaient. Gilbert Crispin, venu du Bec,

(1) *Hist. litt. de la France*, t. XI, p. 240, 241.

était né sur le continent, d'un père normand, Guillaume Crispin, gouverneur de Neauphle. Le patriotisme est, sans conteste, un noble sentiment; mais il faut s'en méfier quand on écrit l'histoire. Une copie de la glose sur Jérémie finit ainsi dans le n° 11 de Clermont-Ferrand : *Sufficiant hæc ad expositionem Lamentationum Jeremiæ, quæ de Patrum fontibus hausi ego, Gilebertus, Autissiodorensis ecclesiæ diaconus.* La même souscription termine le n° 47 des manuscrits d'Angers.

8877

Le commentaire anonyme sur les Épitres de saint Paul que contient ce beau volume est de Pierre le Lombard. Nous en avons déjà cité, sous les nos 655, 659-665 et 673, neuf manuscrits pareillement anonymes (1). On n'avait pas besoin d'en indiquer l'auteur à ses contemporains; ils le connaissaient tous. Il y a des lacunes dans ce n° 8877; il y manque la fin du commentaire sur la seconde aux Corinthiens, avec le commencement de deux autres sur l'épitre unique aux Galates et sur la première à Timothée; enfin le commentaire sur la seconde aux Thessaloniciens manque complètement. La dernière édition de ces commentaires a été donnée dans les tomes CXCI et CXCII de la *Patrologie*. En la comparant aux bons manuscrits on la trouve souvent défectueuse. Cependant il n'est guère probable qu'on prenne jamais le soin de l'amender.

(1) Tome I, p. 70, 71, 72.

9578

Le titre est *Sermones sancti Bernardi, Claræval-lensis abbatis,* et nous avons, en effet, ici la plupart des sermons complets que Mabillon a publiés sous le nom de saint Bernard. Mais tous les sermons que nous offre ce volume ne sont pas dans l'édition de Mabillon, et il contient, en outre, à la suite des sermons, plusieurs pièces qui ne sont pas toutes de saint Bernard, et que le titre n'indique pas. Il faut donc suppléer à l'insuffisance de ce titre.

Aucune remarque n'est à faire sur tout ce qui précède le feuillet 124. Mais là se trouve, sous le nom de saint Bernard, un sermon, dont il n'est pas l'auteur. Ce sermon, qui commence par *Hodie misericordia et veritas obviaverunt sibi et multitudo miserationum Domini in peccatricem feminam refusa est*, n'est pas dans l'édition bénédictine, et nous n'avons à citer aucun autre manuscrit qui le donne à l'abbé de Clairvaux. Il est en effet de Pierre Damien, et sous son nom imprimé dans le tome CXLIV de la *Patrologie*, col. 660.

Fol. 141. *Ave, gratia plena... — Miraculum fuit quod virgo peperit. Mentis clamor, virginis amor, virtutum zelus vitiorum fuit occasus.* Ce sermon est ici donné comme étant de saint Bernard; mais vainement nous l'avons recherché dans l'édition de ses Œuvres et nous n'en pouvons indiquer aucune autre copie avec ou sans le nom de l'illustre abbé. A-t-il été connu de Mabillon qui, l'ayant lu, l'a rejeté?

Peut-être. Les pointes rimées qu'on vient de lire ne semblent pas en effet de saint Bernard.

Au revers du feuillet 161, entre deux sermons, la lettre aux Irlandais sur la mort récente de saint Malachie. Nous avons cité précédemment, sous le nº 712 (1), un exemplaire imparfait de cette lettre dont saint Bernard est l'auteur certain.

Dans le recueil des sermons de saint Bernard formé par Mabillon on ne trouvera pas la pièce qui se lit, au feuillet 190, sous ce titre *Sermo dompni B. ad clericos*, et qui commence par : *Ad audiendum, ut credimus, verbum Dei convenistis*. C'est une juste remarque déjà faite par l'auteur du catalogue de Douai. Mais il n'aurait pas dû conclure de là que cette pièce est inédite (2). Elle est, en effet, imprimée dans l'édition bénédictine, mais à part des sermons, sous ce titre : *De conversione ad clericos*.

Au feuillet 202, *Liber de lectione evangelica « Ecce nos reliquimus omnia », collectus ex dictis dompni B., abbatis Claræ Vallis*. Cet écrit, souvent copié sous le nom de saint Bernard, ne lui est pas ici, comme on le voit, attribué. Il en aurait, dit-on, fourni les matériaux; mais la construction serait d'un autre. Cet autre est, suivant divers copistes et suivant Mabillon, Geoffroy d'Auxerre, abbé d'Igni, que saint Bernard avait eu pour dévoué secrétaire. L'ouvrage est imprimé dans les appendices aux écrits authentiques de saint Bernard; édition de Mabillon, t. II, p. 283.

A cette pièce succèdent deux sermons. Le premier,

(1) Tome I, p. 88.

(2) *Catal. des man. de Douai*, p. 208.

au revers du feuillet 215, commençant par *Quid est quod dicimus beatam Mariam*, est vraiment de saint Bernard; c'est le sermon LI *De diversis;* mais le second, commençant par *Adorna thalamum tuum, Sion,* est donné faussement à saint Bernard; il est de l'abbé Guerric, et publié sous son nom : *Patrologie* t. CLXXXV, c. 79.

Mentionnons enfin deux épitaphes de saint Bernard. Au feuillet 201, la plus connue :

Claræ sunt valles, sed claris vallibus abbas
Clarior...

Au feuillet 219, celle qu'a publiée Denis, *Cod. theol. Vindob.*, t. I, col. 1253, et dont on nous signale d'autres copies dans les n[os.] 9687 de Troyes et 106 de Charleville :

Mira loquor, sed digna fide. Bernarde, quid est hoc?
Vivis adhuc? Vivo. Non es tunc mortuus? Imo...

9593

En tête du manuscrit on lit ce titre : *Summa magistri Petri, cantoris Parisiensis, de sacramentis legalibus;* et les premiers mots de cette somme sont : *Quæritur de sacramentis legalibus, quæ data sunt in signum perfectorum et jugum superborum.* Nous remarquons d'abord que ce titre indique mal la matière du livre. Il est vrai qu'il s'agit, dans les premiers chapitres, du baptême, de la confirmation, de l'eucharistie; mais, en fait, cette somme est presque un ample traité de droit canonique, dont l'auteur s'est surtout proposé la recherche et la discussion minutieuse de tous les cas douteux. Quel est cet auteur? Il est ici nommé Pierre, chantre de Paris; de même dans le nº 276 de Troyes. Mais dans notre nº 14445 il n'est désigné que par sa dignité : *Cantor Parisiensis*, et ailleurs d'autres qualificatifs sont joints au nom de Pierre; ainsi lit-on *Petrus Remensis* dans un manuscrit de Saint-Victor cité par Oudin et par dom Brial (1), et *Petrus*, *Senonensis archiepiscopus*, dans le nº 263 de l'Arsenal.

Ne connaissant pas un autre Pierre de Reims que Pierre Riga, Casimir Oudin a tenu pour suspecte l'attribution du manuscrit de Saint-Victor. Cependant elle ne contredit pas, elle confirme au contraire celle de notre nº 9593, Pierre, chantre de Paris, étant né dans le diocèse de Reims et ayant été dans le même temps, par privilège, doyen de Reims et chantre de Paris (2). Tant d'attestations en faveur de Pierre le Chantre, semblent écarter l'archevêque de Sens, Pierre de Corbeil. Il y a néanmoins à produire, en faveur de ce Pierre de Corbeil, plusieurs raisons d'assez bon poids, et que nous allons faire valoir les unes après les autres avant de nous prononcer.

L'*Histoire littéraire*, qui devrait, ici nous venir en aide, ne le fait pas : après avoir attribué l'ouvrage à Pierre le Chantre sous le titre de *Summa de sacramentis*, elle le donne à Pierre de Corbeil en l'intitulant, d'après Jean de Launoy, *Quæstiones scholares* (3).

(1) *Hist. litt. de la Fr.*, t. XV, p. 298.
(2) Voir notre t. I, p. 74 et 176.
(3) *Hist. litt. de la Fr.*, t. XVII, p. 228.

En effet Jean de Launoy l'avait plusieurs fois cité sous ce titre (1), certainement meilleur que le nôtre, et sous le nom de Pierre de Corbeil, d'après un manuscrit dont il a fait don au séminaire de Laon, et c'est aussi le titre qu'on lit dans la copie de l'Arsenal, venue des Minimes. Mais, quel que soit le titre donné par l'auteur lui-même à son livre, voici deux manuscrits qui nomment cet auteur Pierre de Corbeil. En outre, si l'on compare le style très particulier du *Verbum Abbreviatum* à celui de ces *Quæstiones,* on ne trouve pas entre eux beaucoup de ressemblance. Pierre le Chantre est, dans le *Verbum Abbreviatum,* un discoureur abondant, ingénieux, qui toujours vise à faire preuve d'esprit, toujours cite à l'appui de ses dires, bien ou mal à propos, quelque poète profane; en un mot, c'est un vrai lettré, qui s'est efforcé de le paraître, et y a réussi. L'auteur des *Quæstiones* est, au contraire, un écrivain sec, pressé de conclure, qui semble n'avoir lu que des casuistes, et n'avoir pas appris d'eux qu'on peut donner des leçons de morale avec quelque agrément.

On ne saurait contester que tout cela plaide avantageusement pour Pierre de Corbeil. Il doit néanmoins perdre son procès, et il le perdra quand nous aurons fait entendre contre lui le témoignage ferme et précis d'un de ses contemporains, très versé dans les questions de casuistique, et qui doit, par conséquent, très sûrement connaître les auteurs des livres auxquels il fait des emprunts. Or voici ce que nous lisons dans

(1) *De celebrior. scholis*. c. LIX, art. 6.

le *Pénitentiel* de Pierre de Poitiers, chanoine de Saint-Victor :

In his et in aliis animarum consiliis, in quibus semper mallem audire quam audiri, consultius est recurrere ad scripta piæ recordationis Petri, cantoris Parisiensis, ad illam Summam præcipue quæ est de secretis animarum consiliis, quæ sic incipit : *Quæritur de sacramentis legalibus quæ sunt data perfectis in signum, superbis in jugum, infirmis in pædagogum. Utrum opera sancta in eis essent meritoria, et cet.* (1).

Pierre de Corbeil est mort en 1222, et il est certain que Pierre de Poitiers composa son *Pénitentiel* après 1216, avant 1230. Voilà donc un témoin irrécusable.

Quant au livre, il est très instructif. Les cas que l'auteur expose avant de résoudre les difficultés qu'ils présentent ne sont pas tous des cas imaginaires; ce sont le plus souvent des faits réels dont le détail importe à l'histoire des mœurs. Voici quelques extraits.

Nous citons d'abord l'opinion de notre casuiste sur la mode, alors nouvelle, des robes traînantes :

Licet sit mortale peccatum caudare vestes et imitari formam diaboli, tamen, quia occultatum est crimen, et dicitur non esse crimen, sed vanitas quædam, non arcentur tales caudati ab eucharistia, præcipue quia multitudo est in culpa. Si quis tamen nobilis caudaret vestes suas ut conformaretur sociis suis, ne scandalizaret eos, et doleret de eo quod oporteret eum sic facere, credo quod non peccaret in caudando. Illi tamen artifices qui caudant et deciarii, quia viles personæ sunt et de facili possunt cogi ab ecclesia cum non habeant sociam multitudinem, nisi timeatur offensa alicujus principis, debent repelli ab eucharistia (2).

(1) N° 14886 de la Bibl. nat., fol. 263, col. 2.
(2) Fol. 140, col. 3.

C'est donc un péché mortel que de porter des robes traînantes; cependant, parmi les puissants du jour, un si grand nombre de gens commettent ce péché, qu'il faut par prudence ne le pas voir. Mais soyons sans pitié pour les artisans par qui les robes sont faites; ce sont viles personnes qu'il faut ignominieusement chasser de l'église, à moins pourtant qu'un grand seigneur ne les prenne sous sa protection. Il est difficile d'approuver les termes de cette étrange décision.

Plusieurs concernent l'église de Paris, et, si quelques-unes en recommandent les bonnes coutumes, d'autres y signalent de persistants abus. Ainsi l'on voit que les duels, interdits dans la plupart des églises, étaient encore autorisés, vers la fin du XIIe siècle, par l'évêque de Paris, et avaient lieu devant le palais épiscopal :

Quædam ecclesiæ habent monomachias et judicant monomachiam debere fieri quandoque inter rusticos suos et faciunt eos pugnare in curia ecclesiæ, in atrio episcopi, vel archidiaconi, sicut fit Parisius (1).

L'abbé Lebeuf a cité ce curieux passage (2). Il cite aussi les premières lignes du suivant (3), pour montrer que les juifs de Paris avaient autrefois leur synagogue dans la cité, et que cette synagogue, convertie plus tard en église, devint paroissiale sous le vocable de Marie-Madeleine :

Septem clerici volunt, auctoritate episcopi Parisiensis, in

(1) Fol. 184, c. 1.
(2) *Hist. de la ville et de tout le dioc. de Paris*; édit. Cocheris, t. I, p. 11.
(3) *Ibid.*, t. II, p. 517.

ecclesia Beatæ Mariæ Magdalenæ, ubi fuit synagoga Judæorum, constituere fraternitatem spiritualem, proponentes aggregare præbendas usque ad viginti, dicentesque episcopo : « Sociorum nostrorum quidam sunt Bononiæ, quidam Salerni vel Monte Pessulano, alii alteris in locis, qui facient præbendas singuli suas. Tamen assignate nobis altare et benedicite. » Numquid hoc faciendum est episcopo? Non videtur; quia si, fraternitate jam constituta, alii suas sibi facerent præbendas, nonne spiritualitatem acciperent beneficiis mediantibus? Debet autem episcopus dicere illis ut maneant in locis honestis quousque aggregaverint præordinatum numerum fratrum ; et ita videtur ei ad præsens (1).

L'évêque dont Pierre le Chantre approuve ici la réponse est certainement Maurice de Sully, la conversion de la synagogue en église ayant eu lieu sous son épiscopat, en 1183. C'est encore Maurice qui rejeta la requête singulière à laquelle il est fait allusion dans la phrase qui suit :

Similiter, hodie, si meretrices manentes in meretricio vellent de suo publice facere calicem, vel fenestram vitream, vel aliquid tale, non reciperet ecclesia propter scandalum ; in privato posset recipere (2).

Doute-t-on que cette requête ait été réellement présentée? Voici, sur ce point, un témoignage formel, qui mérite toute confiance, celui de Thomas de Cabham, sous-doyen de Salisbury :

Consuetudo est Parisius, in majori ecclesia, quod in sabbatis, ad vesperam, multitudo mulierum offert candelas super altare, et inter eas passim admittuntur meretrices; quod ideo tunc dicitur permitti quia tunc non sacrificatur in

(1) Fol. 114, c. 2.
(2) Fol. 131, c. 2.

altari. Ad missam tamen nullo modo permitterentur offerre in altari, ne fœtorem prostibuli portarent ad odorem sacrificii. Vidimus tamen quod in eadem civitate volebant meretrices fenestram vitream facere nobilem in majori ecclesia; sed non permisit episcopus hoc fieri, ne videretur earum approbare vitam quarum acciperet pecuniam (1).

Ainsi l'évêque ne pouvait favorablement accueillir une offrande publique faite par de telles personnes ; il ne pouvait permettre qu'une des fenêtres de son église cathédrale fût occupée par un vitrail qu'aurait solennellement donné le syndicat avoué des filles de joie; mais, ajoute le grand-chantre, il pouvait recevoir ce don fait sans publicité. Cela veut-il dire qu'il l'a reçu dans cette forme ?

Voici quelques renseignements nouveaux et intéressants sur les infirmières à demi laïques, à demi religieuses, de l'Hôtel-Dieu de Paris :

In hospitali Parisiensi, quædam mulierculæ reddiderunt se in obsequium infirmorum; quæ tamen victualia habebant de communi, cetera sibi acquirebant de auxilio manuum suarum ; unde quæ potentior erat vel peritior in texendo vel nendo melius sibi providebat; unde erat quædam dissimilitudo et difformitas in vestibus earum et in aliis. Ideo providerunt canonici Parisienses quod quidquid ipsæ lucrarentur operibus suis conflaretur in unum et in commune æqualiter divideretur prout cuique opus esset. Tamen non ausi sunt constituere quod, si quis propinquus daret alicui earum aliquid specialiter, distribueretur in commune, sed illa cui datum esset sibi reservaret et ad voluntatem expenderet (2).

A l'histoire de Paris appartient encore le récit d'un meurtre qui a dû faire grand bruit, même

(1) *Not. et extr. des man.*, t. XXIV, 2e part., p. 284.
(2) Fol. 191, c. 2.

dans un temps où les meurtres de ce genre n'étaient pas rares :

Quidam archidiaconus Parisiensis, cum a quodam officiali episcopi loci ejusdem prohiberetur ab exactionibus subditorum, excusans se erga propinquos suos quod non tantum dare posset eis quantum solebat, ait : « Non possum, ut solebam, vobis succurrere, quia ab officiali episcopi prohibeor exigere a subditis tallias et alia quæ solebam accipere. » Unde, licet ipse ad hoc non dixerit, quidam de propinquis archidiaconi officialem peremerunt. Quod audiens archidiaconus, statim se transtulit ad religionem, non ausus expectare judicium (1).

Cet official, qui défendait aux archidiacres de percevoir des taxes iniques, ne paraît pas avoir eu beaucoup d'imitateurs. Il est, du moins, constant que, si quelques évêques se sont eux-mêmes employés à contenir la cupidité de ces puissants dignitaires, leurs efforts ont été vains. De toutes parts, dès la fin du XIIe siècle, s'élève un concert de plaintes contre les déprédations tant des archidiacres que des officiaux. Jacques de Vitry dit plaisamment :

Qui malos archidiaconos vel decanos rurales constituunt similes sunt cuidam fatuo, qui, cum caseum, quem in arca reconderat, a muribus corrosum inspiceret, posuit in arca murilegum ut a muribus defenderet caseum. Murilegus autem non solum mures devoravit, sed totum caseum comedit. Sic raptores et avari officiales, qui a malis sacerdotibus simplicem populum defendere deberent, tam sacerdotes quam laicos pecuniis spoliant et devorare non cessant (2).

Et les moines eux-mêmes, ajoute notre casuiste, ne

(1) Fol. 79, c. 2.

(2) Jacobi de Vitr. *Sermones vulgares*; Bibl. nat., n° 17509, fol. 13, v°.

s'abstenaient pas de ces coupables exactions, privant de tout, même du nécessaire, les pauvres curés de leur obédience :

In quibusdam locis monachi ita attrahunt decimas et oblationes ecclesiæ quod vix relinquitur pauperi sacerdoti unde vivat, nisi per quasdam turpes exactiones et oblationes missarum. Propterea pauper sacerdos, post administrationem spiritualium, potest exigere pastum a quolibet (1).

Voici maintenant, nous aimons le citer, un exemple de délicatesse :

Quid dices de illo religioso abbate Pontiniaci, qui absurdum et quasi simoniacum reputans pro spiritualibus suffragiis sumere pecuniam, et, famosum exemplum volens relinquere præsentibus et in posterum, pecuniam maximam sibi oblatam a quodam divite nobili respuit, quamvis tamen sibi cum maxima devotione offerretur, dicens illi nobili se non indigere pecunia illa et se gratis et pro devotione quam videbat facturum pro eo quod petebat. Cui cum a quodam monacho improperaretur quod contra ordinem fecisset renuens pecuniam, respondit : « Non bene conveniunt, nec in una sede morantur munera et suffragia (2). »

Thomas Becket est particulièrement signalé comme un adversaire déclaré de tout profit simoniaque :

Beatus Thomas Cantuariensis fecit jurare clericum, cui commisit sigillum, quod nunquam pro aliquo officio cancellariæ suæ pretium aliquod exigeret, vel aliquid acciperet, nec etiam canipulum (3).

Pierre le Chantre était, on le sait, un des plus vifs apologistes de Thomas Becket. Aussi ne néglige-t-il aucune occasion de le citer en exemple.

(1) Fol. 99, c. 1.
(2) Fol. 96, c. 3.
(3) « Pas même un canif. » — Fol. 101, c. 3.

Transcrivons enfin une anecdote relative à Robert de La Chambre, évêque d'Amiens. Pierre le Chantre la raconte pour enseigner aux évêques combien ils doivent être attentifs à ne pas faire usage, même comme seigneurs temporels, du glaive séculier :

Cum magister Robertus de Camera factus esset episcopus Ambianensis, apparitores qui sub eo erant comprehenderunt latronem. Misit vice-dominus ad episcopum, quærens quid esset faciendum de latrone illo. Respondit episcopus : « Faciat quod facere habet. » Post horam aliquandam *(sic)*, recordatus episcopus verbi quod dixerat, promisit pecuniam illi de servientibus qui primus veniret ad patibulum et prohiberet ne latro suspenderetur ille. Sed antequam aliquis veniret suspensus est. Unde episcopus postea percussit pectus suum et quoties erat celebraturus pœnituit, confitens de homicidio (1).

Ces extraits suffisent pour montrer l'intérêt qu'offrent les *Questiones scholares* de Pierre le Chantre. Le P. Labbe se proposait de les publier ; mais il n'a pas qu'on le regrette, exécuté ce dessein. Quelques fragments en ont été donnés par Jacques Petit, à la fin du *Pénitentiel* de Théodore, archevêque de Cantorbery.

A fin du volume, des sentences, des proverbes, soit en prose, soit en vers. Nous remarquons, parmi les vers, le dialogue entre Jésus et ses disciples,

Discipulis bis sex quibus est commissa Dei lex...,

que M. l'abbé Bourassé a, sans aucune raison, publié

(1) Fol. 184, c. 2.

sous le nom d'Hildebert : *Hild. et Marb. Opera*, col. 1284 ; ensuite l'hymme à la Vierge :

Ave, stella matutina,
Peccatorum medicina...

dont M. l'abbé Chevalier indique des éditions très nombreuses (1). Les vers suivants sont, croyons-nous, inédits :

Accumbens dormit, discumbens fercula sumit,
Decumbens plorat, procumbens numen adorat,
Occumbens moritur, victus succumbere fertur,
Concumbens violans, incumbens atque laborans.

9749

Le copiste de ce volume a donné pour titre à l'ouvrage qu'il contient : *Liber illustrium virorum ordinis Cisterciensis*. Mais le manuscrit est daté de l'année 1478, et l'exactitude était, au XVe siècle, le moindre soin des copistes.

Quelques Cisterciens de grand renom sont, à la vérité, cités et loués dans ce gros livre; mais l'auteur s'est avant tout proposé de faire connaître les origines de l'ordre qu'ils ont illustré. Dom Tissier a publié cette ample narration dans le tome 1, p. 13, de sa *Bibliothèque : Exordium magnum ordinis Cisterciensis*, l'attribuant à Conrad, abbé d'Everbach, au diocèse de Mayence. Il avait lu ce nom sur une copie conservée de son temps à Foigny. Cette copie est aujourd'hui le n° 331 de la bibliothèque de Laon. La

(1) *Repert. hymnol.*, t. I, p. 126.

Gaule chrétienne nous apprend que Conrad, abbé d'Everbach, mourut au mois de septembre de l'année 1226.

Dans le manuscrit de Laon comme dans le nôtre, l'ouvrage a deux prologues, l'un en vers, l'autre en prose. Tessier n'a donné que celui-ci. Les vers de l'abbé Conrad sont, il faut le dire, peu dignes d'être connus.

10204

Nous avons ici l'*Ars inventiva veritatis* dont l'auteur est nommé dans les n°s 12973 et 15450. C'est Raymond Lull. Ajoutons que l'ouvrage est imprimé dans le tome V de la grande édition de ses Œuvres, l'édition de Mayence. Combien il serait précieux s'il tenait ce que promet le titre ! Mais il n'y a que des égarés comme Raymond Lull pour crier si haut qu'ils vont enseigner l'art de trouver la vérité.

10634

Les pièces réunies dans ce volume sont des lettres d'Adam, abbé de Perseigne et des sermons dont les auteurs ne nous sont pas connus.

Les lettres se lisent dans le tome CCXI de la *Patrologie*, à l'exception d'une seule, fol. 19, qui est à l'adresse d'un moine nommé Simon. En voici les premiers mots : *Simoni suo frater Adam peccator, non carere his osculis quibus solet sol pleni luminis infulgere*. Cette lettre, d'un style très prétentieux, est sans intérêt.

Nous avons à faire une courte observation sur les éditions de la première. Elle commence, dans ces éditions, par *Odoni, venerabili episcopo Parisiensi;* mais dans notre manuscrit, dont la leçon doit être meilleure, par *Odoni, venerabili futuro Parisiensis ecclesiæ, Dei præordinatione, ministro*. Cet Odon, évêque de Paris, est Odon de Sully, qui fut élu en 1196, mais ne fut consacré que l'année suivante. La lettre étant antérieure à sa consécration, on suppose qu'elle fut écrite dans les premiers mois de l'année 1197.

Il faut indiquer séparément chacun des sermons, qui sont au nombre de quatre :

Fol. 29. Pour le jour de Pâques. *Hæc dies quam fecit Dominus... — Sic dicitur quod hanc diem fecerit Dominus*. Nous n'avons pas à citer une autre copie de ce sermon.

Fol. 35. Pour la fête de saint Benoît. *Dicite justo quoniam bene... — Ad enarrandas justi laudes et extollenda præconia dies ista solemnis induxit*. Pas d'autres copies. Ces deux sermons se trouvent-ils quelque part sous le nom d'Adam ? Ils n'ont pas, du moins, été rencontrés par les anciens éditeurs de ses œuvres, car ils sont inédits.

Fol. 48. Pour la fête de saint Pierre-aux-liens, *Petrus quidem servabatur... — Herodes Agrippa, qui, septimo anno regni sui, mirabiliter percussus est ab angelo*. Ce sermon, anonyme dans notre n° 6674 (fol. 100), a été publié par Beaugendre dans les Œuvres d'Hildebert, col. 581, d'après un manuscrit d'Angers où ne se lisait pas non plus le nom de l'auteur. Mais il est à Rouen, A 429, dans une liasse de sermons de Pierre Le Mangeur et sous ce nom il figure encore dans notre n° 2950, fol. 143. Cette attribution n'est pourtant pas certaine.

Fol. 53. Pour la Nativité de la Vierge. *Ave, maris stella... — Præsens sæculum, fratres carissimi, mare est; ad similitudinem namque maris fœtet.* Nous avons déjà cité, sous le n° 585 (1), ce sermon à tort publié dans les Œuvres de Hugues de Saint-Victor. Il n'est d'aucun des auteurs auxquels on l'a donné. Mais certainement il n'est pas non plus d'Adam de Perseigne, car l'élégant écrivain à qui nous le devons, et qui n'a pas voulu nous dire son nom, était certainement chanoine régulier (2).

10684

On lit à la fin de ce volume : *Explicit Summa virtutum Joannis de A.* Ce *Joannes de A.* ne semble pouvoir être que *Joannes de Abbatisvilla*, c'est-à-dire Jean Halgrin d'Abbeville. Quoi qu'il en soit, le copiste s'est trompé, car cette Somme n'a pour auteur aucun Jean, d'Abbeville ou d'ailleurs ; elle est de Guillaume Péraud et a été souvent copiée, souvent imprimée sous son nom.

10695

Presque tous les sermons anonymes que nous offre ce volume sont incontestablement de saint Bernard et ont été publiés sous son nom. Nous ne disons

(1) Tome I, p. 31.

(2) *Les Œuvres de Hugues de S.-Victor*, p. 223.

pas tous, car l'édition bénédictine ne contient pas les suivants :

Fol. 57. *Scio, fratres, in quanta afflictione sitis, quomodo morte afficiamini tota die.* Le titre de ce court sermon est *In Quadragesima.*

Fol. 74. *His quidem diebus in majori compunctione est omnis mundus ; nec immerito.*

Fol. 77. *Observantia Quadragesimæ, dilectissimi fratres, summæ auctoritatis est, summos habens auctores.*

Fol. 78. *Redemptor noster, dilectissimi, in terra conversatus, vitam suam nostræ formam nobis proposuit.*

Fol. 80. *Ite in castellum quod contra... — Mundus est castellum, cujus vallum superbia et munitiones cetera vitia.*

Fol. 130. *En lectulum Salomonis... — Animæ sic loquitur Dominus Deus.* Le dernier de ces sermons, qui termine le volume, n'est pas de la même main que les précédents.

Il paraît bien que le copiste des cinq autres les a crus de saint Bernard. S'est-il trompé ?

10698

Ce manuscrit, qui paraît de la fin du XIIIe siècle, était autrefois chez les Carmes de Dijon. Il contient un recueil de sermons sur les saints qui sont tous anonymes, à l'exception de six que nous allons particulièrement indiquer.

Fol. 41. *Sermo de Annuntiatione beatæ Mariæ Vir-*

ginis, fratris Bonæ Fortunæ.— Mulierem fortem quis... Ora pro nobis... — Verbum ultimum fuit verbum sacerdotum ad Judith. Ce sermon de saint Bonaventure est, croyons-nous, inédit, et Le P. de Fanna ne l'a pas signalé. Nous n'en avons rencontré, pour notre part, aucun autre exemplaire. C'est un long sermon, du genre mystique, écrit avec soin, mais qui n'offre rien à citer.

Fol. 48. *De Inventione sanctæ crucis. Sermo fratris Joannis de Viridi. — Fructus justi lignum vitæ... — In verbo proposito ostendit Sapiens causam et rationem hujus solemnitatis.*

On a conservé plusieurs sermons de ce frère Jean de Verde, docteur en théologie, qui nous paraît avoir été religieux franciscain. L'*Histoire littéraire* indique celui-ci d'après notre manuscrit ; t. XXVI, p. 397.

Fol. 50. *Sermo in Ascensione Domini fratris Bartholomæi de Bolon. — Ecce aquila ascendet... — Verbum istud scriptum est Jer., 49.* L'*Histoire littéraire* mentionne aussi ce sermon ; ibid., p. 450.

Nous en citons l'anecdote suivante :

Fuit Romæ quidam civis advocatus, delicatus et magnus multum. Tot vestes indutas habuit quod mirabantur alii quomodo posset portare tot vestes, et in hieme habuit caligas forratas. Intravit ordinem fratrum et fuit novicius. Tentatus est exire religionem et quadam nocte, cum dormiret in dormitorio, videbatur ei quod venit ad eum quidam nuncius, præcinctus ad ambulandum, et dixit ei quod veniret post se et duxit eum per latus montis. Postea angelus aperuit ei quamdam partem et respexit a longe et non audebat appropinquare, et sentiit ibi maximum fœtorem et audivit planctum maximum et vidit scintillas maximas et globos flammarum, et territus est valde et emisit terribilem rugitum sicut leo, quo fratres omnes fuerunt territi, et dixerunt quod nunquam audiverant tam terribilem rugitum; et ipse tribus diebus tam raucus (fuit) quod non potuit loqui verbum, et postea fecit asperrimam pœnitentiam.

Cette historiette, qui n'est guère intéressante, est assez mal racontée. Barthélemy de Bologne n'était certes pas un habile prédicateur. Il fut pourtant, au dire de Salimbene, très honoré par ses confrères en religion, les Franciscains. Cela fait supposer qu'il avait d'autres titres à leur estime que le don de l'éloquence.

Fol. 69. *De beato Laurentio fratris Humilis sermo. — Ecce igni datum est... — Verbum vobis propositum, carissimi, etsi sit verbum Ezechiel...* Ce mot *humilis* est-il un adjectif, est-il un nom propre ? On a pu le supposer un adjectif quand on ne l'avait rencontré que dans les *Distinctions* de Pierre de Limoges (1); on suppose maintenant, en le retrouvant ici, que c'est un nom propre.

Fol. 86. *Sermo de sancto Matthæo, apostolo, fratris Matthæi de Sancto Francisco. — Relictis omnibus surgens... Surrexit Elias... — Verba ultima sunt in Ecclesiastico.* Ce sermon est mentionné dans l'*Histoire littéraire*, où l'on en cite plusieurs phrases qui prouvent que l'orateur, Matthieu de Saint-François, était Franciscain (2).

Fol. 88. *Sermo in festo beati Michaelis, mag. Ancodi, canonici Parisiensis. — Angelis suis manda-*

(1) *Hist. litt. de la Fr.*, t. XXVI, p. 431.
(2) Ibid., p. 398.

vit... — Verbum istud Psalmistæ nobis propositum spiritualiter intellectum... Ancodus paraît un nom altéré (1). Quant au sermon de ce chanoine, prononcé, comme il semble, devant les écoliers de Paris, il est plein de traits plus subtils qu'ingénieux. Que d'efforts pour expliquer un si grand nombre d'allégories imaginaires ! Evidemment l'orateur se les est imposés pour mériter l'approbation d'un public lettré.

Le titre du sermon indique, à défaut du nom, la dignité du prédicateur.

Fol. 104. *Sermo de commemoratione animarum, domini cancellarii Parisiensis. — Memor esto judicii mei... — Verba ista scripta sunt in Ecclesiastico.* Nous regrettons de ne pas savoir quel est ce chancelier. Son sermon est d'une gravité soutenue et l'on y remarque plus d'une intention littéraire.

A-t-on d'autres copies de tous les sermons que contient ce volume ? Si l'on en a d'autres, elles nous sont inconnues. Nous pouvons conjecturer qu'ils ont été prononcés vers l'année 1260, et nous devons faire remarquer qu'ils ont été recueillis par un homme grave, qui ne goûtait pas les prédicateurs facétieux. Aussi n'y trouve-t-on pas souvent d'anecdotes, d'allusions aux mœurs du temps et de mots pour rire.

11125

Les soixante-deux premiers feuillets de ce volume sont occupés par *La Consolation de la Philosophie*. Quelques notes marginales sont jointes au texte de Boëce.

(1) *Hist. litt. de la Fr.*, t. XXVI, p. 399.

Au revers du feuillet 62 on lit quelques vers. Dans les six premiers, qui commencent par

Artus, diphtongus, nardus costusque phaselus,

sont groupés environ trente mots finissant en *us*. A la suite, ce seul vers,

I cito, pincerna; defer huc pretiosa falerna,

et un texte différent d'une petite pièce que nous avons donnée sous le n° 3705 (1); différent, disons-nous, mais non pas, comme il semble, meilleur. Enfin, ce chapelet de jeux de mots :

Mala mali malo mala contulit omnia mundo.

La seconde partie du volume, d'une écriture plus récente, est un commentaire anonyme sur le Psautier, qui, plusieurs fois édité sous le nom d'Alexandre de Halès, est plutôt, selon M. Daunou (2), de Hugues de Saint-Cher, à qui l'ont attribué d'autres éditeurs. Il a même été publié, dit Fabricius, sous le nom de saint Bonaventure. Voilà donc une affaire bien embrouillée.

Nous la débrouillerons d'abord en faisant remarquer que Fabricius a commis une erreur, que le commentaire sur les Psaumes publié sous le nom de Bonaventure n'est pas celui que les Franciscains réclament pour Alexandre de Halès, les Dominicains pour Hugues de Saint-Cher. Ajoutons incidemment que saint Bonaventure n'a même jamais commenté

(1) Tome I, p. 236. Il s'agit de la pièce qui commence par *Fur erat in furno*.

(2) *Hist. litt. de la Fr.*, t. XVIII, p. 317.

les Psaumes, et que les éditeurs vénitiens de ses Œuvres ont mérité l'approbation des scrupuleux critiques lorsqu'ils en ont retranché le commentaire dont il s'agit. Vainement Sbaraglia, vainement le P. Borelli protestent contre ce retranchement; l'ouvrage, peu digne de saint Bonaventure, est d'un théologien plus vieux et moins philosophe, Michel de Corbeil. Nous en avons parlé (1).

Bonaventure écarté, restent Alexandre de Halès et Hugues de Saint-Cher. Il faut reconnaître que les Franciscains avaient un argument à faire valoir en faveur de leur Alexandre. On se trompe quand on dit que notre glose n'existe sous son nom dans aucun manuscrit. Cette assertion est formellement contredite par le témoignage de Bandini (2). Mais les manuscrits qui nomment l'auteur Hugues de Saint-Cher sont beaucoup plus nombreux, et c'est une attribution que confirment les plus anciens bibliographes. Voilà ce que dit Échard pour son confrère, et tous les critiques désintéressés se sont rangés de son côté.

11130

On lit, à la fin de ce manuscrit, la note suivante : *In hoc codice tria reperiuntur. Libri duo De Imagine mundi; De Philosophiæ elementis libri IV; Libellus de natura rerum. Postremi duo tractatus a me collati cum operibus editis Venerabilis Bedæ omnino ferme respondent vulgatæ eorumdem lectioni. Primus inter opera Bedæ non recensetur, sed conformatum arbitror*

(1) Tome I, p. 7 et suiv.
(2) *Biblioth. Laurent.*, t. IV, col. 681, 682.

ex ejusdem libro De Constitutione mundi aliisque fragmentis. Me tamen saniori judicio submitto. — Josephus Antonius Saxius, bibliothecæ Ambrosianæ præfectus. Nous allons contredire sur plusieurs points, avec sa permission, le docte administrateur de la bibliothèque Ambroisienne.

Le premier des traités, celui qui a pour titre *Imago mundi*, n'est pas, il faut le reconnaître, une œuvre vraiment originale. Ce n'est pourtant pas une simple compilation ; c'est le travail d'un homme instruit pour son temps, qui, ayant beaucoup lu, s'est proposé d'associer les autres au profit de ses lectures. On a cru que ce livre était de saint Anselme, et il a été publié sous son nom. Mais la fausseté de cette attribution a depuis longtemps été reconnue, et l'ouvrage a maintes fois été réimprimé sous le nom du véritable auteur, Honoré d'Autun. Dans la plupart des manuscrits et dans les éditions, l'*Image du monde* se compose de trois livres. Nous n'avons ici que les deux premiers.

Il est vrai que les quatre livres intitulés *De Philosophia mundi* se lisent dans les Œuvres du Vénérable Bède. Mais ils se lisent aussi dans celles d'Honoré d'Autun, et c'est à celui-ci que l'*Histoire littéraire* les attribue sans aucune hésitation. Oudin avait pourtant fait remarquer, dans sa critique des éditions de Bède, que s'il fallait, Bède écarté, chercher l'auteur parmi les philosophes du XIIe siècle, ce pouvait être Guillaume de Conches (1). La valeur de cette conjecture devait, du moins, être appréciée. On aurait peut-être, en l'ap-

(1) *Comment de Script, eccl.*, t. 1, c. 1689.

préciant, reconnu qu'elle est fondée. Elle l'est en effet, comme l'a prouvé, depuis, M. Ch. Jourdain (1). C'est un point sur lequel il n'y a plus de débat (2).

Le troisième traité, *De natura rerum*, est aussi dans les œuvres de Bède et peut-être doit-il y rester. Il est bien d'un temps où la nature des choses était absolument ignorée. Mais n'omettons pas de signaler, à la fin de notre manuscrit, plusieurs chapitres qui manquent dans l'édition de la *Patrologie*, t. XC. Ces chapitres traitent des présages : *De præsagiis lunæ, stellarum, nubium, ignium, volucrum*, etc., etc. Les a-t-on supprimés pour l'honneur de Bède ? Nous ne pouvons supposer cette intention sans la blâmer. On ne doit pas nous faire juger un auteur sur des éditions infidèles.

11136

Le *Liber eruditionis principum* que nous offre ce volume a été imprimé à Rome, en 1570, sous le nom de saint Thomas d'Aquin. C'est là, croit-on, une fausse attribution. Échard réclame ce livre pour Guillaume Péraud, et sa réclamation a été favorablement accueillie par M. Petit-Radel (3). Elle ne semble pourtant pas être justifiée par des raisons suffisantes. Il est certain que l'auteur appartenait à l'ordre des Prêcheurs, car il dit dans sa préface de son livre : *Propterea ego, in ordine fratrum Prædicatorum minimus, a quodam*

(1) *Dissert. sur l'état de la phil. nat. en Occid.*, p. 101.
(2) *Nouv. biogr. générale*, t. XXII, c. 670.
(3) *Hist. litt. de la Fr.*, t. XIX, p. 313.

principe rogatus et ad acquiescendum ejus precibus a majoribus nostris quibus obedire debebam inductus, ad gloriam beatissimæ Trinitatis colligere volui aliqua ad instructionem et exhortationem principum utilia. Le nom de l'auteur manque dans toutes les autres copies de cet ouvrage qui nous sont connues : Bibl. nat., n°s 6426, 6486; Mazarine, 1268; Bruges, 301.

11385

Ce volume commence par un *Ars dictandi*, sans nom d'auteur, dont voici les premiers mots : *De arte dictandi breviter et lucide, secundum usum modernorum, opusculum intendimus compilare.* Ce n'est pas un opuscule; c'est un assez gros traité dont M. Rockinger a publié la meilleure part, d'après trois manuscrits de Munich, sous le nom du notaire Ludolphe de Hildesheim : *Quellen und Erörterungen zur bayerisch. und deutschen Gesch.*, t. IX, p. 359. Nous remarquons de fréquentes différences entre notre texte et celui qu'a donné M. Rockinger. Un autre exemplaire anonyme est dans le n° 4989 de la Bibliothèque impériale de Vienne.

Du fol. 47 au fol. 76, des modèles de lettres. La première est d'un écolier, à son maître *Pontius*, pour l'inviter à rédiger une *Summa dictaminis*. Il s'agit de Ponce le Provençal. La plupart des autres lettres, empruntées, comme il semble, à des recueils divers, sont attribuées à des ecclésiastiques, à des seigneurs allemands. Nous n'en trouvons aucune citée par M. Rockinger.

Suivent quelques sermons anonymes, dont nous n'avons pu découvrir l'auteur ou les auteurs. Nous allons en reproduire les premiers mots avec l'intention et l'espoir de faciliter une plus heureuse recherche.

Le premier commence par *Dignus est operarius mercede sua... — Super hunc locum ait Gregorius : Uni operi nostro duæ mercedes.* Il est en l'honneur de saint Marc ou de saint Luc. Un autre exemplaire anonyme est dans le n° 3742 (fol. 63).

Le deuxième commence par : *Placens Deo factus... — In his verbis duo dicuntur de beato Marco. Primo ejus laudatur sanctitas.*

Le troisième commence par : *Tu signaculum... — Verba licet specialiter dicta sint de primo angelo qui fuit in claustro...* C'est l'éloge de Pierre le martyr dont la fête est célébrée le 26 novembre.

Le quatrième commence par : *Stabunt justi in magna constantia... — Circa ista verba notare possumus quod secundum consuetudinem mundi...* Il s'agit des saints Philippe et Jacques.

Le cinquième, sur l'Invention de la croix, commence par : *Ostendit ei lignum... — Legitur quod filii Israel, cum exissent de Ægypto.*

Le sixième, pour la fête de saint Jean devant la porte latine, commence par : *Parasti in conspectu suo... — Licet beatus Joannes ab hac vita non migraverit per martyrium...*

Le septième, pour la translation de saint Benoît, commence par : *Ante translationem habuit testimonium... — Duo festa celebrant ordinaria de beato B., unum corporis et unum animæ.*

Nous n'avons guère dans ces sermons que des paraphrases de légendes. Il n'y a lieu d'en rien citer.

Le recto du feuillet 87 est occupé par une thèse de logique sur cette formule : *Universale est simplex.* Au verso, le poème de Pierre le Peintre dont tel est le début :

Omnibus in factis bene cœptis sive peractis
Debet præponi Deus humanæ rationi.

Publié sous le nom de Pierre de Blois et d'Hildebert de Lavardin, ce poème est indigne de l'un et de l'autre. Bien que M. Giles l'ait inséré de nouveau dans les Œuvres de l'archidiacre de Bath (1), il est depuis longtemps reconnu qu'il appartient au chanoine de Saint-Omer (2). Nous en avons d'autres copies dans les nos 8484, 11579, 15291, 16699. Celle que contient ce no 11385 est incomplète.

11392

Ces fables, dont il existe de très nombreuses copies et de très nombreuses éditions, ont été données par divers bibliographes à près de vingt auteurs différents, tous plus ou moins invraisemblables. Les manuscrits étant, pour la plupart, dépourvus d'aucun nom, les critiques prudents se contentaient d'appeler l'auteur l'Anonyme de Névelet, quand un récent éditeur, M. Hervieux (3), est venu proposer une nouvelle solution du problème, croyant avoir des raisons suffi-

(1) Petri Bles. *Opera*, t. IV, p. 348.
(2) *Mélang. poét. d'Hild.*, p. 96 et suiv.
(3) Hervieux, *Les Fabulistes lat.*, t. II, p. 385.

santes pour attribuer ces fables à certain Anglais, nommé Walther, qui fut chapelain du roi Henri II (1). Cette solution sera-t-elle acceptée? Elle n'est confirmée par aucune des copies de la Bibliothèque nationale, soigneusement décrites par M. Hervieux (2). Ces copies sont au nombre de treize, une, dans le n° 11344, sous le nom d'un Geoffroy non moins obscur que Walther.

11393

Nous avons dans ce volume une copie plus moderne des fables anonymes dont nous venons de parler sous le n° 11392.

11412

M. Du Méril a connu ce manuscrit, autrefois côté 1219, et en a tiré plusieurs pièces. Il a publié la première, commençant par :

Universa gens lætetur
Et festinet ut mundetur,

à la page 295 de ses *Poésies inédites du moyen âge*, et l'a des on chef intitulée : *Noël des écoliers*. Ce titre convient. Mais la pièce est médiocre, les vers en sont pénibles et manquent de gaieté. Ils sont d'un écolier, et du même auteur paraît être la pièce suivante, dont le titre est *Salus Paschæ*. Après avoir demandé

(1) Hervieux, *Les Fabul. lat.*, t. I, p. 449.
(2) *Ibid.*, t. I, p. 460 et suiv.

quelques jours de vacances pour la fête de Noël, on en demande d'autres pour la fête de Paques. Quoique cette requête ne soit pas d'un meilleur style que la première, nous croyons devoir la faire connaître :

Tempus novum renovat omnia,
Renovata sunt naturalia ;
Faciamus spiritualia
Renovari.
Rerum fœtus emittunt germina,
Circumquaque pullulant semina ;
Puerorum deposcit anima
Spatiari.

In doctrina satis studuimus,
Omnem carnem mollem consumpsimus,
Mentes nostras cuncti retraximus (1)
Ab errore.
Omnis ludus nobis displicuit,
Lascivire nobis non licuit,
Sicut patet et sicut patuit
In colore.

Tantus labor quærit temperiem,
Quærit pacem et quærit requiem ;
Generabit cito perniciem
Jugis pœna.
Fac quod solent facere ceteri ;
Gaudeamus statuto veteri ;
Nos reformet eventu celeri
Pax amœna !

Postulamus a te licentiam.
Tui cordis misericordiam
Postulamus ; pacis materiam
Sentiamus !

(1) Nous corrigeons ici le texte de cette copie d'après une autre des mêmes vers qui est au fol. 12.

Consentire tacentem credimus ;
Nobis faves, quodcumque petimus.
Ad Deum te, quia recedimus,
Commendamus.

Cet écolier n'était pas, on le constate, un très bon latiniste. Mais il vivait, croit-on, dans les premières années du XIIIe siècle, et l'étude du latin classique n'était plus alors en aussi grande faveur qu'au siècle précédent. Au siècle précédent on aurait fait la même requête en vers métriques, et l'on y aurait intercalé quelques reminiscences d'Ovide et de Lucain. Mais cela n'est plus de mode. Les vers rythmiques sont, d'ailleurs, plus faciles et plus badins.

Suit une autre supplique, encore pour la fête de Noël, dont tels sont les deux premiers vers :

Gratuletur omnis mundus,
Et festinet ut sit mundus... ;

et cette pièce, qui n'est pas plus littéraire que les précédentes, a été aussi publiée par M. Du Méril ; ouvrage cité, p. 297. On ne voit pas clairement ce que les écoliers demandaient à leur maître, les règlements universitaires commandant à celui-ci de tenir sa classe fermée du 24 au 30 décembre. Voilà donc six jours pleins de congé légal. Mais le maître pouvait peut-être en accorder quelques-uns de plus.

Ce qui suit vaut un peu mieux.

D'abord, au fol. 4, un petit poème sur cette matière : le débat de l'hiver et de l'été. La matière n'a certes rien de choquant ; mais l'écolier chargé de la traiter, ayant en mémoire quelques strophes peu décentes du *Débat de Ganymède et d'Hélène*, les a trop servilement imitées. Le reste est convenable, mais bien prosaïque.

Au milieu du fol. 6, à l'adresse d'un maître, un assez long poème ou s'entremêlent ainsi, mais irrégulièrement, les vers métriques et les vers rythmiques :

Doctorem nostrum puerorum turba salutat,
Nam nihil utilius esse salute putat.
Salve, doctor optime, doctor flos doctorum,
Archa sapientiæ, fonte pollens morum,
Exaudi, piissime, preces subditorum.
Si non justa petunt voces contemne tuorum.

Ce maître si vanté s'appelait Adolphe. C'est ce que nous apprend, au fol. 9, une pièce qui débute ainsi :

Magistrorum omnium
Decus speciale,
Adolphe, per studium
Nomen immortale...

Non, la gloire de ce maître n'a pas si longtemps duré; il nous est, en effet, complètement inconnu. Mais on peut croire que son écolier ne l'a pas de très bonne foi loué de la sorte. N'est-il pas habituel qu'on flatte outre mesure, surtout en vers, les gens de qui l'on sollicite quelque faveur ? Or il s'agit ici d'obtenir un congé pour une autre fête qui n'est pas clairement indiquée.

Les pièces qui suivent ont le même objet, et toutes paraissent se rapporter à la fête de Noël. Voici de nouveau l'éloge du maître :

Salve doctor, gemma scientiæ,
Lumen cleri, flos patientiæ,
Odor recti, fons eloquentiæ...

Cela donne lieu de supposer que maître Adolphe était sensible à la louange, peut-être plus qu'il ne convient, et que ses écoliers ne craignaient pas, en le qualifiant ainsi, qu'il leur reprochât d'abuser de l'hyperbole.

Au fol. 14, une autre pièce sur une matière déjà traitée : le débat de l'hiver et de l'été. Celle-ci commence par :

Taurum sol intraverat ;
Ivi spatiatum.
Parens florum ver erat ;
Nothi flamen gratum
Florem desponsaverat ;
Calor fatigatum
Solis me reddiderat,
Vernanti gramine stratum.

C'est là sans doute la copie d'un autre écolier. Laquelle préférer ? Nous hésitons. L'illustre maître n'avait pas formé de très bons élèves.

Au fol. 17, deux plaidoyers devant un doyen, les deux orateurs étant désignés par les lettres F. et M. La cause paraît être historique : on accuse le proviseur d'un hôpital, de n'avoir pas loyalement rendu ses comptes.

Les poèmes scolaires finissent au revers de ce feuillet, et nous avons ensuite plusieurs pièces d'ailleurs connues. La première, commençant par

Tanto viro locuturi
Studeamus esse puri...,

a été maintes fois publiée : par Francowitz, *Varia doctor.*, p. 9 ; par Leyser, *Hist. poet.*, p. 779 ; par

M. Wright, *The latin poems attributed to Walter Mapes*, p. 57; par M. Müldenaer, *Die zehn Gedichte des Walther von Lille*, p. 45. Francowitz, Leyser et M. Wright l'ont crue de Walter Mapes; M. Muldenaer, de Gautier de Lille, à qui l'attribue notre n° 3245 (fol. 42). L'auteur est, selon nous, incertain. Il nous semble, en effet, qu'on a d'aussi bonnes raisons à faire valoir pour l'un et pour l'autre des témoignages discordants. Dans plusieurs manuscrits, notamment dans notre n° 11867 (fol. 135) et dans le volume que nous décrivons présentement, la pièce est anonyme.

Ce qu'on ne va pas apprendre sans surprise, c'est que toutes les éditions de cette pièce célèbre sont incomplètes. Il manque aux unes et aux autres un grand nombre de strophes. Ajoutons que les éditions les plus récentes ne sont pas les moins incorrectes. C'est pourquoi nous croyons devoir établir un texte nouveau tant sur les éditions que sur nos trois manuscrits :

Goliæ querela ad papam.

Tanto viro locuturi,
Studeamus esse puri,
Sed et loqui sobrie,
Carum care venerari,
Et, ut simus caro cari,
Careamus carie.

Decet enim, et hoc unum
Est imprimis opportunum,
Ut me ipsum judicem ;
Homo vetus exuatur,
Homo novus induatur
Ante tantum judicem.

Commendarem bonos mores ;
Sed virtutis amatores
  Paucos esse doleo.
Quod si pravos reprehendam
Et eis non condescendam,
  Bella mihi video.

Sed, o judex æquitatis,
Propagator veritatis,
  Lenis aura sæculi,
Esto mihi in asylum ;
Te rectore sumpsi stylum,
  Tu duce signa tuli.

Sed quis sum qui ausim loqui
Coram papa? Quis ego, qui,
  Sano fretus capite,
Rodo pravos in aperto,
Factus clamans in deserto :
  Rectas vias facite.

Quid desertum, nisi mundus?
Mundus non est, sed immundus,
  Quia munda polluit;
Se desertum dici dolet,
Quia, qui vernare solet,
  Ecce prorsus aruit.

Quod solebat in prælatis
Germinare veritatis
  Et pudoris flosculos,
Tali partu destitutum,
Fructum affert non virtutum,
  Sed spinas et tribulos.

Qui sunt spinæ tribulique ?
Qui ? Pastores prælatique,
  Amatores muneris.
Cum non pascant, sed pascantur,
Non a pasco derivantur,
  Sed a pascor, pasceris.

Blandos amant et bilingues,
Canes muti, tauri pingues,
  Gigantum fraterculi,
Qui thesauros coacervant,
Non dispergunt, sed observant
  Ut pupillam oculi.

Omnis habens muneratur;
Non habenti supplantatur
  Id ipsum quod habuit.
In deserto mundi hujus
Nemo valet nisi cujus
  Bursa nondum vomuit.

Bursa prægnans principatur,
Sapiensque conculcatur
  Si manusære vacat.
Et si pauper sit sophia,
Vilis erit. Quare? Quia
  Pauper ubique jacet.

Pauper jacet, sed palpones,
Quorum blandi sunt sermones,
  Et ipsi sunt jacula,
Isti sunt quos mundus amat
Et de quibus Psalmus clamat :
  Beati in macula !

In macula sunt beati,
Sed non sunt immaculati
  Teste conscientia.
Vivit palpo more suis,
Quia in labiis suis
  Diffusa est gratia.

Quid dant artes, nisi luctum
Et laborem, vel quem fructum
  Dant genus et species ?
Olim multos, nec est mirum,
Provehebant *Arma virum*
  Et *Fraternas acies*.

Antiquitus et studere
Fructus erat et habere
  Declamantes socios ;
Nunc in arca sepelire
Nummos majus est quam scire
  Bella per Æmathios.

Informavit Cato mores
Et perduxit ad honores
  Naso suos homines ;
Legem dedit dignitatis
Et regnavit in prælatis
  Summus Aristoteles.

Artes diu floruerunt
Et ut leges regnaverunt.
  Artes sunt inutiles ;
Leges sedent super thronum
Et eructant verbum bonum
  Omnie die septies ;

Et magistri appellantur
Hi qui nunquam conabuntur
  Ad *Fraternas acies.*
Perierunt in æternum
Et descendunt in infernum
  Genera et species.

Soli regnant nunc legistæ,
Quibus mundus servit iste
  Totus citra sæcula ;
Assessores sunt pastoris,
Intus lupi, sed sunt foris
  Agni sine macula.

Hi qui vultu dealbato
Et sermone venundato
  Tegunt mentis scoriam,
In prælatis adulando,
Verbum falsum paleando,
  Veniunt ad gloriam.

Sic heredes Gratiani
Student fieri decani,
  Abbates, pontifices;
Cathedrantur ut electi,
Sed per manum sunt provecti
  Ad pastoris apices.

Intrant ut falsi pastores
Per fenestras, non per fores,
  Et ut fures civium
Non inquirunt tolles unde,
Sed descendunt aliunde;
  Non intrant per ostium.

Hi qui student in decretis
Et, medullis inexpletis,
  Bibunt legis ubera,
Hi balantum fiunt canes,
Quorum gulæ sunt inanes
  Ad gustanda munera.

Opulenti solent esse
Qui aptabant virgam Jesse
  Partui virgineo,
Sive rubum visionis,
Sive vellus Gedeonis
  Sparsum rore vitreo.

Si per aquas Rubri maris
Designatur salutaris
  Lavacri lavatio,
Licet hoc sit quod lucrum fert,
Quid hoc scire mihi confert
  Si sciens esurio ?

Solet Christus appellari
Lapis scissus de altari,
  Non manu, sed forcipe ;
Hoc est notum sapienti,
Sed præbendam requirenti
  Nemo dicit : Accipe.

Scio crucem figurari
Quando lego dulcorari
  Flumen apud Exodum,
Manibusque cancellatis
Jacob meæ libertatis
  Præsignare commodum.

In hebræa lege legis
Quod serpentem dator legis
  Erexit in patulo,
Ut cessaret mortis tabes,
Quia nostras lavit labes
  Christus in patibulo.

Duo ligna Sareptanæ
Spiritalis escam cœnæ
  Coquunt in ecclesia,
Abrahamque tulit ligna
Per quæ digne Deo digna
  Concrematur hostia.

Fudit aquam ter Elias
Et ter sanctus Isaias
  Trinitatem innuit;
Vidit Abram trinum chorum,
Ruth in agro Judæorum
  Trinitatem messuit.

Sic involvit rota rotam,
Sic deponit lepræ notam
  Lex in superficie;
Sic amictum parvipendit
Joseph, quando non attendit
  Vocem fornicariæ.

Dumque per desertum itur
A gentili reperitur
  Calens unda penitus,
Quia legis in deserto
Reperitur a diserto
  Calor sancti Spiritus.

Hæc scrutari quidam solent,
Post, afflicti fame, dolent
Se vacasse studio;
Unde multi perierunt,
Et in ipso defecerunt
Scrutantes scrutinio.

Ergo quia tot oppressis
In studendo parva messis
Redditur post aspera,
Ad Romani sedem patris
Et ad Sion, sanctæ matris,
Sum reversus ubera.

Turpe tibi, pastor bone,
Si, divina lectione
Spreta, fiam laicus.
Vel absolve clericatu,
Vel fac ut in cleri statu
Perseverem clericus.

Dulcis erit mihi status
Si præbenda muneratus,
Redditu vel alio,
Vivam, licet non abunde.
Saltem mihi detur unde
Studeam de proprio.

Nous ne tenons pas pour certain que toutes les strophes de cette pièce soient du même auteur. Quelque autre mécontent a pu faire des additions plus ou moins considérables à l'œuvre primitive. Quoi qu'il en soit, voilà la pièce dans sa dernière forme d'après un manuscrit du XIVe siècle.

La suivante, commençant par :

Si Roma Cæsar, si Cæsare Roma careret,

n'est qu'un fragment. La pièce entière est dans notre

n° 3245 (fol. 40), sous le nom de Gautier de Lille, et elle a été publiée sous ce nom par M. Muldenaer. Est-elle vraiment de Gautier? On l'a contesté, et, pour justifier cette contestation, on en a cité quelques vers où sont nommés les papes Victor, Pascal et Calixte, qu'on a pris pour les papes de ce nom dont le dernier mourut dans les premières années du XIIe siècle (1). Nous corrigeons ici l'erreur par nous commise. Il ne s'agit pas, dans les vers cités, des vrais papes Victor, Pascal, Calixte; il s'agit indubitablement des antipapes du même nom auxquels eut affaire Alexandre III; et, quand le poète dit :

Alexander, pontifex et dux animarum,
Jam ter vicit Cæsarem, regem tenebrarum,

il fait évidemment allusion à l'abjuration de Calixte III, qui eut lieu le 29 août 1178. L'argument allégué contre Gautier de Lille est donc sans valeur. Nous hésitons néanmoins à le croire auteur de cette pièce ultra-papiste. Il y a là des jeux de mots, des pointes, et, de plus, des offenses à la grammaire que nous n'attribuons pas volontiers à l'écrivain châtié, vraiment lettré, dont on a l'*Alexandréide.*

Au fol. 21, la satire, non moins connue, dont tel est le premier vers :

Heliconis rivulo modice respersus,

et qu'ont imprimée M. Wright sous le nom de Walter Mapes, p. 159, M. Muldenaer sous le nom de Gautier de Lille, p. 37. La Bibliothèque nationale en

(1) *Notic. et extr. des man.*, t. XXIX, 2e part., p. 299.

conserve trois autres copies, entre lesquelles il y a de nombreuses différences : nos 3245 (fol. 41) avec le nom de Gautier; 11867 (fol. 101), sans son nom, et une troisième dans le n° 1544 des Nouvelles acquisitions, pareillement anonyme. Celle que nous avons ici n'est pas complète; celle qu'a publiée M. Wright est beaucoup plus considérable, mais il y a, dans celle-ci, des strophes qu'on rencontre en d'autres satires attribuées à Gautier par le n° 3245; enfin celle que nous offre le n° 11867 contient un certain nombre de vers qui manquent même dans l'édition de M. Wright. Nous n'osons pas essayer d'en donner une autre, car nous ne le saurions faire sans traiter tous les textes que nous avons sous les yeux avec une liberté qu'on trouverait peut-être trop grande.

La série des vers se termine au fol. 23. Nous avons ensuite une formule d'excommunication dont la fin manque. Là s'arrête la première partie du volume, et la deuxième est un manuscrit distrait, on ne sait quand, du fonds de Saint-Victor.

Ce manuscrit est un recueil d'opuscules philosophiques.

Le premier, du fol. 25 au fol. 40, commence par : *Dialecticam ignorantibus primo videndum est quid sit dialectica et unde dicatur et quid intendat.* Nous n'en connaissons pas l'auteur.

Au fol. 41, *Syncategoremata magistri Nicolai*, commençant par : *Ut dicit Philosophus, ea quæ sunt in arte et ratione sumuntur ad proportionem et imitationem eorum quæ sunt in natura.* Il est bien vraisemblable que ce Nicolas est Nicolas de Paris, maître ès-arts en renom, qui tint école au Clos-Bruneau au moins de l'année 1250 à l'année 1263 (1), et dont voici l'épitaphe, par lui-même, dit-on, composée :

Si morti possent concludere dicta sophiæ
Conclusisset ei tumulus quem continet iste.
Huic semel opposuit mors et conclusit eidem.
Dicere fas illi non fuit unde locus (2).

Il était certainement méchant poète ; était-il bon logicien ?

On appelle catégorèmes, en scolastique, les mots qui ne peuvent être employés que joints à d'autres. Voici la liste de ces mots sur lesquels disserte Nicolas : *Est, non, tantum, solus, præter, si, nisi, incipit, desinit, necessario, contingenter, an, vel, sive, quia, et, bis, ter, fere, quam, adhuc, totus, ne, vult, totaliter, vix.* Le traité ne semble pas achevé, et pourtant, tel que nous l'avons, il est considérable.

On ne saurait bien juger l'auteur sur les conclusions qu'il présente ; elles ne sont guère, en effet, originales. Mais sa méthode mérite plus d'attention. Toutes les questions qu'il entend résoudre sont du domaine de la grammaire ; cependant c'est en logicien qu'il les traite, citant moins Donat ou Priscien qu'Aristote. On peut assurément être un grammairien suffisant sans être aussi verbeux et aussi subtil ; mais la subtilité était alors de mode tant en grammaire qu'en philosophie, et même en théologie. On a lieu de croire

(1) *Journal des Savants* ; 1890, p. 251.
(2) N° 14883, fol. 164.

que Nicolas dut son succès comme professeur à cette habile mise en œuvre de distinctions purement verbales qui nous contraint à faire de grands efforts, quelquefois vains, pour le comprendre. Mais quand eût passé la mode dont il s'était montré le servile courtisan, il fut complètement oublié. Personne n'a plus parlé de lui. Il n'est pas même nommé dans l'*Histoire littéraire* du XIIIe siècle.

Au fol. 82, *Joannis Pagi Appellationes.* Ce n'est pas le texte complet de ces *Appellations;* le texte complet est dans le nº 15170, en deux parties, dont la première commence au fol. 63 pour finir au fol. 70, la seconde au fol. 46 et finit au fol. 48, le relieur ayant troublé l'ordonnance du volume. On a mentionné ce Jean *Pagus* dans l'*Histoire littéraire* comme ayant vécu vers la fin du XIIIe siècle (1). C'est une erreur déjà corrigée (2). Une lettre de Grégoire IX, du 6 mai 1231, nous le fait voir quittant à cette date la ville de Rome et revenant à Paris. Ses *Appellationes* commencent par ces mots : *Secundum duas dispositiones terminorum inest duplex actus.*

Au fol. 88, un traité, sans nom d'auteur, intitulé *Insolubilia,* et commençant par : *Termini privatorii inveniuntur dupliciter ab Aristotele sumi.* Jean *Pagus* est-il l'auteur de ce traité ? On le suppose ; mais on n'est pas en mesure de le prouver. Qu'est-ce qu'un insoluble ? Citons :

Termini privatorii inveniuntur dupliciter ab Aristotele sumi. Aut enim sumuntur simpliciter privantes et negantes,

(1) *Hist. litt. de la Fr.*, t. XXIX, p. 564.
(2) *Journal des Savants* ; 1890, p. 195.

aut sumuntur ut æquipollentes alicui affirmationi privativæ; verbi gratia : iste terminus *ignorans* dupliciter potest sumi; potest enim dici ignorans ille qui nihil scit, et potest dici ignorans ille qui habet opinionem privativam. Verbi gratia : sicut cum dicitur aliquis ignorare dialecticam, si nihil sciat de dialectica, sicut rusticus aliquis; et sic ille terminus *ignorans* privat simpliciter. Iterum ille qui scit aliquid de dialectica, sicut ille qui scit quid sit propositio vel essentiale, ignorans dicitur dialecticam si credat non omnem propositionem esse categoricam vel hypotheticam; ignorantia illa non est; ponitur negatio; illa opinio quædam falsa, et sic ille terminus *ignorans* non est simpliciter privans, imo dicit affirmationem privativam. Similiter intangibile dupliciter potest sumi. Potest enim dici intangibile quod nullo modo potest tangi, sicut anima; vel potest dici intangibile quod privativo modo intangibile est, sicut ignis est, qui cum tangitur offendit tactum. Cum igitur termini privatorii istis duobus modis accipiantur ab Aristotele, quæritur, cum dicitur hoc est insolubile : *Ego dico falsum,* utrum ille terminus *insolubile* simpliciter privet aut non, et, ut melius pateat quod quærendum est, faciamus deductiones ad hanc propositionem *Ego dico falsum.* Si dicatur quod verum est, consequitur hoc est verum et ego dico hoc, ergo ego dico verum, ergo ego non dico falsum; ergo hoc est falsum : ego dico falsum, et concessisti verum esse male. Si dicatur quod falsum hoc est, falsum et ego dico hoc, igitur ego dico falsum; ergo hoc est verum : *Ego dico falsum,* et concessisti quod male. Hoc dicitur quod est insolubile.

Cela suffit bien certainement pour faire comprendre ce qu'est, en logique, un insoluble; d'autres citations seraient superflues et la lecture en pourrait être, on le craint, fastidieuse.

Au fol. 92, un autre traité de logique, dont le titre est *Obligationes* et dont voici les premiers mots : *Sicut significat Aristoteles in libro Topicorum, aut Elenchorum, ars disputativa ad tria viam præstat.* Ce terme d'*Obligation* n'étant plus en usage, il peut être utile de le faire comprendre. L'auteur l'explique ainsi :

Videndum est quid sit obligare... Sciendum ergo quod obligatio est, secundum quod hic sumitur, alicujus ad aliquid, ex petitione opponentis et concessione respondentis, adstrictio ; vel obligare est aliquem ad aliquid concedendum vel negandum quod non concederet vel negaret, impetendo opponentem, et respondentem consentiendo, adstringere, voluntarie autem et remota coactione.

Suivent, du fol. 102 au fol. 104, d'autres définitions philosophiques et des vers. Nous allons transcrire quelques-uns des vers :

Nos sus auditu, lynx visu, simia gustu,
Vultur odoratu, præcellit aranea cultu.

Miror ego quare. Quoniam video superare
Flumina magna mare, *de la, sol et gomaut à ré.*

Dives eram dudum ; fecerunt me tria nudum,
Alea, vina, Venus ; tribus his sum factus egenus.

Hæc pira præsento ; sed post pira sumpta memento
Quod cibus in stomacho non est sanus sine Baccho (1).

Cum tibi blanditias meretrix et dulcia verba
Proferat, effugias, quoniam latet anguis in herba.

Dulcius est melle corpus sentire puellæ ;
Acrius est felle pœnas tolerare gehennæ (2).

Femina corpus, opes, animam, vim, lumina, voces,
Destruit, annihilat, necat, eripit, orbat, acerbat (3).

(1) Ces vers ont été déjà publiés dans le catalog. des Mss. de Berne, p. 435. On lit ailleurs (Arsen., n° 1038, fol. 87, col. 2) :

Post pira credo mori si vinum deficit ori ;
Sed quia nolo mori potabo de meliori.

(2) Ceux-ci se retrouvent, avec de légères différences, dans notre n° 11867 (fol. 239) et dans notre n° 14747 (fol. 15, col. 2).

(3) Les mêmes dans le n° 593 de la Mazarine, fol. 23.

Une pièce de vers français succède à ces épigrammes latines, et deux feuillets sont ensuite occupés par des fables latines en prose. Ce sont des fables de Romulus, empruntées au *Miroir historial* de Vincent de Beauvais. M. Hervieux a connu ce texte et a donné l'exacte description des deux feuillets qui le contiennent. (1)

Du fol. 108 au fol. 126, quelques notes sur les philosophes anciens, avec des extraits de Hugues de Saint-Victor, saint Bernard, Hugues de Fouilloi.

Du fol. 126 au fol. 134, des recettes médicales et des conseils hygiéniques.

A la suite, une assez longue série de dissertations sur les sacrements et diverses autres matières théologiques, commençant par : *Cum quæris cur jam non circumciditur christianus si Christus non venit legem solvere*. Un traité ne semble pas pouvoir ainsi commencer; nous n'avons donc ici, pensons-nous, qu'un long fragment d'une œuvre plus considérable. Nous n'en connaissons pas l'auteur.

Le volume finit par les actes du concile de Trèves en 1238.

(1) Hervieux, *Les Fabulistes latins*, t. I, p. 390.

TROISIÈME PARTIE

(Fonds de Saint-Germain-des-Prés)

11573

Le premier feuillet de ce volume a disparu. Nous pouvons toutefois facilement constater qu'il contient le *Liber Moralium in Job* de saint Grégoire. La fin manque.

11574

Quelques chants notés pour la fête de saint Serge et de saint Bacche se lisent sur la première et la deuxième page de ce volume. Entre ces chants est une homélie sur la Toussaint qu'on a tour à tour publiée sous les noms de saint Augustin, de Bède et d'Alcuin. Bède en est l'auteur le plus probable.

Le commentaire qui suit, sur l'épître de saint Paul aux Romains, est un assemblage de textes empruntés à Origène, à saint Jean Chrysostome, à saint Grégoire, surtout à saint Ambroise. On pourrait croire que c'est le *Collectarium* de Raban Maur (1); mais il manque ici des extraits qu'on lit dans le *Collectarium* et d'autres, qui manquent dans ce *Collectarium*, se lisent ici.

12019

Ce beau manuscrit, du XIIIe siècle, contient un commentaire anonyme sur les douze petits prophètes

(1) *Hist. litt. de la Fr.*, t. V, p. 166.

dont tels sont les premiers mots : *Ossa duodecim prophetarum... — Hoc legitur in fine Ecclesiastici, et beatus Job ait : Habet argentum venarum suarum principia.* Quel en est l'auteur? On lit cette note à la marge supérieure du premier feuillet : *Auctore, ni fallor, Lyrano*. L'annotateur s'est trompé. L'âge du manuscrit aurait dû le détourner de hasarder une semblable conjecture; Nicolas de Lire était dans l'enfance, s'il était né, quand fut faite la présente copie de ce commentaire. Rencontrant une autre copie, pareillement anonyme, dans le n° 44 de Laon, le rédacteur du catalogue de cette bibliothèque a nommé l'auteur Albert le Grand. Il est vrai qu'une glose sur les petits prophètes, qu'on croit d'Albert le Grand, commence par la citation de l'Ecclésiastique que nous avons plus haut reproduite; mais Échard a signalé dans un manuscrit conservé, de son temps, au collège de Navarre, une glose sur les mêmes prophètes, qui, commençant par la même citation, était sans aucun autre rapport avec celle d'Albert le Grand, et l'auteur que nommait ce manuscrit était, au rapport d'Échard, le célèbre Etienne Langton, chancelier de Paris, puis archevêque de Cantorbéry. Ce manuscrit de Navarre, nous ne le retrouvons pas; mais nous pouvons en indiquer beaucoup d'autres, conformes à celui de Laon et au nôtre, où se lit ce nom d'Etienne Langton : le n° 17280 de la Bibliothèque nationale, venu de Saint-Martin, et les n°s 1004, 1227 de Troyes, 29 de Douai, 23 de Boulogne, 30 de Bruges, 23 d'Exon et 66 de la Trinité, à Oxford. On ne doit donc avoir, sur ce point, aucune incertitude; Etienne Langton est l'auteur incontestable de notre commentaire anonyme. D'autres copies où manque aussi le nom de l'auteur sont dans les nos 710 de la Mazarine, 457 et 1046 de Troyes, 22 du collège Balliol. Deux autres sont indiquées par le catalogue de Bandini dans la bibliothèque Laurentienne; t. IV, col. 375 et 393.

12020

Nous avons en tête de ce volume un long commentaire sur l'évangile de saint Marc. Ce commentaire n'est formé que d'extraits. Saint Jérome et Bède le Vénérable sont cités à chaque page; saint Augustin, saint Grégoire, saint Hilaire le sont quelquefois, mais rarement.

A la suite, des pièces diverses, pour la plupart anonymes.

La première, au fol. 96, est un fragment de saint Augustin : *De consensu evangelistarum*.

La deuxième, au fol. 97, commence par : *Legitur in ecclesiastica historia Nabuchodonosor, rex Babyloniæ, Jerusalem bellando destruxisse*. Un autre exemplaire anonyme de ce court traité nous est signalé dans la bibliothèque Palatine, au Vatican, no 98, sous ce titre : *De divinis officiis*. Il est, comme on le voit, d'un théologien qui n'avait pas assez cultivé l'art d'écrire correctement.

Du feuillet 98 au feuillet 104, quatre sermons anonymes dont nous allons faire connaître l'auteur.

Fol. 98. *Miserere mei, Deus... — Sicut sunt peccata*

minima, sunt mediocria, sunt et magna. Ce sermon est de saint Bernard; sermon XIII *De diversis.* Un autre exemplaire anonyme est dans le n° 6674 (fol. 49), un autre dans le n° 13576 (fol. 15). Il n'est pas besoin d'indiquer ici les copies nombreuses auxquelles ne manque pas le nom de l'auteur.

Fol. 99. *Audistis, fratres, in regula, lectionem de humilitate. Cui ego, quoties legitur, toto animo intentos vos esse desidero.* On lit à la marge : *Sermo iste est alicujus monachi.* Il est d'un moine, sans aucun doute, et du plus célèbre des moines, de saint Bernard. C'est le sermon XXVI *De diversis.* Autres copies anonymes : nos 6674 (fol. 88), 10695 (fol. 89), 13576 (fol. 17); Mazarine, 1153.

Fol. 100. *Si nativitatis et resurrectionis dominicæ digna devotione celebramus solemnia.* De saint Bernard; sermon IV *In Ascensione.* Autres copies anonymes : nos 2547 (fol. 23), 6674 (fol. 89), 10695 (fol. 90).

Fol. 102. *Celebramus hodie, dilectissimi, Spiritus sancti solemnitatem, tota cum jucunditate celebrandam.* De saint Bernard; sermon I *In festo Pentecostes.* Autres copies anonymes : nos 2546 (fol. 46), 2547 (fol. 31), 3730 (fol. 152), 14517 (fol. 194).

A la suite, fol. 104, le traité de Richard de Saint-Victor tantôt intitulé *Benjamin minor, De studio sapientiæ,* ou, comme ici, *De patriarchis,* souvent imprimé, et, pour la dernière fois, dans le tome CXCVI de la *Patrologie,* col. 1.

Au fol. 129, une homélie de Bède le Vénérable, avec son nom. Elle est imprimée au tome VII de ses

Œuvres, p. 305. Quelques fragments anonymes succèdent à cette homélie.

Fol. 132. *Quatuor sunt quorum in hac vita obsequiis deservimus.* Ce fragment appartient aux *Mélanges* de Hugues de Saint-Victor; *Patrol.* t. CLXXVII, col. 800. Un autre exemplaire anonyme est dans notre n° 1358 (fol. 4).

Quatuor esse dicuntur quæ nostræ devotionis intentionem adaugent. Dans les mêmes *Mélanges;* livre VI, titres 28 et 29. De nombreuses différences existent entre les deux textes.

Auctoritate Scripturarum male cogitare et male dicere...; et, plus bas : *Necesse est enim malæ cogitationi.* Ces deux paragraphes sont réunis, dans l'édition, sous le titre 40 du même livre. Mais ils sont, dans cette édition, tellement altérés, qu'on n'en peut entendre plusieurs phrases et qu'on en comprend d'autres comme elles ne doivent pas être comprises. Voici donc un meilleur texte :

Auctoritate Scripturarum male cogitare et male dicere et male facere prohibemur ; quia in male cogitare vel immunditia est, cum res sordidæ et impuræ memoria revolvuntur; vel superbia, cum animus quasi superior super proximos suos erigitur et inflammatur; vel ambitio, cum, diabolo instigante, contra præceptum Dei res proximi concupiscitur. Necesse est enim malæ cogitationi horum trium aliquid semper inesse. In male dicere sermo est vel supervacuus, ratione et utilitate carens ; vel detractorius, fraterna bona invida corrosione et odii instinctu diminuens ; vel adulatorius, caput alicujus falsa olei delinitione demulcens. In male facere quoque opus est vel simulatorium, cum aliud intendimus quam opere demonstramus; vel impium, cum proximos nostros lædimus ; vel impudicum, cum nos aliquo modo sordidamus.

Hugues de Saint-Victor a toujours pris soin de son style; si la pensée qu'il énonce est banale, il s'applique d'autant plus à la présenter bien parée. En un mot, c'est un écrivain, et l'on ne s'en doute guère en le lisant tel que ses confrères l'ont édité.

Fol. 133. *Est quasi quoddam desertum vita ista mortalis.* C'est, au livre V des mêmes *Mélanges*, le titre 82.

Dominum Jesum Christum subire crucis et mortis ignominiam... Au livre VII des *Mélanges*, titre 61.

Au fol. 136, un sermon qui commence par ces mots : *Si sciret paterfamilias... — Verum est, fratres; falli* (sans doute *fallere*) *non potest quod dixerit* (sans doute *dicit*) *et affirmat verax.* Nous ignorons quel est l'auteur de ce sermon.

Au feuillet 137, un court traité sur les douze noms de Dieu, commençant par : *Beatissimus Hieronymus, vir eruditus et multarum linguarum peritus.* D'autres copies de ce traité, auxquelles manque aussi le nom de l'auteur, sont à Rouen, U 108, et au collège Balliol, n° 307.

Au feuillet 138, un long poème en vers rythmiques, sur les mêmes noms, dont voici les premiers vers :

Deus, pater piissime,
Jesu Christe dulcissime,
Spiritus clementissime...

Il y en a deux autres copies dans notre n° 18111 (fol. 152) et dans le n° 11325 de Munich. Une troisième est mentionnée par Bandini : *Catal. bibl. Laur.*, t. III, col. 306. Ajoutons que la pièce est imprimée dans le tome III du *Spicilegium Solesmense*, p. 449. Elle aurait pu rester inédite.

A la suite, l'*Oratio ad tres personas Trinitatis*,

Alpha et Omega, magne Deus,

souvent publiée sous les noms d'Hildebert, d'Abélard, de Conrad le Chartreux. Pourquoi ne l'a-t-on pas encore imprimée sous le nom de saint Augustin ? Elle porte, en effet, son nom dans le n° 368 des *Cod. Laud. miscell.*, à la Bodléienne. Il est, toutefois, certain qu'elle est d'Hildebert (1). On ne l'a pas démontré dans l'intérêt de sa gloire. Cette prose rimée est loin de valoir ses vers métriques.

Au fol. 139, le sermon 56 de saint Augustin *Ad fratres in eremo*. Il est au tome VI de ses Œuvres, dans la *Patrologie*, col. 1339.

Le volume finit par une exposition anonyme sur le symbole de saint Athanase dont il existe d'autres copies. Nous en avons une, notamment, dans notre n° 3696 B (fol. 20) et l'on vient de nous en signaler une autre dans le n° 294 de la bibliothèque Palatine. Les moines du Mont-Cassin ont publié cette exposition dans le tome I de leur Catalogue; *Florileg.*, p. 230.

12028

Le commentaire anonyme sur les Épîtres de saint Paul que nous avons dans ce volume est de Gilbert, moine d'Elnone. Nous l'avons déjà cité sous le

(1) *Les Mél. poét. d'Hild.*, p. 72.

n° 656 (1). Les catalogues qui l'attribuent à Gilbert de La Porrée sont en cela fautifs.

12029

Presque tout ce manuscrit est occupé par le commentaire sur les Épîtres de saint Paul que nous venons de rencontrer sous le n° 12028. C'est encore un exemplaire anonyme.

Au fol. 78, sans le nom de l'auteur, le *Libellus de amore sponsi ad sponsam* que nous avons déjà rencontré sous le n° 3833 (2). Cet opuscule, attribué quelquefois à Pierre Le Mangeur, est certainement, nous l'avons dit, de Hugues de Saint-Victor.

12030

Le commentaire anonyme sur l'Apocalypse que contient ce volume est celui du cardinal Hugues de Saint-Cher. Les copies qu'en conservent nos bibliothèques sont en très grand nombre. Il en faut signaler deux dans la bibliothèque d'Arras, que l'on n'y trouverait pas facilement, parce que l'auteur est nommé dans le catalogue, sous les n°s 95 et 116, Hugues de Saint-Victor. Mais cette fausse attribution n'est pas imputable aux anciens copistes ; elle est moderne. Celui qui l'a faite a constaté que ce commentaire n'a pas été publié par les Victorins dans les Œuvres de leur confrère. Non sans doute ; mais on le peut lire imprimé dans le tome VII des Œuvres du cardinal, fol. 363.

(1) Tome I, p. 70.
(2) *Ibid.*, p. 250.

12312

Une table, dressée, comme il semble, au XIVe siècle, occupe la première page de ce manuscrit; mais, bien qu'elle soit ancienne, elle n'est pas toujours suffisante et plus d'une fois elle est trompeuse. Il faut en combler quelques lacunes et corriger quelques erreurs.

Fol. 2. La première pièce de ce feuillet est une lettre de saint Anselme à Lanfranc. On la peut lire au tome CLVIII de la *Patrologie*, c. 1059.

A la suite, *Disputatio judæi cum christiano*, de Gilbert Crispin, abbé de Westminster. Ce dialogue est dans le même volume de la *Patrologie*, c. 1005. Notre manuscrit n'a pas la lettre finale de Gilbert à l'évêque de Lincoln.

Au feuillet 10, une courte dissertation sur le cierge pascal, qui commence par ces mots : *Cereus qui in sabbato Paschæ accenditur significat redemptorem mundi*. L'auteur de ce fragment nous est inconnu.

Du fol. 11 au fol. 75, les homélies de saint Grégoire, que précède l'épître à Secundinus. Ces homélies sont au premier tome des Œuvres de saint Grégoire, dans l'édition bénédictine.

Au fol. 75 le traité de saint Bernard communément intitulé : *Super Missus est*.

Au fol. 84, un commentaire anonyme sur le Cantique des cantiques, commençant par : *Liber iste vocatur Cantica canticorum, et etiam pluraliter propter multam excellentiam dignitatis*. Nous en pouvons citer deux autres copies, auxquelles manque aussi le nom de l'auteur : dans notre n° 567 (fol. 1) et dans le n° 681 (fol. 107) de la Mazarine.

Au fol. 95, une glose anonyme sur l'Apocalypse, avec un prologue dont voici la première phrase : *Causa quæ beatum Joannem scribere moneat, quia interim, dum ipse exsul teneretur a Domitiano, in ecclesiis quibus ipse præerat multæ nequitiæ moluerunt.* Cette phrase est obscure et certainement altérée. Mais aucune autre copie ne nous vient en aide pour la rendre plus claire.

Au fol. 116, après de brèves et frivoles explications sur le nom de l'Antéchrist, la lettre 203 de saint Augustin à Largus. A la suite, fol. 118, trois fragments sur le baptême contesté de saint Pierre, sur l'essence divine et la chute de l'ange rebelle.

Au fol. 119, sous le nom de saint Augustin, le traité *De conflictu vitiorum et virtutum* dont on a des éditions, qui ne sont pas toutes recommandables, dans les Œuvres de saint Augustin, de saint Ambroise, de saint Isidore et de saint Léon. Pourquoi ne l'a-t-on pas aussi publié dans les Œuvres de saint Grégoire ? Il porte, en effet, son nom dans le manuscrit 0 55 de Rouen. Mais il n'est, comme on l'a prouvé 1), d'aucun d'eux ; il est d'Ambroise Autpert, le docte abbé de Saint-Vincent.

Au fol. 122, non pas un autre commentaire, mais une paraphrase du Cantique des cantiques. Il n'est pas sans doute besoin de dire que c'est une paraphrase mystique. L'auteur n'en étant pas indiqué, nous l'avons recherché, mais sans le trouver.

(1) *Hist. litt. de la Fr.*, t. IV, p. 148.

Au fol. 153, une interprétation très libre de l'allégorie contenue, dit-on, dans ces mots du texte biblique : *Ægrotavit Ezechias usque ad mortem et introivit ad eum Isaias*. Ensuite, une autre sur ces mots de la Genèse : *Aser, pinguis panis ejus;* une autre enfin sur ceux-ci, d'Isaie : *Sibilabit Dominus muscæ quæ est in extremo*. Ce sont là, croit-on, des fragments. Le n° 529 (fol. 113) nous avait déjà mis sous les yeux une copie du premier. Dans les uns et les autres tout est banal.

Au folio 158, le *Liber differentiarum* d'Isidore de Séville, publié dans le tome V de ses Œuvres, p. 77.

Au fol. 167, une exposition de la messe, intitulée *Expositio in celebratione missæ, a Remigio Altissiodorensi edita*, et commençant par : *Celebratio missæ in commemoratione passionis Christi peragitur, sicut ipse præcepit*. Cet écrit est sous le même nom dans les nos 2636, 11579, 14869 de la Bibliothèque nationale, 140 du Nouveau collège, à Oxford, et ailleurs encore. Il n'y a pas à douter, suivant les auteurs de l'*Histoire littéraire* qu'il soit de Rémi (1). Cependant il en existe plusieurs éditions sous le nom d'Alcuin, Jean de Trittenheim le réclame pour saint Anselme et le n° 943 de l'Arsenal pour Richard de Saint-Victor. Quoique ce manuscrit de l'Arsenal soit d'un âge respectable, on peut assurer qu'il est d'un copiste mal informé. Richard de Saint-Victor n'a fait aucune exposition de la messe, ni celle-ci ni une autre. Jean de Trittenheim s'est aussi trompé lorsqu'il a porté cet écrit au catalogue des œuvres de saint Anselme, en

(1) *Hist. litt. de la Fr.*, t. VI, p. 116.

l'intitulant *De sacramentis.* Il est vrai que saint Anselme a disserté sur les sacrements; mais on ne lit pas, en tête de sa dissertation bien connue, les mots que cite Jean de Trittenheim. Ce bibliographe, dont toutes les assertions doivent être vérifiées, a confondu deux traités qui ne se ressemblent en rien et mentionné celui de Rémi sous le nom de saint Anselme. Quant aux éditions données sous le nom d'Alcuin, citons simplement celle qui se trouve au tome CI de la *Patrologie*, col. 1246. Elle n'y est pas en l'état d'écrit particulier; c'est un chapitre d'un assez gros livre, le *Liber de divinis officiis*. Mais il est depuis longtemps reconnu que ce *Liber de divinis officiis* n'est qu'un fouillis de pièces disparates, empruntées à des auteurs différents par un copiste qui vécut assez longtemps après Alcuin (1).

Au fol. 174, un dialogue, sans nom d'auteur, sous ce titre : *De creatione rerum*. L'auteur est Hugues de Saint-Victor, et ce dialogue est imprimé dans ses Œuvres; *Patrologie*, t. CLXXVI, col. 17. On n'a jamais attribué qu'à lui cet écrit ingénieux et quelquefois téméraire (2).

Au fol. 180, une glose sur les neuf antiennes de saint Grégoire et, à la suite, une dissertation liturgique commençant par : *Gallus stans supra pinnaculum templi significat prædicatorem*. Nous avons deux autres copies de cette dissertation dans les n°s 567 (fol. 140) et 17400 (fol, 121). Elle ne paraît avoir aucun intérêt.

(1) *Hist. litt. de la Fr.*, t. IV, p. 340.
(2) *Les Œuvres de Hug. de S.-Vict.*, p. 63.

Au fol. 182, l'*Elucidarium*, sous le nom de saint Anselme. Nous avons déjà cité cet ouvrage sous le n° 3417 (1), et nous avons dit qu'il n'est pas de saint Anselme, quoiqu'on l'ait plus d'une fois imprimé sous son nom. On l'a, sans plus de raison, publié sous le nom de Lanfranc. Enfin, Oudin ayant cru devoir en gratifier Honoré d'Autun, la plupart des critiques se sont rangés à son opinion, et c'est parmi les Œuvres d'Honoré d'Autun que cet écrit peu louable se lit dans la *Patrologie*, t. CLXXII, c. 1109. Était-il donc nécessaire de l'attribuer à quelqu'un? *Nomen meum*, dit l'auteur, *volui silentio contegi*. Eh bien, ce nom qu'il a voulu cacher, personne ne l'a découvert. Le vœu de cet homme modeste est donc exaucé.

Quelques fragments se lisent à la suite. Le premier commence par : *Aquila grandis, magnarum alarum... — Hæc verba Ezechielis prophetica, Spiritus sancti inspiratione prolata, spiritualiter a nobis intelligenda*. Ce fragment est aussi dans le n° 3590 (fol. 143). Le dernier est le début d'un curieux opuscule que nous retrouverons complet dans le n° 13576 (fol. 26). On ne sait pas, dirons-nous, quel en est l'auteur; mais on n'a pas manqué de l'attribuer à quelqu'un. Il est imprimé dans les Œuvres de Hugues de Saint-Victor.

Nous avons déjà mentionné sous le n° 9578 (2) l'opuscule anonyme dont tel est ici le titre, fol. 199 : *De verbis Petri ad Jesum*. Il est intitulé dans le n° 9578 : *Liber de lectione evangelica : « Ecce nos reliquimus omnia.* » L'auteur est, avons-nous dit, un

(1) Tome I, p. 209.
(2) Ci-dessus, p. 4.

disciple de saint Bernard et l'on admet communément, sur la foi de plusieurs manuscrits, que c'est Geoffroy d'Auxerre. Si cet opuscule n'avait pas été plusieurs fois imprimé, nous en donnerions des extraits. Il y a des passages très instructifs sur les mœurs du temps.

Au fol. 211, *Distinctiones domini Roberti, Linchoniensis episcopi*. Ailleurs cet écrit est intitulé : *Sermo;* ailleurs : *Summa de articulis fidei;* ailleurs encore : *De templo Domini et officio sacerdotum*. L'auteur est Robert Grossetête, évêque de Lincoln, que l'on appelle quelquefois, en latin, *Robertus Capito*, et sa grande renommée a fait que cet écrit, dont l'intérêt est médiocre, a été souvent copié. Nous en pouvons indiquer de nombreux exemplaires, avec ou sans le nom de l'auteur, dans les n°s 339 de la Mazarine, 340 de Toulouse, 1077 de Troyes, A 464 de Rouen, 368 et 374 des *Cod. Laud. misc.*, à la Bodléienne, 109 et 202 du collège Marie-Madeleine, 32 du collège *Corpus Christi*, 228 du collège Balliol, 257 du collège Merton.

Au fol. 219, *Liber sancti Augustini de duodecim abusivis*. Cet opuscule n'a pas été seulement publié dans les Œuvres de saint Augustin, t. VI, p. 1079; il l'a encore été dans celles de saint Cyprien, *Oper. app.*, p. 275. Mais, s'il est reconnu depuis longtemps que saint Cyprien et saint Augustin n'ont affaire ici ni l'un ni l'autre, on s'est généralement abstenu de hasarder quelque conjecture tant sur la date que sur l'auteur de cet écrit ingénieux. C'est un exemple de prudence que nous voulons suivre. Des copies anonymes sont dans nos n°s 13443, 13576 (fol. 22), et dans le n° 77 de l'Arsenal.

Au fol. 222, *Liber interrogationum Orosii et responsionum sancti Augustini*. Les attributions ne sont ici ni contestées ni contestables.

Au fol. 230, *Summa magistri Joannis Beleth de officiis ecclesiasticis*. Nous avons montré, sous le n° 994, que le texte imprimé de cette somme diffère beaucoup des textes manuscrits (1).

Au fol. 267, *Circa symbolum missæ*, et, à la fin de ces courtes explications sur le symbole, fol. 269 : *Hanc expositionem missæ fecit frater T. de Aquino in quarto Sententiarum, in tractatu de sacramento Eucharistiæ.* Il n'y a lieu de joindre aucune note à cette indication ; elle est exacte et suffisante. Mais à cet extrait de saint Thomas succède immédiatement une courte dissertation sur la même matière dont nous avons peut-être ici le seul exemplaire conservé. L'auteur est nommé; c'est maître Nicolas Du Pressoir, et l'opuscule commence par : *Quoniam in missa fit oblatio corporis Christi veri, in memoriam passionis Christi qui fuit oblatus in altari crucis pro redemptione generis humani*... Ce Nicolas Du Pressoir, chanoine de Paris, docteur en théologie, qui vivait dans les dernières années du XIIIe siècle, a sa notice dans l'*Histoire littéraire*, t. XXVI, p. 457 ; mais il n'y est pas parlé de cet écrit sur la messe.

Au fol. 270, un traité dont le titre est, à la première page du volume : *Multæ diversæ quæstiones et earum*

(1) Tome I, p. 80 et suiv.

solutiones. Ce titre pourrait être mis en tête de beaucoup d'autres écrits, sans mieux indiquer ce qu'ils contiennent. Il s'agit ici du *Liber Quare*, commençant par : *Quare Septuagesima celebratur? Ideo ut, quemadmodum populus Dei*... C'est, en effet, une somme de questions et de réponses sur les offices divins, dont l'auteur est nommé tantôt Hugues de Saint-Victor, tantôt Alain de Lille, tantôt Simon, un Simon d'ailleurs inconnu. En fait on ignore à qui l'on doit donner ce livre (1), qui très souvent copié, fut en conséquence très estimé durant le moyen âge. Cependant on ne l'a pas, plus tard, imprimé.

Quelques fragments anonymes suivent ce traité. Le plus considérable, au revers du fol. 286, commence par : *Grave jugum super filios Adæ, a die nativitatis eorum usque ad diem reversionis in matrem omnium.* Nous avons ce fragment, pareillement anonyme, dans les n°s 529 (fol. 78) et 14517 (fol. 119).

Au fol. 287, sans nom d'auteur, *Speculum ecclesiæ*. C'est le *Speculum ecclesiæ de sacramentis ecclesiasticis* que les chanoines de Saint-Victor ont publié sous le nom de leur plus illustre confrère. Mais, comme nous l'avons dit sous le n° 3417, cette attribution doit être tenue pour suspecte (2).

A la suite, une courte réponse à cette question liturgique : *Quanto et quo tempore libri veteris et novi Testamenti leguntur*. Il y a là peut-être d'utiles renseignements.

Au fol. 304, anonyme et sous ce titre *Summa*

(1) *Les Œuvres de Hug. de S.-Victor*, p. 201 et suiv.
(2) Tome I, p. 210.

pænitentialis, le traité *De confessione* de Robert de Sorbon, mais non pas tel qu'on le peut lire dans la *Bibliothèque des Pères*, t. XXV de l'édition de Lyon, p. 352. Nous n'en avons ici qu'une partie, et cette partie manque d'intérêt. Le reste n'en manque pas.

A la suite le poème bien connu qui commence par ces vers :

> Pœniteas cito peccator, cum sit miserator
> Judex, et sunt hæc quinque tenenda tibi...

Des manuscrits l'attribuent à Jean de Garlande. Cependant cette attribution n'est pas universellement admise. Ne l'a-t-on pas encore donné à Jean Holywood, à Bernard *Sylvestris*, à certain pape Silvestre, même à saint Jean Chrysostome? Comme c'est un très méchant poème, il n'est pas invraisemblable que Jean de Garlande en soit l'auteur (1).

Un fragment du *Pénitentiel* d'Alain termine notre volume, fragment d'ailleurs considérable et qui souvent diffère beaucoup du texte imprimé. Nous y retrouvons le curieux passage où maître Alain recommande aux confesseurs la plus grande indulgence pour les pécheurs qui viennent comparaître devant leur tribunal, et, comme ce passage n'est pas suffisamment correct dans l'édition reproduite au tome CCX (col. 195) de la *Patrologie*, nous le donnons ici corrigé sur notre manuscrit :

> Quia de pœnitentia fecimus mentionem, quare antiqui patres tam graves satisfactiones pro peccatis injunxerint videamus, et utrum temporibus nostris aliquid de rigore

(1) *Not. et extr. des man.*, t. XXVII, 2e part., p. 10.

illo remittendum sit juxta status peccatorum et diversitates peccantium, an ne idem rigor retinendus sit qui ab antiquis patribus est ordinatus. In primitiva ecclesia, cum fideles majori caritate astringerentur quam modo, si quis incedebat in mortale primum, ad majorem cautelam in injunctione pœnitentiæ rigor districtus tenebatur, ut sic peccatores, districtione pœnæ arctati, cautius sibi in evitatione peccati providerent. Sicut imperator, cum primo legem promulgat, ut populus in observatione cautior sit, transgressoribus legis districtam pœnam infligit; sic imperator cœli, in prima suæ legis promulgatione voluit transgressores suæ legis gravius puniri, ut sic sollicitiores essent ad cavendum transgressionem præcepti; unde in præsentia Petri Ananias cum Saphira morte percussus fuit, quia partem possessionis suæ retinuit, ut sic alii magis timerent et a simili peccato caverent. Sed, multiplicata Dei ecclesia, invaluerunt peccatorum morbi, et, quia defendit eos numerus, oportuit remitti de pœnæ districtione, ne pœnæ districtio potius esset in offensam quam in medicinam. Remittendum ergo fuit de pœnitentia, ut revocarentur per indulgentiæ pietatem qui revocari non poterant per rigorem. Unde cum quidam modernorum jejunia, vigilias ferre non possunt, injunctæ sunt eis oblationes, orationes, peregrinationes. Ideo etiam remittendum de rigore pœnitentiarum antiquitus injunctarum, quia olim humana natura robustior ad ferenda pœnarum onera quam modo; et ideo temperanda est pœnitentia; sicut materialis medicus potiones antiquitus excogitatas, cum homo robustioris erat naturæ, modo temperat propter imbecillitatem infirmitatis humanæ. Temperandæ ergo sunt pœnitentiæ si pœnitentes majora ferre non possuut. Ita si de injunctis nulla implere possit vel velit, quæratur ab eo quid ferre valebit, et secundum responsionem ejus sacerdos pœnitentiam injungat, ne illum omnino sine consilio relinquat, quia ex tanta caritate poterit adimplere minora, et non succumbet minori sarcinæ qui premeretur majori onere. Sacerdos ergo, tanquam bonus dispensator, cibaria discrete distribuat, ut, juxta verba apostoli, *qui infirmus est olera manducet* (1).

(1) Paulus ad Rom., XIV, 2.

Alain se rappelait sans doute, en donnant ces conseils de clémence, qu'il s'était fait compter, dans sa jeunesse, au nombre des grands pécheurs.

12321

Une belle copie des sermons de saint Bernard occupe la plus grande partie de ce volume. Nous avons à la suite plusieurs traités anonymes, intitulés : *De medicina animæ*, *Ad socium volentem nubere* et *De naturis avium ad Reincrium cognomento Corde benignum*. Ces trois traités ont été plus d'une fois publiés sous le nom de Hugues de Saint-Victor, à qui divers manuscrits les attribuent. Mais certainement bien à tort. Ils sont du prieur de Saint-Laurent, Hugues de Fouilloi. Nous l'avons déjà dit, pour les deux premiers, sous les nos 3218 (1) et 712 (2). Pour le troisième, voir *Les Œuvres de Hugues de Saint-Victor*, p. 169.

12399

L'ouvrage anonyme que contient ce volume, et qui l'occupe tout entier, est le *Tractatus de virtutibus* de Guillaume Péraud. Nous l'avons déjà rencontré, pareillement anonyme, sous le no 10684. On lit ici, au dernier feuillet : *Mag. Roberti de Flamesbuc, canonici S. Victoris Parisiensis et pœnitentiarii.* Ainsi l'ancien possesseur de notre volume était le pénitentier de Paris, Robert de Flamersburg, chanoine de Saint-

(1) Tome I, p. 205.
(2) *Ibid.*, p. 86.

Victor, canoniste longtemps et justement estimé. Il a sa notice dans l'*Histoire littéraire*; t. XVII, p. 402.

12401

Le traité qui s'étend ici du premier au dernier feuillet du volume a pour titre : *Tractatus moralis in septem vitiis capitalibus*. Ce titre est exact, sinon correct; mais il y manque le nom de l'auteur. L'auteur est Guillaume Péraud, et ce gros traité, dont il existe de nombreux manuscrits, a été maintes fois imprimé. Quoiqu'il occupe, dans ce n° 12401, deux cent quarante feuillets in-fol., sur deux colonnes, il est incomplet, finissant avec le chapitre VIII du *Tractatus de peccato linguæ*. Qu'on ne s'étonne pas trop de la dimension de cet ouvrage. Guillaume Péraud n'était pas seulement un scrupuleux moraliste; c'était encore un écrivain, et tous les chapitres de son livre sont des dissertations littéraires. Souvent sans doute on les trouve un peu longues; mais on peut rarement leur reprocher d'être banales.

12402

Échard indique plusieurs fois ce manuscrit, vu par lui sous le n° 400 de la bibliothèque de Saint-Germain-des-Prés. M. Lajard, ne l'ayant pas retrouvé, l'a cru perdu (1). Il n'en faut pas regretter la perte; le voici. M. Lajard se trompe encore lorsqu'il avance que ce manuscrit était d'autant plus précieux qu'il offrait

(1) *Hist. litt. de la Fr.*, t. XX, p. 272.

d'abord une compilation où tous les auteurs cités étaient nommés, tandis qu'ils ne le sont pas dans les autres copies de la même compilation qui se rencontrent à la Bibliothèque nationale. Cette erreur se comprend d'autant moins que M. Lajard a certainement vu, puisqu'il les décrit, deux autres exemplaires de cette compilation, venus de la Sorbonne, aujourd'hui rangés sous les nos 15255, 15913 de notre fonds latin, où se lisent les mêmes noms et d'autres encore, indiqués par des scribes plus attentifs et plus exacts.

On va bientôt juger que ces explications étaient nécessaires. Ce manuscrit 12402 est, en effet, plus beau qu'il n'est bon ; il y a des lacunes, et nous devrons recourir pour les combler au nº 15255.

C'est un recueil, dont la première pièce est intitulée *Narrationes*. En beaucoup d'autres manuscrits, car il y en a surabondance, le titre, plus exact, est *Alphabetum narrationum*. C'est, avons-nous dit, une compilation. Ajoutons : faite à l'usage des prédicateurs, où sont rangés dans l'ordre alphabétique, sous les mots *abbas, abbatissa, absolutio, abstinentia*, etc., etc., une foule d'historiettes édifiantes que ces prédicateurs y pourront prendre pour égayer leurs sermons.

Dès l'abord signalons, dans notre manuscrit, une grave lacune. Il y manque, au prologue de l'*Alphabetum*, la phrase suivante : *Sic etiam jamdudum auctoritates sanctorum sub ordine alphabeti distinxi in libello quem* Alphabetum auctoritatum *appellavi; eodem modo et hunc* Alphabetum narrationum *appello*. Ainsi l'auteur déclare avoir fait, avant cette compilation, une autre semblable, sous ce titre *Alphabetum auctoritatum*. Or, dans un catalogue dressé au XVe siècle par le Dominicain Laurent Pignon, on lit : *Fr. Stephanus, natione Burgundus, magister in theologia, scripsit librum de auctoritatibus sanctorum et apostolorum;* et de cette indication vague et moderne Échard n'hésite pas à conclure que l'*Alphabetum narrationum* est, ainsi que l'*Alphabetum auctoritatum*, de son confrère Étienne de Besançon.

Si l'on avait l'*Alphabetum auctoritatum* sous le nom d'Étienne, cette conclusion serait facilement admise. Mais on ne l'a ni sous ce nom, ni sous aucun autre. Échard l'a recherché vainement, et nous avons sans plus de succès fait la même enquête. Donc on ne réclame l'*Alphabetum narrationum* pour Étienne de Besançon que sur le témoignage tel quel de Laurent Pignon. L'*Histoire littéraire* dit, il est vrai, qu'on lit son nom dans un de nos manuscrits, le n° 15255. Il y est en effet nommé, mais sur la feuille de garde, sous la signature du dernier bibliothécaire de la Sorbonne, Gayet de Sansale, qui ne sera jamais compté parmi les bibliographes. Il a simplement reproduit l'assertion d'Échard, qu'il ne pouvait ne pas connaître. Cette preuve, alléguée par l'*Histoire littéraire*, est ainsi réduite à sa juste valeur.

Entre tous les manuscrits de l'*Alphabetum narrationum*, un seul nous est signalé comme indiquant un auteur par la lettre initiale de son nom. C'est un manuscrit de la bibliothèque Léopoldine, à Florence, dont tel est le titre, au rapport de Bandini : *R., ordinis Prædicatorum, Alphabetum narrationum* (1). Mais

(1) Bandini, *Cat. bibl. Leopold.*, t. II, col. 188.

cet R. est bien mystérieux ; nous connaissons, en effet, beaucoup de frères Prêcheurs dont le nom commence par cette lettre.

A la fin de plusieurs manuscrits qu'il avait sous les yeux, Échard a lu la note suivante : *Qui vero hunc librum lecturi sunt orare devote dignentur ut horum compilator, cujus nomen in prologo continetur, eorum orationibus adjutus finem legatum consequi mereatur.* Mais, ne rencontrant ce nom dans aucune copie du prologue, Échard a supposé qu'il avait été supprimé par les copistes. Cela n'est guère vraisemblable ; tous les copistes ne peuvent s'être entendus pour faire cette suppression. Ce que l'on est plus tenté de croire, c'est que le nom de l'auteur se trouve, en effet, dans le prologue, mais s'y trouve écrit d'une façon énigmatique. Telle doit avoir été l'opinion de M. Coxe, qui n'a pas douté d'attribuer l'ouvrage à certain *Arnulfus*, sous le n° 219 du collège Balliol, à Oxford. Ce nom d'*Arnulfus*, comment l'a-t-il obtenu ? Nous le voyons bien : en recueillant les lettres initiales de toutes les premières phrases du prologue. Or voici les premiers mots de ces phrases dans les n°s 15255 et 15913, plus complets et plus corrects que notre 12402 : *Antiquorum, Refert, Narrationes, Utile, Legimus, De, Usus, Sed* ; ce qui nous donne *Arnuldus* et non pas *Arnulfus*. M. Coxe ne paraît donc pas avoir deviné l'énigme. Et si l'on parvenait à lire d'une manière quelconque, dans le prologue, les mots *Stephanus Burgundus*, cela ne prouverait pas encore que cette compilation sans mérite soit d'Étienne de Besançon. Il y eut en effet, au XIIIe siècle, parmi les *socii* de la Sorbonne, un clerc nommé *Stephanus Burgundus* qui fit don à cette maison de plusieurs manuscrits. Il est vrai qu'on l'a confondu plus d'une fois avec Étienne de Besançon. Mais, comme l'a montré M. Delisle, cette confusion ne peut être admise (1). Pour conclure, l'auteur de l'*Alphabetum narrationum* est incertain. Si le problème n'est pas insoluble, il n'est pas résolu.

Parmi les auteurs cités dans cette compilation, les modernes sont saint Anselme, Pierre Damien, Jacques de Vitry, Humbert ou Hubert, Césaire, Hélinand, saint Grégoire, Bède, Pierre Alphonse, Jean Beleth, Pierre de Cluny. En outre, quelques emprunts sont faits au registre des visites d'Eudes Rigaud et au *Liber de apibus* dont l'auteur, Thomas de Cantimpré, n'est pas nommé.

Une remarque est à faire sur un de ces noms, celui d'Humbert, *Hymbertus* dans notre n° 12402, *Humbertus* dans le n° 15255, *Hubertus* dans le n° 15913, désigné comme auteur du livre *De dono timoris*, souvent intitulé *Liber de abundantia exemplorum in sermonibus*, dont nous avons de si nombreuses copies, presque toutes anonymes. On ne pouvait pourtant pas manquer d'attribuer à quelqu'un un ouvrage qui, paraît-il, avait eu tant de succès. Aussi plusieurs copistes, suppléant au silence des autres, l'ont-ils tour à tour mis au compte d'Albert le Grand, de Pierre Alphonse, de Nicolas de Hanapes. Il a même été publié sous le nom d'Albert le Grand (2). Mais on a prouvé la fausseté de toutes ces attributions (3). Il reste à re-

(1) L. Delisle, *Cab. des man.*, t. III, p. 28.
(2) Hain, *Repert. bibl.*, n° 484.
(3) *Hist. litt. de la Fr.*, t. XXIX, p. 550.

chercher ce que vaut celle de notre *Alphabetum narrationum*, ainsi plusieurs fois énoncée : *Humbertus, De dono timoris.*

L'ayant avant nous rencontrée, le docte Échard a supposé que cet Humbert pouvait être le célèbre général de son ordre, Humbert de Romans (1), et cette supposition, admise sans difficulté par Fabricius, a été confirmée par Dominique Mansi, qui rapporte au *De dono timoris* ce passage, par lui cité, du sermon 134 d'Hérolt : *Narrat magister Humbertus in tractatu De septemplici timore.* Il nous semble pourtant que cette supposition doit être rejetée.

On s'accorde à reconnaître que le *De dono timoris* est un abrégé, non pas servile, mais libre et très libre, du gros traité *De septem donis* que Bernard Gui donne à son confrère Étienne de Bourbon. Or Humbert de Romans est souvent cité, six fois au moins, dans ce traité. Étienne l'a fréquemment entretenu, non dans sa jeunesse, mais pendant son généralat, et il a recueilli de sa bouche diverses anecdotes qu'il raconte à son tour, disant les tenir de lui. Or Étienne mourut, au rapport de Bernard Gui, vers l'année 1261, laissant son livre inachevé. Est-il donc croyable que le général Humbert de Romans, mort au plus tard en 1277, ait, dans sa retraite volontaire, employé les dernières années de sa vie à faire l'abrégé d'un livre où il est si fréquemment nommé? Quand cet abrégé lui serait attribué par un des anciens bibliographes de son ordre, soit Étienne de Salagnac, soit Antoine de

(1) *Script. ord. Præd.*, t. I, p. 430.

Sienne, on aurait lieu, pensons-nous, de tenir pour suspecte une assertion si peu vraisemblable. Mais pas un de ces anciens bibliographes n'a mentionné le *De dono timoris* dans le catalogue des écrits laissés par Humbert de Romans. Ainsi la supposition d'Échard n'a pas d'autre fondement que ce simple nom, sans qualificatif, *Humbertus*, joint dans l'*Alphabetum* à quelques citations du *De dono timoris*.

Cet *Humbertus* de l'*Alphabetum* est-il, comme l'a cru Dominique Mansi, le *magister Humbertus* d'Hérolt? C'est lui peut-être. Mais il n'importe. On ne doute certainement pas qu'il y ait eu, dans les dernières années du XIIIe siècle, d'autres Humbert, d'autres maîtres Humbert, qu'Humbert de Romans.

A notre avis, pour conclure, il est possible que le traité *De dono timoris* soit d'un Humbert quelconque. Cependant, quand nous en avons tant de copies, plus de quinze, sans nom ou sous de faux noms, et n'en avons aucune sous ce nom d'Humbert, nous n'admettons pas facilement une attribution si peu recommandée, et, jusqu'à plus sûre information, l'ouvrage demeure pour nous anonyme.

Quelques mots encore sur l'*Alphabetum narrationum*. Tout ce qui s'y trouve n'est pas dit emprunté. Le compilateur prend quelquefois la qualité d'auteur, *narrator*. Nous avions donc résolu de transcrire quelques-uns des récits qu'il présente comme siens, et, puisqu'ils devaient être inédits, de les publier; celui-ci par exemple :

Fol. 77. *Narrator*. Quodam viro laborante in extremis, uxor ejus vocavit suam ancillam, dicens : « Vade, eme tres ulnas de burello ad sepeliendum virum meum. » Cui illa : « Domina, habetis abundanter de bona et pulchra tela; accipiatis inde quatuor ulnas. » Illa vero indignata respondit : « Bene sufficerent tres ulnæ de burello. » Cum infirmus, licet jam moriens, hoc audierit, sicut potuit dixit ita : » *Courte la faites pour le croter.* »

Mais le prétendu narrateur est, ici du moins, un menteur. Une facile enquête nous a bientôt appris que cette anecdote avait été contée bien avant lui, presque dans les mêmes termes, par Guibert de Tournai (1), qui l'avait empruntée lui-même à Jacques de Vitry (2). Il est donc bien possible que les autres récits du *narrator* ne soient pas plus originaux que celui-là.

Une note, qu'on lit à la marge supérieure du feuillet 97, attribue les fragments qui suivent à saint Augustin et à saint Grégoire. Le premier de ces fragments est, en effet, le sermon 56 de saint Augustin *ad fratres eremi;* t. VI, p. 1339 de l'édition de ses Œuvres.

Au fol. 105, le *Liber scintillarum* sous le nom du vénérable Bède. Au même auteur le donnent les nos 865 de Grenoble et 119 de Soissons; à saint Isidore, le no 171 de la bibliothèque Palatine. On l'a publié dans les œuvres de Bède. Cependant il n'est pas plus de lui que de saint Isidore, de saint Césaire et d'autres encore à qui l'ont rapporté des conjectures plus ou moins frivoles. Mabillon ayant publié le prologue de ce livre, qui manque dans la plupart des manuscrits, on y a vu que l'auteur se nomme lui-même Defensor et se dit

(1) Bibl. nat. man. lat. 9606, fol. 21, vo.
(2) Pitra, *Anal. noviss.*; altera contin., t. II, p. 451.

moine de Ligugé (1). Les copies sont très nombreuses. Citons simplement plusieurs de celles où se trouve le prologue : Mazar., n° 1127; Institut, n° 43, in-4°; Troyes, n° 1854 ; Vatican, Palatine, n° 434; Mont-Cassin, n° 214. La dernière édition est celle de la *Patrologie*, t. LXXXVIII, col. 597.

Au feuillet 131, le *Tractatus de professione monachorum* sans nom d'auteur ; mais deux auteurs, Guillaume de Poitiers et Guillaume Péraud, nous sont proposés par deux notes marginales dont l'une invite à ne pas trop se fier à l'autre. La plus ancienne est celle-ci : *Fratris Guillelmi Pictaviensis, uti inscribitur in ms. codice Gemmeticensi C. 70.* Et telle est la plus récente : *Potius Guillelmi de Peraldo. Lugdunensis, ordinis Prædicatorum.* D'autres auteurs, Hugues de Saint-Victor, l'abbé Jean Gessen (2), saint Thomas d'Aquin et certain Guillaume *de Lauduno* nous étant, en outre, recommandés par divers copistes ou bibliographes, nous avons à résoudre un problème qui n'est pas sans quelque intérêt.

Les copies anonymes de ce traité sont nombreuses. Il nous suffira d'indiquer celles que contiennent les nos 558 (fol. 167), 13091 (fol. 102), 15988 (fol, 356), 16505 (fol. 98) de la Bibliothèque nationale, 374, 537 de Douai, 396, 466 de Tours, 1397 de Troyes, A 43 et E 98 de Rouen, 344 de Dijon, 39 de Verdun, 42 du collège de Jésus, à Oxford. Voyons maintenant les manuscrits où des auteurs sont nommés. Il y a d'abord celui de Jumièges, aujourd'hui conservé sous la cote

(1) Mabillon, *Annal.*, t. II, p. 704.
(2) Fabricius, *Bibl. med. et inf. ætat.*, t. IV, p. 79.

A 592 dans la bibliothèque de Rouen, où se lit, en effet, le nom de Guillaume de Poitiers. Mais quel est ce Guillaume de Poitiers? Ce n'est pas, dit l'*Histoire littéraire,* l'archidiacre de Lisieux, chapelain de Guillaume le Conquérant et son historien; l'auteur de notre traité vécut plus d'un siècle plus tard (1). Ce postérieur Guillaume de Poitiers nous le voyons cité par Du Cange et, d'après Du Cange, par Fabricius. Cependant il n'a pas de notice dans l'*Histoire littéraire*, pas plus au XIIIe siècle qu'au XIIe. Pourquoi? Parce qu'il n'a jamais existé, si ce n'est dans l'imagination du copiste à qui l'on doit le manuscrit de Jumièges. Mais où donc l'a trouvé Du Cange? Il a, nous dit-il, lu son nom dans ce n° 400 de Saint-Germain-des-Prés que nous avons présentement sous les yeux, et il en a tiré sans défiance la première des notes que nous avons ci-dessus transcrites. Ainsi la mention de Du Cange, fidèlement reproduite par Fabricius, n'ajoute rien à ce que vaut l'attribution du manuscrit de Jumièges. Il y eut sans doute plus d'un Guillaume de Poitiers; mais un seul nous a laissé des écrits, le contemporain de Guillaume le Conquérant, qui n'a pu faire un livre où saint Bernard est à chaque page cité.

Il faut écarter de même Hugues de Saint-Victor, dont le nom se lit à la fin d'une copie, d'une seule, dans le n° 942 de l'Arsenal, un manuscrit du XVe siècle dépourvu de toute autorité. Étant chanoine, Hugues de Saint-Victor a commenté la règle de saint Augustin, non celle de saint Benoît. Et d'ailleurs aurait-il pu lui-

(1) *Hist. litt. de la Fr.*, t. VIII, p. 197.

même alléguer, sur tous les points de cette règle, les magistrales interprétations de saint Bernard, mort douze ans après lui ?

On ne cite aussi qu'une copie pour faire valoir les droits de Jean Gessen, Gersen ou de Gessate, abbé de Verceil. Encore cette copie, que possédait autrefois l'abbaye de Melchk, n'offrait-elle, on le reconnaît, que cette vague désignation : l'abbé Jean ; et c'est par conjecture qu'on a vu dans cet abbé Jean l'abbé vénéré Jean Gessen, à qui l'on a par surcroît attribué l'*Imitation de Jésus-Christ.* La conjecture paraît être de Bernard Pez. Si ce n'est pas lui qui l'a faite, il l'a du moins admise, et il s'est empressé de publier, le croyant inédit, « le livre d'or » de l'abbé Jean dans le tome Ier de son *Thesaurus anecdotorum,* partie II, p. 565. C'était bien s'aventurer sur la foi d'un manuscrit unique et moderne. Mais quand on croit avoir découvert un trésor, on n'a plus l'esprit accessible à la critique.

L'attribution à saint Thomas est encore plus récente. Décrivant le manuscrit du collège de Jésus, où, comme on l'a vu, la copie de ce livre est anonyme, M. Coxe s'est demandé si saint Thomas n'en serait pas l'auteur jusqu'alors ignoré. M. Coxe s'est ici trompé. Il n'a fait, en réalité, qu'ajouter un nom à une liste d'auteurs incertains. Et c'est un nom qui ne paraît pas heureusement trouvé. Saint Thomas, si zélé pour les intérêts, pour la gloire de son ordre, n'était pas en commerce étroit avec les moines, et l'on n'apprend pas qu'il se soit employé jamais à leur donner des leçons de discipline. Il avait beaucoup d'autres soucis.

Parlons enfin de Guillaume Péraud. Le livre est sous

son nom dans les n°s 2040 (fol. 184), 14873 (fol. 115) de la Bibliothèque nationale, 528 de Grenoble, 241 de Metz, et c'est lui certainement que le manuscrit de Troyes nomme *Guillelmus de Lauduno* pour *de Lugduno*. Voilà donc un grand nombre de témoignages en sa faveur. Ajoutons qu'Échard en indique plusieurs autres. C'est donc l'auteur le plus généralement accepté. C'est aussi le plus vraisemblable. Il était, il est vrai, Dominicain; mais il ne s'est guère occupé, quoique Dominicain, de dialectique ou de philosophie spéculative; tous ses autres écrits ont pour objet la morale. Rien d'ailleurs ne porte à supposer qu'un Bénédictin, noir ou blanc, ait fait ce livre où les abbés ne sont pas admonestés moins fermement que les simples moines.

Bernard Pez ne savait pas qu'il avait été publié chez Jean Petit, vers la fin du XVe siècle, sous le nom de Guillaume Péraud (1).

Le volume finit par le célèbre traité *Des quatre vertus*, dont nous parlerons sous le n° 13462, et par quelques extraits de l'opuscule *De remediis fortuitorum*, attribué, comme on le sait, à Sénèque, et dont l'auteur sera probablement toujours inconnu.

12415

Le titre de ce volume est, sur le feuillet de garde, *Sermones Petri Comestoris*. Mais ce titre est moderne et inexact. Si le volume nous offre, en effet, un assez grand nombre de sermons dont Pierre Le Mangeur

(1) Hain, *Repert. bibl.*, t. IV, n° 12394.

est l'auteur véritable, tous ceux qu'on y trouve ne sont pas de lui.

En fait, nous avons ici trois recueils de sermons. Le premier, qui finit au fol. 48, est sans contestation de Pierre Le Mangeur et tous les sermons qu'il contient ont été cités sous le n° 2951 (1).

Mais en tête du deuxième, qui n'est pas moins considérable puisqu'il ne prend fin qu'au feuillet 95, une main du XVIIIe siècle a écrit *Anonymi*. Cet anonyme, nous le connaissons bien, c'est Pierre le Lombard. Nous avons déjà mentionné tous ces sermons, deux exceptés, sous le n° 3537 (2). Ces deux sermons, que nous citons ici pour la première fois, les voici :

Fol. 52. *Spiritu sancto Isaias edoctus, in anno, inquit, quo mortuus est rex Osias.* Ce sermon est anonyme dans les n°s 3730 (fol. 177) et 16331 (fol. 148); et, s'il figure dans notre manuscrit comme étant de Pierre le Lombard, il précède et suit, dans le n° 14867 (fol. 122), divers écrits d'Hildebert. Beaugendre l'ayant, en outre, rencontré sous ce nom d'Hildebert dans le n° 19 de Saint-Taurin, l'a, sans hésitation, publié dans les Œuvres de l'illustre évêque : *Opera Hildeb.*, col. 701. Il y a lieu pourtant d'hésiter entre l'une et l'autre attribution.

Fol. 63. *Vidi angelum Dei fortem... — Filius tonitrui, in extasi raptus, positus et extra, imo supra hominem.* Nous aurions dû citer ce sermon sous le n° 3537, où il est au fol. 28. Il est donné de même

(1) Tome Ier, p. 137.
(2) *Ibid.*, p. 216.

à Pierre le Lombard par le n° 1318 (fol. 179) de la Mazarine. Beaugendre, ne l'ayant pas connu, n'a pu le mettre au compte d'Hildebert. Il est donc inédit.

Quant au troisième recueil, du fol. 95 au fol. 102, une main quelconque, qui n'est pas celle du copiste, l'a tardivement honoré de ce titre : *Sermones Petri Comestoris*. Ce titre inexact étant mis de côté, le troisième recueil se compose de six sermons anonymes, dont le dernier est inachevé.

De courtes explications sont à fournir sur chacun d'eux.

1° *Ecce locus est apud me... — Non est opus magna persuasione verborum ubi informamur exemplis operum*. D'autres copies du même sermon sont dans les n°s 3733 (fol. 105) et 13582 (fol. 185) ; mais ces autres copies sont sans le nom de l'auteur, et nous ne le connaissons pas.

2° *Ponite corda vestra super vias... — Qui ad hujus sancti templi dedicationem convenitis, vos ipsos templum Domino dedicare debetis*. Nous trouvons aussi d'autres exemplaires anonymes de ce sermon dans les n°s 3733 (fol. 107) et 13582 (fol. 187).

3° *Viam trium dierum ibimus... — Tempus dominicæ Passionis, observantia ecclesiasticæ institutionis, personæ hujus ordinis et professionis...* Une autre copie de ce sermon, anonyme comme celle-ci, est dans le n° 3733 (fol. 109) ; une autre est dans le n° 18172 (fol. 58) sous le nom d'un Alain, dit *Anglicus*. Nous supposons qu'il s'agit ici de cet *Alanus Albretus*, moine bénédictin de Cantorbery, puis abbé de Theokesbury, à qui les bibliographes anglais attribuent des sermons. Il est, du moins, certain que l'auteur de celui-ci n'est pas un clerc séculier parlant au peuple des fidèles; c'est un religieux exhortant des religieux à l'observation constante d'une règle sévère. Cependant nous n'avons aucune confiance dans les attributions de notre n° 18172; il s'y trouve en effet, sous le nom de cet *Alanus Anglicus*, plus d'un sermon que nous avons à revendiquer pour d'autres, notamment pour Geoffroy Babion, pour Étienne de Tournay.

4° *Buccinate in neomenia... — Vos qui spirituale votum penuriæ devote suscepistis; qui quotidie corpora vestra hostiam viventem...* Comme ces premiers mots de l'exorde le font clairement voir, l'orateur et ses auditeurs sont encore des réguliers. Nous avons le même sermon, dans le n° 18172 (fol. 54), sous le nom d'Alain l'Anglais. Il est anonyme dans le n° 3733 (fol. 110).

5° *Animadverto quod vir Dei sanctus sit iste... — Verba ista quæ proponimus caritati vestræ exterius prætendunt colorem insipidæ historiæ.* Une autre copie, pareillement anonyme, est dans le n° 3733 (fol. 108).

6° *Exulta satis, filia Sion... — Vos qui clavem scientiæ habetis, vos qui in sanctuarium Dei intrastis...* Ce dernier sermon est, en effet, de Pierre le Mangeur et nous l'avons cité sous son nom dans notre notice sur le n° 2951 (1). Nous répétons qu'il est inédit.

(1) Tome Ier, p. 164.

12418

Tous les sermons anonymes que nous avons dans ce volume, jusqu'au revers du feuillet 96, sont dans le n° 16506 sous le nom de maître Odes et dans les n°s 698 et 2593 sous le nom du Cistercien anglais Eudes de Ceriton, qui vécut longtemps en France dans les dernières années du XIIe siècle et s'y fit un assez grand renom comme prédicateur. On se rend compte, en lisant ses sermons, du succès qu'ils ont obtenu. Eudes de Ceriton se serait moins fait remarquer s'il avait été simplement, comme beaucoup d'autres moines de son temps, un bon théologien, suffisamment lettré; mais il lui était particulier de prêcher, étant homme d'esprit, avec enjouement. Il y a beaucoup de traits malins dans ses sermons. Ajoutons qu'il y en a contre tout le monde. Tout le monde aurait donc pu s'en offenser. Mais nous sommes moins choqués par un mot dit contre nous que mis en gaieté par un mot dit contre un autre.

Au revers du feuillet 96, un court traité sur la pénitence dont tels sont les premiers mots : *Pœnitentiam agite, appropinquat enim...* — *Legitur in Ecclesiastico : Aqua frigida animæ sitienti nuntius bonus.* Nous ne connaissons pas l'auteur de ce traité.

Du fol. 101 au fol. 104, quelques fragments sur des matières de droit canonique.

Au fol. 104, de nouveaux sermons dont quelques auteurs sont désignés. Les trois premiers, qui sont de maître Eudes de Ceriton, manquent dans le n° 16506. Le quatrième est anonyme. Le cinquième est de Jean de Saint-Gilles. Le sixième et le septième (incomplet) sont de Guyard de Laon. L'auteur du huitième n'est pas non plus indiqué. Les deux suivants sont d'un chancelier de Paris qui n'est pas nommé. Le dernier a pour auteur Guyard de Laon.

Au feuillet 114 quelques notes, des sentences, et les six vers qui suivent :

Dives ait : Si nobilitas mea magna, quid inde?
Si mea magna domus, mea splendida mensa, quid inde?
Si mea sponsa decens, generosa, pudica, quid inde?
Si doceam socios in qualibet arte, quid inde?
Si supplex hominum mihi serviat ordo, quid inde?
Tam cito prætereunt hæc omnia quod nihil inde.

Une autre pièce, qui commence par le premier de ces vers et finit par le dernier, a été publiée par M. P. Ewald : *Neues archiv,* 1880, p. 362.

Le volume finit par deux sermons anonymes, que suivent deux collations. Nous n'en connaissons pas d'autres copies.

12419

Deux recueils de sermons anonymes se partagent ce volume. Le premier, qui finit au feuillet 59, a pour auteur, Jean de La Rochelle; le second, Nicolas de Biard. Ces deux recueils sont inédits.

Le Franciscain Jean de La Rochelle fut un vrai philosophe, un savant théologien et nous devons croire que ses sermons, souvent copiés, ont eu du succès. Mais on n'en peut louer aujourd'hui que la constante gravité. Il y a plus de traits plaisants dans ceux de Nicolas Biart ou de Biard. Nous en décrirons, sous le n° 13579, une collection plus considérable, composée de deux séries, l'une pour les dimanches, l'autre pour les fêtes. Ici nous n'avons que la série des sermons dominicaux. Mais comme il manque, dans le n° 13579, un grand nombre des sermons qui se trouvent ici, nous les allons particulièrement indiquer :

Fol. 84. *Homo pacis meæ... — Dicitur vulgariter :* Qui privez mal achate. *Hoc autem hodie verificatum in Christo.* Autres copies anonymes : n°s 3556 (fol 30), 15955 (fol. 48), 16488 (fol. 249).

Fol. 87. *Murmurabant scribæ... — Dicitur vulgariter : Non videt stultus in stultitia sua.* Autres copies anonymes : n°s 15964 (fol. 70), 16507 (fol. 316).

Ce court dialogue d'un médecin et d'un joueur de vielle est cité par l'orateur comme offrant une leçon de morale : *Medicus viellatori obviavit. Cui medicus : « Quid quæris ? »* — « Je quier joie et noces, et je quier plaies et boces. » Quant à la leçon de morale, elle n'est pas clairement déduite.

Fol. 89. *Redde rationem villicationis... — Si domini terreni volunt quolibet anno computare cum dispensatoribus suis...*

Il s'agit, on le devine, de nous rappeler que des comptes nous seront demandés à l'heure du jugement dernier.

Fol. 91. *Unge caput tuum... Tu autem cum jejunas... — Non enim est aliquis dominus vel episcopus sive abbas...* Autres copies anonymes : n°s 15959 (fol. 413), 18081 (fol. 63).

Nicolas ne traite pas, comme les canonistes, de damnable usurier le marchand qui garde sa marchandise pour la vendre plus cher en temps opportun. *Negociator mundanus*, dit-il, *non diceretur sapiens, sed fatuus, qui merces suas posset servare ad bonam ventam, et statim daret eas pro modico.* Non sans doute les marchands sensés ne faisaient pas ainsi litière de leurs intérêts par déférence pour une décision canonique. Mais on s'étonne un peu de voir qu'un clerc les en félicite.

Fol. 96. *Sic ambuletis ut abundatis.... — Si tota civitas veniret ad hauriendum aquam ad fontem...* Autres copies anonymes n°s 15959 (fol. 487), 16507 (fol. 244), 18081 (fol. 69).

Quand le haut prix des subsistances rendait alors la vie trop difficile dans une province, on s'expatriait pour ne pas mourir de faim : *Normanni, quando penuria et caristia est in Normannia, vadunt ad Franciam ubi abundantia est ;* et de même les gens de l'Ile de France passaient en Normandie lorsque la disette était chez eux. Ces migrations étaient la conséquence d'un régime fiscal dont le maintien sera longtemps jugé nécessaire et dont l'abolition tardive inspire encore, de nos jours même, des regrets qu'on n'ose avouer.

Fol. 98. *Fili, recordare... — Dicitur quod* a bons demandeor bon escondiseor. *Ideo dives de quo loquitur evangelium hodiernum...* Autres copies anonymes : n°s 15964 (fol. 30), 16488 (fol. 334).

Ce sermon est une vive diatribe contre les riches. Ce sont les riches que, dans tous ses sermons, Biard épargne le moins.

Fol. 101. *Homo quidam descendebat...* — *Vulgariter dicitur quod in necessitate perpenditur quis sit amicus. Sunt enim multi...* Autres copies anonymes : n°s 15964 (fol. 248), 16504 (fol. 133), 16507 (fol. 334), 18081 (fol. 116).

Fol. 102. *Surge et vade...* — *Solent medici ægris qui convalescunt ad consolationem dicere statum suum.* Autre copie anonyme : n° 18081 (fol. 117).

Fol. 103. *Magister, scimus quia verax...* — *Vulgariter dicitur :* Qui bon sert... *Exemplum de muliere quæ unxit lanceolam suam oleo.* Autre copie anonyme : n° 18081 (fol. 123).

Citons ce mot sur les gens qui prennent soin de leur corps, mais n'ont pas souci de leur âme : *Bene faciunt* corsez *et* gardecors, *sed* garde ame *non.*

Au même feuillet : *Filia mea modo defuncta...* — *Hic notatur primo matris Ecclesiæ compassio.* Ce sermon est incomplet.

Encore au même feuillet : *Fac tibi arcam de lignis...* — *Dominus præcepit fieri arcam ubi lex Dei, virga et manna conderentur.* Autres copies anonymes : n°s 3556 (fol. 17), 16488 (fol. 404). Avec le nom de Nicolas de Biard : 15951 (fol. 222).

Biard n'admet pas l'immaculée conception de la Vierge : *In peccato originali,* dit-il, *nata fuit ; in utero traxit a parentibus peccatum originale... Sed post sanctificata fuit.* C'est la doctrine de saint Bernard et d'autres Pères ou docteurs.

Fol. 104. *Suscepimus, Deus, misericordiam...* — A tel saint tele offrande. *Et, quia Deus pater sanctus est, oblationem sanctam meretur.* Autres copies anonymes :

n°s 3556 (fol. 12), 16471 (fol. 297), 16507 (fol. 121), 18081 (fol. 139).

Fol. 105. *Erunt Domino offerentes sacrificia... — Hodie videtur esse impletum illud quod dicitur vulgariter* : Qui ne peche si encort. Autre copie anonyme : n° 3556 (fol. 12).

Même feuillet : *Sanctificavit tabernaculum suum... — Sicut carpentarius primo dolat ligna de quibus vult operari*. Autre copie anonyme : n° 3556 (fol. 18).

La prière et la contemplation sont ici recommandées sur ce ton familier :

Religiosi, qui sunt in claustro vacantes orationi et contemplationi, sunt sicut Jacob. Alii vero mundani vagi sunt sicut Esau venator. Si autem venator in sero respiceret lucrum totius diei parum luderetur; verbi gratia, aliquando affert in sero parvum leporem et occidit equum, et gravatus in itinere et lassatus. Similiter illi qui vadunt foras magis quandoque amittunt quam lucrantur si recurrant ad conscientias suas.

Fol. 106. *Congregate illi sanctos... — Volens petere orationes alicujus religionis, quia difficile est de magno conventu singulariter quemlibet petere...* Autre copie anonyme : n° 3556 (fol. 21).

Fol. 107. *Memor esto judicii mei... — Legimus enim triplicem locum, in cælo, in mundo, in inferno*. Autre copie anonyme : n° 18081 (fol. 154). Avec le nom de Biard : 15951 (fol. 354).

Fol. 108. *Indicabo tibi, homo, quid sit bonum... — Verba ista scripta sunt Mich. 6. Si homo doceret servum de novo venientem....* Autres copies anonymes : n°s 3556 (fol. 17), 18081 (fol. 132).

Les prédicateurs ne devraient pas seulement flétrir les vices ; ils devraient encore dénoncer en chaire les gens à qui ces vices peuvent être justement reprochés :

Quando simia videt formam suam in speculo, non credit quod sit umbra sua, sed respicit tunc (retro) se si videret aliquod animal habens ita deformem figuram. Sic faciunt prædicatores quidam, qui, quando inveniunt aliquod verbum bonum contra carnalitatem vel hujusmodi, non dicunt esse contra nos ; sed bonum esset prædicare hoc contra illos tales vel tales.

On est surpris d'entendre Biard donner cet imprudent conseil. Loin de faire ce qu'il osait conseiller aux autres, il ne censurait pas habituellement les vices eux-mêmes avec trop de dureté. C'est un moraliste modéré.

Fol. 110. *Innocentes et recti adhæserunt... — Verbum istud scriptum est in Psalm. et potest exponi de bonis pueris innocentibus.*

Nous n'avons pas à citer une autre copie de ce sermon. Il est pourtant moins banal que d'autres, l'orateur prenant à partie certains évêques auxquels il reproche leur humeur despotique et leurs sévices cruels contre les pauvres curés. Ce sont, dit-il, des Pilates.

Même feuillet : *Tanto tempore vobiscum sum... — Sicut habetur in Evangelio, oportet quod prædicator qui alios docet...* Autres copies anonymes : nos 3556 (fol. 44), 18081 (fol. 142).

Fol. 112. *Vos amici mei estis... — Dicitur vulgariter quod melius valet amicus in via quam denarius in corrigia*. Autres copies anonymes : n°s 3556 (fol. 41), 18081 (fol. 167).

Fol. 113. *Domum tuam, Domine, decet... — Consuetudo est in sæculo quod decet regem habere pulchriorem domum*. Nous ne connaissons pas non plus d'autres copies de ce sermon.

Même feuillet : *Cantate Domino, quoniam magnifice... Semper Dominus ducit ad finem bonum id quod incipit*. Autre copie anonyme : n° 18081 (fol. 153).

C'est avec un peu d'hésitation que les bibliographes prolongent la vie de Nicolas de Biard jusqu'en l'année 1250. Comme il est fait allusion, dans un passage de ce sermon, à la prise de Damiette, on peut tenir pour certain qu'il fut composé quelque temps après le 13 juin 1249.

Fol. 118. *Mulier gratiosa inveniet gloriam... — Ex his verbis Salomonis possumus duo elicere spectantia ad magnificentiam beatæ Virginis*. Autre copie anonyme : n° 18081 (fol. 149).

Fol. 119. *Vocate synodum, congregate senes... — Triplici de causa clamatur : propter loci distantiam et remotionem*.

Les prélats et les simples clercs sont assez maltraités dans ce sermon ; particulièrement les clercs avancés en âge : *Qui bene adverteret statum omnium plus inveniret statum antiquorum clericorum a statu rectitudinis elongatum quam statum aliquorum laicorum*.

Fol. 120. *Extrema gaudii luctus occupat... — Verbum propositum satis eleganter competit solemnitati hodiernæ*. Autres copies anonymes : n°s 3556 (fol. 29), 15955 (fol. 90), 18081 (fol. 91).

Même feuillet : *Ductus est Jesus in desertum... — Jesus significat quemlibet se salvum volentem.*

Un passage de ce sermon nous donne l'occasion de résoudre une question souvent discutée. Nicolas de Biard, habituellement qualifié de *frater*, était, il n'y a pas de doute sur ce point, religieux. Mais de quel ordre ? Les Dominicains et les Franciscains se le disputent. Bernard Gui, dit Échard, en fait un Dominicain ; de même Antoine de Sienne, qui l'appelle *Nicolaus de Briacho*. Mais, ajoute Échard, *ingenue fateor, in nullo antiquo codice legi quod fuerit ordinis Prædicatorum ;* il reconnaît même avoir lu, dans un de ces manuscrits anciens, qu'il appartenait à l'ordre de Saint-François. Entendons maintenant les bibliographes de cet ordre : Radulfi, Gandulfi, Sbaraglia. Avec plus d'assurance ils affirment qu'il était Franciscain, mais, à la vérité, sur la foi d'une tradition vague ; ils ne fournissent, à l'appui de leur dire, aucune preuve convaincante. Or nous en trouvons une, qui sera certainement considérée comme décisive, dans les phrases suivantes de ce sermon : *In religione accepimus legem caritatis. Sicut in deserto tradidit eis* (c'est-à-dire aux apôtres) *Dominus exemplar ut quod scriptum erat in eo facerent, similiter nobis in religione tradidit suæ paupertatis, suæ passionis exemplar, scilicet beatum Franciscum. Illud exemplar fuit scriptum ad exemplar Christi, quia nullus in corde suo ita scriptam habuit Christi humilitatem, paupertatem et passionem. Hoc exemplar debemus respicere et huic nos conformare.* Ainsi la discussion est close ; Nicolas de Biard était, il le déclare lui-même, Franciscain.

Fol. 121. *In baculo meo transivi Jordanem... — Nota historiam de Jacob ; postea expone de Christo.* Autre exemplaire anonyme : n° 18081 (fol. 93).

Même feuillet : *Sic Deus dilexit mundum ut filium suum... — Hic commendatur Dei dilectio erga nos in multis.* Autre copie anonyme : n° 15955 (fol. 447). Avec le nom de Biard : 16501 (fol. 115). Très court sermon.

Même feuillet : *Lætare, Jerusalem... — Quare plus invitatur Ecclesia modo ad lætitiam quam in principio vel in fine Quadragesimæ.* Pas d'autre copie...

Fol. 122. *Fructus dicitur malus quia putridus. Talis est fructus luxuriosorum, vita et opera.* Ce sermon manque aussi dans tous les recueils ci-dessus cités.

Fol. 123. *Tristitia vestra vertetur in gaudium... In hoc verbo duo possunt notari : apostolorum meritum et præmium.* Autre copie anonyme : n° 3556 (fol. 43).

Même feuillet : *Ecce ego descripsi te... — Ista verba possunt exponi de beato Francisco.* Autres copies anonymes : n°s 3556 (fol. 45), 15951 (fol. 288).

Ce sermon en l'honneur de saint François ne peut avoir été fait, comme celui que nous avons au fol. 120, que par un religieux de son ordre. Il n'y est pas seulement béatifié. C'est plus qu'un saint ; c'est un autre Christ.

Même feuillet : *Enoch placuit Deo... — In verbis istis, sub typo Enoch, innuuntur tria quæ bene conveniunt beato Francisco.* Autres copies anonymes : n°s 3556 (fol. 45), 15951 (fol. 289).

Ce second panégyrique de saint François est aussi plein d'emphase.

Fol. 124. *Si consurrexistis cum Christo...* — *Eleganter nos docet apostolus in his verbis resurrectionis dominicæ digne solemnia celebrare.* Autres copies anonymes : nos 3556 (fol. 31), 15955 (fol. 224), 16507 (fol. 281).

Nous trouvons d'abord, ici ce dicton français : « Qui mestier a del feu à son doit le quiert. » Plus loin, L'orateur fait usage d'une peu noble comparaison pour nous enseigner que nous devons avoir toujours l'esprit tendu vers les joies célestes :

Sicut lecator, quando gustaverit de manu præconis paululum boni vini, non cessat donec veniat ad dolium, ita nos, tanquam spirituales lecatores, nunc debemus soporare cælestes delicias et continuo accidere desiderio donec his satiemur, et donec simus ad illum locum in quo torrentem voluptatis ejus potabimus.

Fol. 126. *Lauda et lætare, filia Sion...* — *Hæc verba dupliciter possunt exponi. Primo de adventu filii Dei in Virginis uterum.* Autre copie anonyme : n° 3556 (fol. 18).

Nicolas se prononce encore ici contre l'immaculée conception. Oui, sans doute, lorsque la Vierge a conçu Jésus, le péché d'origine ne la souillait plus. Mais quand a-t-elle purifiée de cette souillure héréditaire? Au moment où, confiante dans la parole de l'ange, elle s'écria, dit saint Luc : *Magnificat anima mea Dominum !* Tel n'était pas alors, on le sait, la doctrine du plus grand nombre de Franciscains.

Fol. 128. *Cum invitatus fueris ad nuptias...* —

Si verum est quod dicitur communiter quod non est honor sine gloria... Autres copies anonymes : n°s 15964 (fol. 293), 16507 (fol. 345), 18081 (fol. 118).

Voici un autre dicton : « Mielz vaut bons vins que eue benoite. » Mais, entendons-le bien, c'est un propos de buveur, et le prédicateur, qui le cite, ne l'approuve pas.

Fol. 129. *De excelso misit ignem... — Solent principes castra et terras hostium suorum comburere.* Autres copies anonymes : n°s 3556 (fol. 47), 15952 (fol. 297), 15955 (fol. 448), 16501 (fol. 105).

Nous avons encore ici une bien étrange comparaison :

> Olla bulliens, si non haberet nisi unam bonam fabam, superponeret eam et monstraret; sic luxuriosi malitiam abscondere non possunt quin saliat per os turpiter loquendo, et ad choreas cantando et ad aures lecatrices audiendo et ad oculos lascive respiciendo.

Les entremetteuses, si souvent mises en scène dans les romans de chevalerie et dans les sermons, sont ici définies « les soufflets du diable : »

> Vetulæ, quæ in fervore juventutis suæ ignem luxuriæ exercuerunt, senio et frigidate confractæ ignem luxuriæ quem senectus in eis extinxit in aliis flatu suo accendunt. Sunt enim *les sofflez* diaboli.

Fol. 131. *Vidi Dominum sedentem... — Dicitur communiter : Quod oculus non videt cor non dolet.* Autres copies anonymes : n°s 15964 (fol. 374), 18081 (fol. 128).

Fol. 132. *Hæc est dies quam fecit... — Dominus omnem diem fecit et ideo quærendum est...* Autre copie anonyme : n° 3556 (fol. 32). Ce sermon est très court dans les deux manuscrits. Ce n'est, comme il semble, qu'un fragment.

Même feuillet : *Surrexit Dominus vere... — Libenter auditur qui bonos rumores portat.* Autres copies anonymes : n°s 3556 (fol. 32), 15955 (fol. 233), 16501 (fol. 16).

Fol. 133. *Aperuit os ejus... — Dominus est sicut nutrix quæ pascit puerum, quæ os ejus aperit.* Autres copies anonymes : n°s 3565 (fol. 90), 12421 (fol. 73), 18193 (fol. 41).

Même feuillet : *Vos estis lux mundi... — Nota quod lux est ita substantia pura et tantæ munditiæ...* Autres copies anonymes : n°s 3556 (fol. 43), 3565 (fol. 91), 15954 (fol. 5).

Même feuillet : *Lex veritatis fuit in ore ejus... — Vulgariter dicitur :* Qui bon morsel met en sa boche bone novele envoie à son cuer. *Bonum morsellum incorporat...* Autres copies anonymes : n°s 3556 (fol. 43), 3565 (fol. 92), 12421 (fol. 75), 14951 (fol. 163), 18194 (fol. 172).

Fol. 135. A ce sermon succèdent deux courts fragments. Dans le second nous lisons cette sentence : « Pensée de prodome s'essauce et sa parole est orguement. » Ensuite un sermon complet : *In memoria æterna erit justus... — Vulgariter dicitur* : Tout passe fors Deu amer. Autres copies anonymes : n°s 3556 (fol. 46), 16488 (fol. 426), 16498 (fol. 17).

Nous avons à citer quelques phrases de ce sermon :

Si homines sæculares tantis difficultatibus se exponunt ut aliquid memoriæ dignum faciant quare habeant nomen perpetuum, multum debent animari viri spirituales ad faciendum unde mereantur nomen æternum; nam revera mundanorum memoria fuit in sonitu dum viverent et extulerunt caput, sed, pulsatis campanis pro eorum morte, cito deletur... Vulgariter dicitur : *Les morz as morz, les vis a vis.*

Plus loin, ces autres proverbes : « L'une bonté requiert l'autre. » — « Qui te fait fai li. » — « A tel présent teles graces. » — « Qui me aime mon chien aime. »

Fol. 136. *Estote parati, quia qua hora... — Vulgariter dicitur :* Qui est garniz ne est sorpriz. *Quia ergo Dominus...* Autres copies anonymes : n°s 3556 (fol. 46), 3565 (fol. 94), 12421 (fol. 83), 18193 (fol. 46).

Il y a aussi dans ce sermon, quelques facétieux commentaires de la lettre sacrée.

Même feuillet : *Beati sunt servi illi... — Vulgariter dicitur* que seur atent qui par atent; *et ideo Dominus, qui non vult...* Autres copies anonymes : n°s 3556 (fol. 16), 3565 (fol. 94), 12421 (fol. 84), 18193 (fol. 46).

Fol. 137. *Quinque ex illis erant fatuæ... — Vulgariter dicitur quod non omnes sunt sapientes, nec expedit ut omnes sint stulti :* Autres copies anonymes : n°s 3556 (fol. 22), 3565 (fol. 95), 12421 (fol. 86), 18193 (fol. 47). Avec le nom de Nicolas de Biard : 15954 (fol. 202).

Il est ici fait allusion à un jeu qui nous est inconnu :

Ventus vana gloria; vane enim gloriari est, sicut ille qui ludit *à retour retou*, qui, dum Deo afferre deberet, Deo aufert et offert mundo.

Et puis deux proverbes : « Ja chartis n'aura bone escuele que il ne respounge ». — « Tot est perdu ce qui chiet en borse perciée ».

Fol. 138. *Despondi vos uni viro... — Consuetudinis approbatæ est inter homines ut virgo desponsata cum omni diligentia seipsam custodiat.* Autres copies anonymes : n°s 3556 (fol. 23), 3565 (fol. 97), 12421 (fol. 94), 18193 (fol. 51). Avec le nom de Nicolas de Biard : 15954 (fol. 203).

Fol. 139. *Fortitudo et decor indumentum... — Vulgariter dicitur* que il n'est nus qui ne s'atorne; *ornatus enim plurimum confert...* Autres copies anonymes : n°s 3556 (fol. 23), 12421 (fol. 96), 15954 (fol. 196), 18193 (fol. 52).

Citons encore : *Britones calceamenta nunquam habent in pedibus, sed ad collum. — Vulgariter dicitur* : « Mielz valt batalge que la mort ». — « Amors vaint totes choses ».

Fol. 140. *Domine, in voluntate tua... — Vulgariter dicitur* : Qui est beaux et n'est bons refuser le doit on; *et ideo Dominus, volens electos suos esse tales ut non debeant refutari...* Autres copies anonymes : n°s 3556 (fol. 24), 16421 (fol. 98). Avec le nom de Nicolas de Biard : 15954 (fol. 204).

Nous venons de transcrire plus que les premiers mots de ce sermon pour le distinguer d'un autre, en l'honneur de sainte Lucie, qui commence par le même thème latin et le même proverbe français (1). Ici le

(1) N°s 15956 (fol. 163), 16471 (fol. 59), 16474 (fol. 193), 16475 (fol. 233).

plagiat n'est pas un gros délit. Nommons-en néanmoins l'auteur; c'est Guillaume de Mailly.

Même feuillet : *Prudentes virgines acceperunt oleum... Dicitur vulgariter quod qui de longe sibi providet de prope gaudet.* Autres copies anonymes : n°s 3556 (fol. 24), 12421 (fol. 88), 18193 (fol. 48).

Le proverbe, ici traduit en latin, se lit ainsi dans un autre sermon ; « Qui de loing se garniz de pres se porvoit (1) ».

Même feuillet : *Ecce sponsus venit, exite...* — *Vulgariter dicitur :* A touz seignors toutes eneurs. *Et merito, quia suum bonum dominum nemo potest nimis honorare.* Autres copies anonymes : n°s 3565 (fol. 96), 15954 (fol. 197), 18193 (fol. 49).

Fol. 141. *Quæ paratæ erant intraverunt... Dicitur vulgariter :* Qui a hore velt mangier a hore se doit apareillier. *Quod satis patet.* Autres copies anonymes : n°s 3556 (fol. 24), 3565 (fol. 96), 12421 (fol. 90), 15954 (fol. 197), 18193 (fol. 49).

La suite veut être citée :

Quæ ante horam paraverant ad nuptias admissæ sunt; quæ autem hora debita non erant paratæ a nuptiis sunt exclusæ. Vulgariter dicitur :

Quand les dames furent parées,
Si furent les crois alées (2);

ideo prudentes fuerunt de nuptiis; fatuæ vero *botées hors.*

(1) N°s 14951 (fol. 191), 16499 (fol. 293).

(2) Nous avons ainsi ces deux vers dans le n° 12421 (fol. 84 v° :

Quant les dames sunt parées,
En son jà les croiz alées,

et ailleurs, n° 15954 (col. 46, col. 4) :

Quant les dames sont parées.
En sont jà les trois alées.

Fol. 142. *Adducentur regi virgines post eam... — Consuetudo est quod homines, quando volunt intrare ad festum, libentius sequuntur processionem intrantium.* Autres copies anonymes : n°s 3556 (fol. 25), 3565 (fol. 97), 12421 (fol. 92), 18193 (fol. 50).

Proverbe : « Fols ne crient jusques il pert. »

Même feuillet, après un très court fragment : *Fortes facti sunt in bello... — Solent gesta Caroli, Rolandi et Oliveri referri ad animandum audientes.* Nous n'avons pas une copie de ce sermon.

Fol. 146. *Mulier timens Dominum... — Nemo potest dicere Domine Jesu, nisi in Spiritu sancto.* Autre copie anonyme : n° 15954 (fol. 194).

Fol. 147. *Oculi Domini super justos...* — L'en dit communement : Bone parole bon leu a. *Sicut si aliquis, qui fuisset de domo et familia regis...* Autres copies anonymes : n°s 3556 (fol. 22), 15954 (fol. 28).

Autre proverbe : « La ou li cuers est si est li elz ».

La plupart des sermons que nous venons de mentionner sont, à la vérité, sans aucun nom d'auteur dans les recueils où nous les avons rencontrés; mais, dans les uns ou les autres de ces recueils, ils précèdent ou suivent des sermons où Biard est nommé. Ils sont tous, d'ailleurs, de son style, qui, quoique peu relevé, n'est pas banal. C'est du français latinisé sans gêne, au courant de la plume, par un clerc à demi lettré. Et nous le flattons; il ne l'était pas même à demi.

12420

Voici encore des sermons, presque tous anonymes, dont nous avons déjà mentionné les meilleurs, sinon les plus nombreux. Nous indiquerons ici toutes les copies, à nous connues, de ceux que nous n'avons pas encore cités et nous renverrons, pour les autres, à ce que nous en avons dit précédemment.

Les premiers, jusqu'au feuillet 17, sont du scolastique d'Angers Geoffroy Babion, qui fut à juste titre, en son temps, si prisé, pour être, un siècle après sa mort, si complètement oublié. Telles sont les variations du goût public. On avait aimé sa façon de prêcher dogmatique et littéraire. Au XIIIe siècle, toute littérature s'appela de la rhétorique et tomba dans le mépris.

Fol. 1. *Dicite, pusillanimes... — Ante adventum Domini, fratres carissimi, in tanta caligine genus humanum volvebatur...* Ce sermon, publié par Beaugendre sous le nom d'Hildebert, *Oper. Hild.*, col. 211, est, nous venons de le dire, de Geoffroy Babion. Nous en pouvons indiquer un grand nombre de copies, avec ou sans le nom de l'auteur. Anonyme : Bibl. nat., n°s 483 (fol. 82), 567 (fol. 138), 3825 (fol. 1), 3830 (fol. 1), 3833 (fol. 1), 5558 (fol. 20), 7562 (fol. 101), 12261 (fol. 147), 13577 (fol. 9), 14933 (fol. 97), 16460 (fol. 1); Mazarine, 940 (fol. 1); Alençon, 16 (fol. 200) ; Douai, 500 ; Oxford, Bodl., *Cod. Laud. misc.*, 357, 474; Balliol, 228. Sous le nom de G. Babion : Bibl. nat., n°s 8433 (fol. 7), 14934 (fol. 140),

17251 (fol. 47); Douai, 499; Auxerre, 39 (fol. 1). Faisons remarquer que ce sermon n'est pas complet dans l'édition de Beaugendre. La fin manque.

Fol. 2. *Sanctam ac desiderabilem, gloriosam ac singularem nativitatem Domini nostri*... Anonyme : Bibl. nation., n°s 483 (fol. 83), 567 (fol. 138), 3325 (fol. 4), 3830 (fol. 3), 3833 (fol. 13, incomplet), 14933 (fol. 98); Mazarine, 940 (fol. 2); Évreux, 38; Bodl., *Cod. Laud. miscell.*, 233. Avec le nom de l'auteur, Geoffroy Babion : Bibl. nat. 8433 (fol. 8), 14934 (fol. 140), 17251 (fol. 48); Auxerre, 39. Imprimé sous le nom d'Hildebert, *Opera Hild.*, édit. Beaugendre, col. 258.

On a fait à ce sermon l'honneur de l'attribuer encore à plusieurs Pères. Il a été publié sous le nom de saint Augustin au tome X, p. 209, de ses Œuvres, dans l'édition de Louvain. Il se lit, en outre, avec une fin différente, sous le nom de Maxime, évêque de Turin, dans les *Mélanges* de Baluze,, t. II, p. 453; d'où il a passé dans l'édition de Maxime publiée à Rome en 1784; append., p. 21. Baluze l'avait tiré d'un manuscrit du XIVe siècle.

Fol. 3. *Apparuit benignitas et humanitas*... — *Adquisierat sibi, fratres carissimi, genus humanum*... Cité sous le n° 585 (1).

Fol. 4. *Diligite inimicos vestros*... — *Dominus ac redemptor noster, fratres carissimi, venit in mundum ex sola dilectione*. Anonyme : Bibl. nat., n°s 483 (fol. 84), 3825 (fol. 9), 3830 (fol. 11), 3833 (fol. 13), 7562 (fol. 76), 14932 (fol. 253), 14933 (fol. 100) ;

(1) Tome I, p. 34.

Mazar., 940 (fol. 4). Avec le nom de l'auteur, Geoffroy Babion : Bibl. nat., 8433 (fol. 10), 14934 (fol. 141), 17251 (fol. 49); Auxerre, 39 (fol. 6). Imprimé sous le nom d'Hildebert, col. 627.

Fol. 5. *Vulpes foveas habent... — De impietate hominum Dominus ac redemptor noster, fratres carissimi, querimoniam facit.* Anonyme : Bibl. nat. 483 (fol 85), 3825 (fol. 11), 3830 (fol. 12), 3833 (fol. 14), 14933 (fol. 101), 16460 (fol. 2); Mazarine, 940 (fol. 5). Avec le nom de l'auteur, Geoffroy Babion : Bibl. nat. 8433 (fol. 11), 14934 (fol. 142), 17251 (fol. 50); Auxerre, 39 (fol. 8). Imprimé sous le nom d'Hildebert. col. 635.

Une phrase de ce sermon a causé beaucoup d'embarras à Beaugendre et à d'autres. Il s'agit de saint Jean l'évangéliste, dont la mort et les funérailles sont prolixement racontées par le prédicateur. Dans le texte édité par Beaugendre, on lit donc, col. 638 : *Benedicens omnes, se deposuit in sepulchro suo et jussit se operiri, et statim reddidit spiritum. Et protinus manna exiens de sepulchro apparuit, quod usque hodie glunit locus iste.* N'ayant, dit-il, trouvé ce mot *glunit* dans aucun lexique, Beaugendre a proposé plusieurs manières de l'entendre. Cela n'importe guère; mais ce qui importe, c'est qu'ayant fourni le mot à Carpentier, l'auteur des premières additions au *Glossaire* de Ducange, il l'a contraint de l'interpréter à son tour. C'était le mettre dans un grand embarras. Comment celui-ci s'en est-il tiré ? *Glunnire,* lisons-nous dans le *Glossaire, in Sermonibus Hildeberti Cenoman., p.* 638, *pro Grunnire. Vide in hac voce ;* et nous voyons, au mot *Grunnire*, qu'il signifie « grogner ». Ainsi, dit le prédicateur, la terre qui couvre le tombeau de l'apôtre « grogne » encore l'encens. La locution doit être jugée vraiment singulière. Mais voici le texte du passage dans nos manuscrits : *Et protinus manna exiens de sepulchro apparuit; quod usque hodie gignit locus ille.* Rien de plus clair.

Fol. 6. *Cum natus esset Jesus in Bethleem... — Cum creator omnium, fratres carissimi, formam servi accipiens...* Anonyme : Bibl. nat., 483 (fol. 85), 2950 (fol. 172), 3570 (fol. 62), 3825 (fol. 14), 3830 (fol. 14), 3833 (fol. 4), 7562 (fol. 102), 14933 (fol. 103), 14935 (fol. 50), 16460 (fol. 4); Arsen., 400 (fol. 96); Mazar., 940 (fol. 6). Avec le nom de l'auteur, Geoffroy Babion : Bibl. nat., 8433 (fol. 12), 14934 (fol. 142), 17251 (fol. 51); Auxerre, 39 (fol. 10). Imprimé sous le nom d'Hildebert, col. 286.

Fol. 7. *Cum descendisset Dominus Jesus... — Quando Christus, fratres carissimi, voluit inter nos habitare...* Anonyme : Bibl. nat., n°s 483 (fol. 86), 3825 (fol. 18), 3830 (fol. 16), 3833 (fol. 15), 14933 (fol. 104), 14954 (fol. 42), 16460 (fol. 6); Mazar., 940 (fol. 7). Avec le nom de l'auteur, Geoffroy Babion : Bibl. nat., 8433 (fol. 13), 14934 (fol. 143), 1725 (fol. 52); Auxerre, 39 (fol. 13). Imprimé sous le nom d'Hildebert, col. 289.

Fol. 8. *Postquam impleti sunt dies purgationis... Consuetudo, fratres carissimi, erat in veteri lege...* Cité sous le nº 585 (1). Aux copies mentionnées nous ajoutons celle-ci : Bibl. nat., nº 16460 (fol. 8).

(1) Tome I, p. 35.

Fol. 10. *Audi, Israel, mandata vitæ...* — *Admonet vos Dominus, fratres carissimi.* Cité sous le n° 585 (1). Ajoutons cette copie : n° 16460 (fol. 14).

Fol. 11. *Si quis diligit me sermones...* — *Unde Psalmista : Furor istis secundum similitudinem serpentis.* Anonyme : Bibl. nat., n°s 489 (fol. 89), 3479 (fol. 4), 3825 (fol. 28), 3830 (fol. 24), 14933 (fol. 109), 16460 (fol. 16) ; Mazarine, 940. Sous le nom de l'auteur, Geoffroy Babion : Bibl. nat. 8433 (fol. 17), 14934 (fol. 145), 17251 (fol. 58); Auxerre, 39 (fol. 22). Imprimé sous le nom d'Hildebert, col. 351.

Fol. 13. *Maria, soror Moysi, peccavit...* — *Ultiones, fratres carissimi, veteris Testamenti ad correctionem hominum.* Sous le n° 585 (2). Autre copie : n° 16460 (fol. 11).

Fol. 14. *Nolite diligere mundum...* — *Est quidam inimicus spiritualis qui genus humanum...* Cité dans notre notice sur le n° 712 (3).

Fol. 16. *Excutere de pulvere... Audite, fratres carissimi, quam dulciter, quam affectuose...* Voir sous le n° 712 (4).

Fol. 17. *Noli æmulari in malignantibus...* — *Multi in mundo sunt, fratres carissimi, qui, cum vident homines...* Sous le n° 712 (5).

Tous les sermons que nous avons jusqu'ici rencontrés sont donc de Geoffroy Babion ; mais ceux qui

(1) Tome I, p. 35.
(2) *Ibid.*
(3) Tome I, p. 83.
(4) *Ibid.*
(5) *Ibid.*, p. 84.

suivent immédiatement ne sont pas de lui; nous avons maintenant un pêle-mêle de sermons de toute date, les uns de Babion, les autres de prédicateurs plus modernes et, pour la plupart, ignorés.

Fol 18. *Expecta Dominum et custodi... — Legitur in primo Regum : Sagitta Jonathæ nunquam abiit retrorsum.* L'auteur est ici nommé ; c'est Guillaume évêque de Paris, *venerabilis patris Guillelmi, Parisensis episcopi*, sans doute Guillaume d'Auvergne. Un siècle sépare Guillaume d'Auvergne de Geoffroy Babion. Aussi ne prêchent-ils pas sur le même ton. Guillaume est plus familier, sans l'être pourtant avec excès. Il donne en chaire des leçons de morale pratique et ne se défend pas de les donner avec quelque enjouement.

Fol. 21. *His autem fieri incipientibus... — Dicit Dominus ad Judæos, Matthæi 21 : Auferetur a vobis regnum.* L'exorde de ce sermon est à citer :

Sic et vobis, o popule Parisiensis, qui non solum cælestis doctrinæ verbo compluimini, sed et ipso flumine aquæ sapientiæ salutaris civitas vestra præterfluitur, ut ita loquar. Et civitas vestra molendinum est in quo Dei frumentum molitur omne ad refectionem totius mundi; molitur, inquam, lectionibus et disputationibus magistrorum. Civitas vestra furnus est et coquina in quibus totius mundi panis coquitur et cibus præparatur. Væ vobis si non abundantius ceteris reficimini! Plus expendit Dominus panis ceterorumque ciborum vel ferculorum pro reficiendo populo illius quam pro multis provinciis reficiendis. Væ vobis si adeo estis sumptuosi Domino et non estis ei ceteris omnibus magis incomparabiliter fructuosi!

Ce sermon est, on n'en peut douter, postérieur au XIIe siècle. L'université de Paris est définitivement fondée; de toutes les régions du monde latin on vient entendre lire et disputer ses maîtres fameux, eux-mêmes de toutes parts venus. La date du sermon est donc certaine; et le style répond à la date. Mais l'auteur nous est inconnu.

Nous ne connaissons pas non plus les auteurs des sermons suivants.

Fol. 23. *Quid existis in desertum videre... — Dixit Dominus in Evangelio quod audistis.* L'auteur était un homme badin, qui visait à faire montre d'esprit, mais n'en avait guère. Du commencement à la fin de son sermon, le diable est en scène. Ce n'est pas un trop méchant diable; il est volontiers bouffon; cependant les mots qu'on lui prête n'ont rien de plaisant.

Fol. 25. *Parvulus natus est nobis... Loquimini ad cor Jerusalem... — Præcipitur nobis prædicatoribus ut loquamur ad cor Jerusalem.* L'orateur nous fait entendre qu'il s'adresse à des réguliers :

Tranquillitas debet esse et pax claustralibus; imo necesse est ut sit, si veri nominis sunt claustrales. Mortui enim sunt mundo atque sepulti. Inter mortuos autem nec bella possunt esse nec discordiæ, nisi forte mortui sunt, ut vulgo dicitur, qui familia vel exercitus Herlequini dicuntur; ergo de familia illa se scient esse claustrales qui pacem non habent ad invicem.

Le trait ne manque pas d'esprit. Voici maintenant une étrange comparaison entre le sacrifice volontaire de Jésus et le suicide d'un libertin ruiné :

Dedit se Filius quemadmodum quidam nobilis in illo conventu festivo Podiensi quondam fecisse dicitur, qui, cum omnia sua ibi profusissime expendisset, et sola ipsa persona sua eidem remansisset, de solario suo histriones et meretrices petentes dona ipsius respiciens, semet ipsum eis de solario illo projecit, quasi in ostentatione summæ et extremæ largitatis.

Évidemment il n'y a plus rien de commun entre ces sermons et ceux de Geoffroy Babion. Tout est changé, même la langue, et non pas en mieux.

Fol. 26. *Nuptiæ factæ sunt in Cana... — Ut renovet Dominus in isto conventu miraculum quod quondam...* Ce sermon est du même style que les précédents; mais le fond en est moins banal; il y a de vives censures. Nous en citerons une :

Ita eruditi sunt filii vestri, o cives Parisienses, et filiæ, ut omnia spurca, omnes blasphemias loqui dialectica eruditione noverint, pauca vero salubria, vel nulla, seu honesta; et vos ipsi ipsa turpia loqui eos docetis; vix enim inveniretur in civitate ista qui non innumeras blasphemias jam noverit et innominabiles spurcitias nesciat nominare. His enim imbuitis eos et inficitis atque corrumpitis dum adhuc parvuli sunt.

Ainsi, dès le XIIIe siècle, on reprochait aux jeunes Parisiens, même aux jeunes Parisiennes, d'avoir un langage trop libre et l'on accusait leurs parents de les avoir mal élevés.

Fol. 28. *Versa in est luctum cythara... — Sicut didicistis ex hodierna evangelica lectione, Dominus est quemadmodum paterfamilias.* L'objet de ce sermon est de recommander le travail. Il n'y a pas de facéties.

Fol. 30. *Dicite, filiæ Sion... — Mandat nobis rex cœli, fratres carissimi, per Zachariam prophetam gaudium sui adventus.* Ce sermon est de Geoffroy Babion. Nous l'avons cité sous le n° 8433 (1).

(1) Tome I, p. 362.

Fol. 31. *Adam, ubi es?... — Dicit Salomon in undecimo Ecclesiastis : Si repletæ fuerint nubes... Nubes prædicatores atque doctores.* Si nous ne connaissons pas l'auteur de ce sermon, nous savons du moins qu'il vécut longtemps avec Geoffroy Babion. C'est là ce qu'il nous apprend lorsqu'il dit :

Tonitrus est fragor nubis excrepantis violentia venti de ipsa erumpentis, sicut dicit Aristoteles. Sic de vento scientiæ et vanæ laudis excrepant tumultuantes et coruscantes in scolis, et, velut fragores quosdam tonitruorum, clamores in sermonibus et disputationibus complosionesque manuum emittunt.

La suite du sermon nous fait voir que ce prédicateur a, pour sa part, fréquenté, non sans profit, ces écoles dont il blâme les tumultueuses disputes. Cette suite est, en effet, d'un logicien qui se complaît à mettre en jeu des thèses frivoles pour en démontrer aisément et gaiement toute la frivolité. Nous sommes en plein XIIIe siècle.

Fol. 33. *Audite verbum Domini, filii Israel... — Osææ propheta, fratres carissimi, cum Dominum iratum nobis nostra culpa videret.* Ce sermon est de Geoffroy Babion, et cité dans notre notice sur le n° 585 (1). Aux copies anonymes que nous avons indiquées ajoutons celles dont nous avons plus tard fait la rencontre : n°s 13586 (p. 270), 16460 (fol. 122).

Dominus noster Jesus Christus, ut sanctificaret populum... — Satis, fratres carissimi, audivistis ordinem redemptionis nostræ. Encore un sermon de Babion,

(1) Tome I, p. 39.

déjà signalé dans le n° 585 (1). Autre copie : n° 16460 (fol. 30.)

Fol. 34. *Scitote, fratres carissimi, quod vetus homo... — Lætum nuntium nobis apostolus affert*. Du même. Cité sous le n° 712 (2).

Fol. 36. *Trahe me post te... — Fratres, imo domini mei, si apostolus, qui sapientissimus et eloquens erat...* Nous regrettons de ne pas connaître l'auteur de ce grave sermon, ayant à le féliciter d'avoir à la fois recommandé le travail et l'aumône :

Cum quidam duo monachi venissent ad quemdam virum religiosum et sanctissimum, interrogavit eos quid quotidie facerent; et ipsi responderunt : « Tota die oramus, sicut præcepit apostolus dicens : *Sine intermissione orate...* » Et ipse ait illis : « Quando comeditis et dormitis, quis orat pro vobis, quia tunc non oratis? » Et non potuerunt ad hoc respondere. Qui ait illis : « Ego opus aliquod manibus meis facio, et dum facio illud oro, et de pretio operis illius accipio duos denarios, vel tres, secundum quod vendidi, et do pauperibus, et quando comedo vel dormio eleemosyna illa orat pro me.

Fol. 38. *Qui in me credit, dicit Scriptura... — Hoc autem dixit de spiritu quem accepturi erant, credentes in eum*. Plusieurs anecdotes sont ici racontées ; mais elles sont toutes empruntées aux *Dialogues* de saint Grégoire,

Fol. 40. *Veni, Spiritus sancte, reple... — Si proprietates ignis pensantur, facile patebit intellectus*. Rien à citer.

Fol. 41. *Militia est vita hominis... — Dicit Domi-*

(1) *Ibid* d. 36.
(2) *Ibid* p. 84.

nus per Jeremiam prophetam : Cerva in agro peperit... Autre copie anonyme : n° 14470 (fol. 272). Cet orateur n'était guère lettré, Il le prouve en attribuant à saint Paul sept vers saphiques qui sont de Boèce. C'est un moine, qui prêche longuement, en greffant des paraphrases sur des paraprhases, Il croit certainement imiter saint Bernard; mais l'imiter ainsi c'est le compromettre. L'école de saint Bernard a, comme d'autres, fait son temps.

Fol. 45. *Præparate corda vestra... — Corda igitur nostra Domino sunt præparanda, et non solum corda, sed corpora.* Sermon, au contraire, très court; très simple exposition du thème.

Fol. 46. *Respicite et levate capita... — Bene scitis fratres carissimi, quod cum nutrix aliqua cibos nutritio præparaverat...* Pour le jour de Noël.

Fol. 47. *Si complantati fuerimus similitudini passionis... — Veritas dicit in Evangelio : Qui est ex Deo verba Dei audit.* Pour le jour de Pâques. La coutume était de faire, en ce jour, un long sermon. L'orateur n'a pas manqué de se conformer à l'usage.

Fol. 50. *Noli timere, filia Sion... — Fratres, si coram nobis positus esset mortuus et ex promissione Domini haberemus spem...* Autres copies anonymes : n°s 3995 (fol. 196), 14957 (fol. 69), 16463 (fol. 33). Avec le nom de l'auteur, Etienne Langton : n° 14859 (fol. 255). Il s'agit du futur archevêque de Cantorbery, qui, proscrit par le roi Jean, lui fit une si rude guerre, et qui, le roi vaincu, prit fièrement la défense du royaume contre le pape Innocent III. Tous ses sermons sont inédits. Celui-ci n'a rien de remarquable, quoiqu'il soit d'une longueur inusitée.

Fol. 54. *Contra tres hostes est pugnandum, quia, ut ait Job, militia est vita hominis super terram.* Rien à citer.

Fol. 55. *Attendite vobis et universo gregi...* — *Terret me latebras conscientiæ meæ scrutantem.* L'objet de ce sermon est de rappeler aux évêques quels sont leurs devoirs envers le troupeau qu'ils ont à charge de gouverner. C'est un bon sermon, qui paraît avoir été fait dans un synode. On a lieu de croire qu'il est d'Étienne Langton, car il suit immédiatement son commentaire sur l'Exode dans le n° 1227 de Troyes.

Fol. 59. *Cum venerit paraclitus...* — *Scitis, fratres, quod verbum libenter auditur vel ideo quia magnus, vel quia potens est ille de quo fit sermo.* Pour le premier dimanche de l'Ascension.

Fol. 61. *Qui confidunt in Domino...* — *Fratres mei, quando convenimus ad mensam comestionis, præmittimus orationem dominicam.* Rien à citer.

Fol. 63. *Ecce odor filii mei...* — *Gratulatur nobis, fratres carissimi, pater cœlestis.* De Geoffroy Babion. Nous avons parlé de ce sermon sous le n° 585 (1). Autre copie sans le nom de l'auteur : n° 16460 (fol. 35).

Fol. 65. *Dominus noster Jesus Christus, in qua nocte tradebatur...* De Geoffroy Babion. Cité sous le n° 585 (2). Autre copie : n° 16460 (fol. 38).

(1) Tome I, p. 36.
(2) *Ibid*. p. 37.

Fol. 67. *Estote imitatores Dei... — Admonet vos, fratres, apostolus ut, sicut filii Dei estis...* De Geoffroy Babion. Voir sous le n° 585 (1). Autre copie anonyme : n° 14954 (fol. 40).

Fol. 68. *Cum intinxisset Dominus Jesus panem... — Satis novit caritas vestra, fratres carissimi, quod tota perfectio nostræ ædificationis...* De Geoffroy Babion. Sermon mentionné sous le n° 8433 (2).

Nous n'avons pas au feuillet 70, un sermon ; nous avons un opuscule, intitulé *De Trinitate*, dont voici les premiers mots : *Omnipotens Deus Pater et Filius et Spiritus sanctus, unus atque trinus, unus videlicet extat in natura, trinus vero in personis*. Il en existe beaucoup d'autres copies anonymes, parmi lesquelles il suffit d'indiquer celles que contiennent les n°s 1008 (fol. 34), 6674 (fol. 138), 18096 (fol, 38) de la Bibliothèque nationale, A 522 de Rouen, 1350 de Vienne, 98 du collège Saint-Jean-Baptiste, 28 de la Trinité, à Oxford, et 495 des *Cod. Laud. miscell*, à la Bodléienne. Mais, comme on l'estimait trop pour ne pas l'attribuer à quelqu'un, divers copistes l'ont mis tour à tour au compte de saint Jérome, de saint Augustin, de saint Eucher et de saint Bonaventure. L'auteur qui nous paraît le plus vraisemblable est saint Eucher. A la vérité Sbaraglia et le P. Bonelli tiennent fermement pour saint Bonaventure; mais notre n° 1008 est du XIIe siècle ou plus ancien. Saint Bonaventure doit donc être écarté.

Au fol. 72, non pas un sermon, mais la préface d'un

(1) Tome I, p. 40.
(2) *Ibid.*, p. 362.

corps de sermons pour les dimanches et les fêtes. On lit en marge : *M., epi. Paris.* C'est, en effet, la préface des sermons bien connus de Maurice, évêque de Paris, que suit une exposition incomplète de l'oraison dominicale. Nous avons déjà mentionné ce recueil sous le nº 568 (1). Il faut y voir une œuvre littéraire. Quant aux sermons réellement prononcés par Maurice en diverses églises de Paris, personne n'a pris encore le soin de les réunir ; ils sont dispersés dans les manuscrits.

Fol. 81. *Orietur stella de Jacob...* — *Fratres, ille qui posuit primo hoc verbum, scilicet Balaam, venerat ad maledicendum populum.* Nous ne connaissons pas une autre copie de ce sermon.

Fol. 82. *Ante omnia mutuam in vobis...* — *Hoc dicit Petrus in epistola catholica : Verbum Domini est sicut tonitruum.* Ce sermon ne paraît pas avoir été plus goûté que le précédent.

Fol. 84. *Tribularer si nescirem misericordias tuas, Domine. Tu dixisti : Nolo mortem peccatoris.* Autres copies anonymes : Bibl. nat., 16463 (fol. 74); Arsenal, 400 (fol. 102). L'orateur traduit plus loin *tribularer* par : « Je fuse moult à malese. » Son style est donc familier. Mais il l'est sans entrain, sans esprit.

Fol. 87. *Nisi Dominus ædificaverit...* — *Fratres, videtur, si quis vestrum sit fornicator aut profanus quasi Esau...* Pas d'autre copie.

Fol. 89. *Egredietur virga de radice...* — *Quidam*

(1) Tome I, p. 25.

sapiens, per Spiritum sanctum loquens, ait : Verbis cor accenditur. Autres copies anonymes : n°s 3495 (fol. 176), 16463 (fol. 69).

Fol. 92. *Transite ad me qui concupiscitis... — Et Salomon ait : Melior est... Fatuus mutator est qui non dat quod minus valet...* Autre copie anonyme : n° 16463 (fol. 78). Mais le nom de l'auteur, Étienne Langton, nous est ailleurs indiqué : n° 14859 (fol. 271).

Les sermons d'Étienne Langton ont le mouvement vif et le style négligé des discours improvisés ; ils doivent avoir eu ce genre de succès qu'a dans tous les temps obtenu la littérature facile. On y sent l'homme d'action, qui dit brusquement, en des phrases courtes, tout ce qu'il veut dire. Cependant nous ne pouvons ne pas lui reprocher de trop jouer sur les mots. C'était la mode, nous le savons. Mais il n'a pas seulement le tort de la suivre ; il l'exagère.

Fol. 95. *Quæ est ista quæ progreditur... — Dum singularem maris stellæ claritatem considero et quasi irreverberatam mentis aciem...* Autres copies anonymes; n° 3570 (fol. 185), 14470 (fol. 238), 14525 (fol. 240), 16463 (fol. 145). Le nombre de ces copies prouve que ce sermon fut goûté. N'est-il pas aussi d'Étienne Langton ?

Fol. 97. *Veni, sancte Spiritus, reple... — Dum solemnitatis hodiernæ prærogativam attendo, merito loqui pertimesco.* Autre copie anonyme : n° 14804 (fol. 164).

Fol. 101. Le thème du sermon que nous avons ici n'est pas un texte des livres sacrés ; l'orateur débute en citant deux vers que l'on chantait à vêpres la veille de la fête de saint Pierre :

> Solve, jubente Deo, terrarum, Petre, catenas (1),
> Qui facis ut pateant cælestia regna beatis;

Et le nom du prédicateur nous est fourni par le n° 14859 (fol. 282). C'est encore Étienne Langton.

Ce sermon paraît avoir été fait dans l'église de quelque village, Étienne appelant ses auditeurs *vos ruricolæ,* et leur reprochant de profaner les jours fériés par de sales orgies ; ce que, dit-il incidemment, les clercs font comme eux : *A simili dicere possum etiam de vobis clericis.*

Fol. 103. *Reddet Deus mercedem... — Salomon : Qui custodit præcepta domini custodit animam suam.* D'Étienne Langton : n° 14859 (fol. 268). Pour la fête de saint Étienne.

Fol. 105. Pour la fête de saint Germain. *Ecce sacerdos magnus... — Item dicitur a Sapiente : Punge eos et prodiet sensus.* Pas d'autre copie.

Fol. 106. *Tres sunt qui testimonium dant... — Et tres unum sunt, et isti tres nos fecerunt. Si quis vero interroget quomodo...* Pas d'autre copie.

Fol. 107. *Ecce rex venit... — Nota quod sex sunt necessaria homini volenti currere.* Ce sermon très court est sans aucun intérêt.

Fol. 108. *Sint lumbi vestri... — Sermo Domini comparabilis est quadam proprietate solari radio.* Une

(1) Ces vers sont imités de ceux-ci, qui sont attribués à la femme de Boèce, Helpidie :

> Petrus beatus catenarum laqueos,
> Christo jubente, rupit mirabiliter.

autre copie de ce sermon est à l'Arsenal : n° 400 (fol. 118). La phrase suivante fait supposer qu'il a été prononcé dans une église de Paris :

Si rex in Monte Martyrum mille marcas proponi faceret in præmium currentibus, ut eas haberet qui primo ad eas cursu perveniret, omnes se subcingerent et ad cursum aptarent ut bravium desideratum apprehenderent. Multo magis nos oportet, qui in stadio hujus mortalitatis currimus, sic currere ut comprehendamus, cum nobis propositum sit citius gaudium. Sint ergo lumbi vestri præcincti.

Fol. 111. *Jerusalem, surge et sta... — Sapiens quidem nobis dat certam spem impetrandi quod pie petitur.* Pas d'autre copie.

Venite post me... — Fratres carissimi, magnam nobis fiduciam divinam clementiam interpellandi parat apostolus. Pour la fête de saint André. Pas d'autre copie.

Fol 114. *Popule meus, quid feci... — Diu, fratres carissimi, toleravit Dominus, diu distulit pœnam.* Ce sermon, par lequel finit le volume, est de Geoffroy Babion. Nous l'avons cité sous le n° 585 (1). Quand nous en avons indiqué tant d'autres copies nous n'avions pas encore rencontré celle-ci : n° 16460 (fol. 50).

12423

Au premier feuillet, sur la marge inférieure, on lit : *Istum librum fecit fieri Petrus de Chevriaco, abbas Fossatensis*. Cet abbé de Saint-Maur-des-Fossés, Pierre

(1) Tome I, p. 37.

de Chévry, vivait en 1280. C'est donc vers cette année que fut écrit notre volume.

Les sermons qu'il contient, tous anonymes, sont du cardinal Eudes de Châteauroux. Ces graves sermons ayant eu, du vivant de l'auteur, un grand succès, il en existe diverses copies, dont une, chez les dominicains de Rome, a cinq tomes. Dans les quatre premiers de ces tomes se rencontrent presque tous les sermons que nous avons ici. C'est ce qu'il est facile de constater. Nous avons en effet un inventaire détaillé de la collection dominicaine dans le dernier volume du *Spicilegium Solesmense* qu'a récemment publié M. le cardinal Pitra sous le titre particulier de *Tusculana.*

Au premier tome de la collection dominicaine correspondent les feuillets 1 — 111 de notre manuscrit. Les sermons ne sont pas rangés tout à fait en même ordre dans les deux recueils, et, d'autre part, si nous n'avons pas dans le nôtre tous les sermons qu'on lit dans le romain, l'inventaire de celui-ci ne mentionne pas le sermon suivant :

Fol. 45. *Annuntio vobis gaudium... — In his verbis notandum est primo quare angelus missus est ad pastores.* Nous avons deux autres copies de ce sermon, avec le nom de l'auteur : n°s 15959 (fol. 139), 16507 (fol. 34).

Presque tous les sermons de ce premier tome sont inédits. Voici ceux qu'a publiés M. le cardinal Pitra :

Fol. 1. *Missus de valle Ebron... — Hæc verba tribus modis considerari possunt. Tusculana*, p. 198. Un autre exemplaire anonyme de ce sermon est dans notre n° 16471 (fol. 411). Il nous est en outre signalé comme étant sous le nom de l'auteur dans le n° 271 de Troyes.

Fol. 6. *Videbas ita donec abscissus est...— Verba ista tribus modis considerari possunt. Tusculana*, p. 202.

Fol. 16. *Videbam in visione capitis... — In his verbis nobis ostenditur quare filius Dei in carnem venerit.* Non le sermon entier, mais un fragment, dans *Tusculana*, p. 219. Autre copie anonyme : n° 16471 (fol. 432).

Fol. 29. *Modestia vestra nota sit... — Hic tria consideranda occurrunt. Primo quæ sit hæc modestia.* Un fragment, *Tusculana*, p. 219. Autre copie anonyme : n° 16471 (fol. 430).

Fol. 98. *Homo natus... — Hæc verba duobus modis considerari possunt ; primo prout conveniunt præsenti tempori. Tusculana*, p. 215. Un autre exemplaire, avec le nom du cardinal Eudes, est dans notre n° 15959 (fol. 325).

Le deuxième tome de la collection romaine est représenté dans notre manuscrit par les feuillets 111 — 219. Les sermons imprimés, soit en partie soit en entier, par le cardinal Pitra, sont les suivants :

Fol. 128 : *Adhuc quadraginta dies... — Nota est historia et tria sunt hic notanda.* Un fragment : *Tusculana*, p. 227.

Fol. 138. Sermon prononcé, dit la rubrique, *in processione facta pro regina Blanca infirma. — Reminiscere miserationum tuarum... — Sic clamat hodie Ecclesia per universum orbem. Tusculana*, p. 227. Une copie de ce sermon est, avec le nom de l'auteur, dans notre n° 15959 (fol. 492).

Fol. 152. *Revertar in domum meam...* — *Hæc verba duobus modis consideranda sunt. Primo quomodo conveniunt miserabili statui hujus civitatis.* Fragments : *Tusculana*, p. 230. Autre copie : n° 15959 (fol. 563). Paris est la ville dont il s'agit ici, Paris que vient d'ensanglanter le meurtre de quelques écoliers. Eudes prend parti, comme chancelier, contre les meurtriers :

Vere vacaverat et quieverat hæc civitas a malo, tempore regis Ludovici et Joannis de Vineis... Duo ordines Prædicatorum et Minorum eam mundaverant, maxime quoad scolares, quorum quamplurimi hos ordines intraverunt, alii honestatem amplexati sunt... His diebus pejor effecta est civitas quoad aliquid quam tempore beati Dionysii fuerit. Tunc enim si occidebant clericos, ut beatum Dionysium et socios ejus, hoc faciebant ex ignorantia, nesciebant enim veritatem; modo hoc faciunt ex malignitate, id est ex certa malitia.

Vainement nous avons recherché la date de ce sermon. Les querelles étaient fréquentes entre les écoliers et les bourgeois de Paris, et rarement elles finissaient sans qu'il y eût du sang versé. Mais n'omettons pas de faire remarquer la flatteuse mention de Jean des Vignes, prévôt de Paris. Quoiqu'il n'eût occupé cette charge que durant deux années, de 1227 à 1229, on doit conclure qu'il s'y était signalé par sa prudence et par sa justice quand on le voit citer encore comme un modèle douze ou quinze ans plus tard.

Du feuillet 219 au feuillet 283, nous avons le troisième tome de la collection dominicaine. Voici pour cette partie de notre volume, les sermons publiés :

Fol. 237. *Hæc est victoria quæ vincit...* — *Tria*

sunt per quæ mundus solet vincere homines. Fragments: *Tusculana*, p. 244. Autres copies, sous le nom du cardinal Eudes : nos 15955 (fol. 286), 16488 (fol. 283). Nous remarquons que, dans l'imprimé, l'exorde de ce sermon est sans aucun rapport avec l'exorde beaucoup plus considérable de nos manuscrits.

Fol. 269. *Cum venerit paraclitus... — Verba ista profunda et ideo periculosa adeo quod Græci, ea perscrutantes, naufragium sunt perpessi. Tusculana*, p. 249.

Au quatrième tome de la collection dominicaine répondent les feuillets 283—388 de notre volume. Les sermons suivants ont été publiés intégralement ou partiellement par le cardinal Pitra :

Fol 287. *Homo quidam erat dives... — Hæc verba tribus modis considerari possunt; primo secundum litteram. Tusculana*, p. 261. Autres copies, avec le nom de l'auteur : nos 15948 (fol. 5), 15964 (fol. 33), 16507 (fol. 311).

Fol. 302. *Quis ex vobis homo ?... — Hæretici hanc parabolam male interpretantur. Tusculana*, p. 265.

Fol. 315. *An ignoratis quia quicumque baptizati... — Sensus est : quia nos, cujuscumque conditionis simus, baptizati sumus.* Fragment : *Tusculana*, p. 269. Autres copies, avec ou sans le nom de l'auteur : no 15948 (fol. 49), 15964 (fol. 136).

Fol. 326. *Homo quidam erat dives... — Cum Dominus in hac parabola nos doceat quod oportebit nos reddere rationem...* Incomplet : *Tusculana*, p. 267. Autre copie : no 15948 (fol. 67).

Fol. 343. *Concludit Scriptura omnia sub peccato... — Hæretici sicut cæci ad hanc auctoritatem offendunt. Tusculana*, p. 273.

Fol. 347. *Caro concupiscit adversus spiritum... — Hac auctoritate nititur hæreticus probare naturam carnis esse malam.* Fragments : *Tusculana*, p. 277. Autre copie, n° 15948 (fol. 101).

Fol. 349. *Nemo potest duobus dominis... — Ex hac auctoritate vult probare hæreticus quod diabolus dominus est mundi.* Fragments : *Tusculana*, p. 279.

Fol. 359. *Et ecce homo quidam hydropicus... — Nulli venit in dubium quin peccatum sit servum injicere manum in dominum.* Fragment : *Tusculana*, p. 283. Autre copie : n° 15948 (fol. 120).

12456

Nous n'avons aucune remarque à faire sur le titre de ce volume : *Liber sextus Decretalium domini Bonifacii papæ VIII.* Voilà bien ce sixième livre des Decrétales, communément appelé le Sexte, et si souvent commenté. Mais à qui cette compilation célèbre doit-elle être attribuée ? C'est un point sur lequel on n'est pas tout à fait d'accord, et la question mérite qu'on s'applique à la résoudre.

Après la collection, justement suspecte, de Gratien et celles de Bernard Circa, d'Innocent III et de Jean de Galles, avait été publiée celle de Grégoire IX, finissant avec l'année 1234. Or, depuis Grégoire IX jusqu'à Boniface VIII, quinze papes s'étaient succédé, parmi lesquels Innocent IV, Grégoire X, Nicolas III, savants et prudents canonistes, par qui beaucoup de lois nouvelles avaient été données à l'Église et beaucoup d'anciennes abrogées ou corrigées. Il s'agissait donc de faire un choix éclairé parmi tous les décrets émanés du Saint-Siège depuis l'année 1234, et de classer sous les titres de l'ancien code les décisions par qui de nouvelles questions avaient été convenablement résolues.

Dès l'avènement de Bonifice VIII, on le supplia de toutes parts de s'employer à cette affaire. Il nous l'apprend lui-même : *Super hoc cum instantia requisiti a multis*. Parmi les solliciteurs les plus pressants étaient les professeurs de l'école de Bologne. Jean Andréa rapporte qu'ils envoyèrent à la cour de Rome un ambassadeur spécial, chargé de présenter leur requête et de la justifier. *Me teste,* dit Andréa. On peut donc le croire quand il raconte, touchant cet ambassadeur, l'anecdote qu'on va lire. Il s'appelait Jacques de Castello, et c'était un grand docteur, mais de si petite taille que le pape, l'ayant admis à son audience, crut qu'il s'était agenouillé pour lui parler. Il l'invita donc à se lever. L'invitation était embarrassante; mais le cardinal-évêque de Porto, Matthieu della Sparta, vint aussitôt en aide à l'orateur déconcerté. « Saint-Père, dit-il, c'est Zachée. » Ce mot heureux fit sourire tous les assistants, le pape lui-même, et assura le succès de l'ambassade. On suppose d'ailleurs que les remontrances des régents de Paris, d'Orléans, de Toulouse, parvinrent à Boniface VIII en même temps que celles des Bolonais. L'enseignement du droit canonique était, en effet, tombé dans une grande confusion depuis que l'on pouvait contrairement argumenter sur une même question en alléguant des textes épars, que les uns connaissaient, qu'ignoraient les autres, et qui, n'ayant pas encore été codifiés, n'avaient pas été conciliés par une revision officielle.

Boniface VIII aurait pu faire lui-même cette revision. Élève distingué de l'université de Paris, il avait une suffisante notion de la jurisprudence canonique; mais, occupé d'autres soins, il suivit l'exemple d'Innocent III et de Grégoire IX, qui, dans la même circonstance, avaient eu recours à des commissaires. Ainsi la collection d'Innocent III avait été faite par Pierre de Bénévent, un italien, et celle de Grégoire par Raymond de Pénafort, un espagnol. Boniface VIII chargea deux Français d'ordonner la collection nouvelle, deux Français très bien vus à sa cour, Guillaume de Mandagout, archevêque d'Embrun, et Bérenger Frédol, évêque de Beziers, leur adjoignant, en quelque sorte comme secrétaire, Richard de Sienne, alors vice-chancelier de l'église romaine. Voici sur ce point le témoignage de Boniface, daté du 3 mars 1298 : *Per venerabiles fratres nostros Guillelmum, archiepiscopum Ebredunensum, et Berengarium, episcopum Biterrensem, ac dilectum filium Richardum de Senis... decretales hujusmodi fecimus recenseri.* Cela même est plus qu'un témoignage ; c'est une déclaration expresse. On n'en a pourtant pas tenu compte.

Celui qui le premier émit une assertion contraire paraît avoir été le Pisan Raphaël de Volaterra. Boniface composa, dit-il, le sixième livre des Décrétales aidé par Dino de Mugello, *juvante Dino Mugellano.*

C'est ce que repète Valentin Forster (1), docteur en droit de l'université de Bourges, mais Allemand, et si violent ennemi de la France qu'il prit un jour les armes pour la combattre sous les enseignes catholiques de Philippe II, quoiqu'ayant eu, dit-on, Luther pour maître.

Mais on ne pouvait longtemps redire ce conte sans l'embellir. Voici donc le touchant récit que nous fait à ce propos le Lombard Guy Panziroli. Soucieux d'éditer un sixième recueil de Décrétales, Boniface mande à sa cour le célèbre professeur Dino de Mugello qui, pour complaire au pape, quitte aussitôt sa chaire, ses élèves, ses chers élèves, prend en main la besogne et l'achève presque seul en peu de temps. De quelle récompense le pape ne devait-il pas l'honorer ? C'était bien le moins qu'il le nommât cardinal ! Mais, hélas ! il ne reçut, comme prix de son travail, que des présents médiocres ; ce qui l'affligea tellement que, retournant à Bologne, il tomba malade en chemin, ne fit plus que languir et mourut (2). Ainsi le désespoir le tua. Le pauvre homme ! A la vérité, disait Panziroli, la mort de Dino n'était pas ainsi racontée par tout le monde. Mais faut-il s'étonner si les historiens postérieurs ont préféré reproduire la narration la plus dramatique ?

Pour le Milanais Catelliano Cotta c'est la seule fidèle (3) ; il n'en admet aucune autre. Moréri

(1) Forster, *Hist. jur. civilis*, lib. III, c. XXI.

(2) Panziroli, *De claris leg. interpr.*, au mot *Dinus*.

(3) *Recensio brevis ins. jurisc.*, à la suite de Panziroli, édit. de 1721, p. 523.

lui-même attribue le Sexte à Dino. Un Français! Oui, sans doute; mais un Français très zélé défenseur des libertés gallicanes, à qui certainement il ne pouvait déplaire de rejeter sur un Italien la responsabilité d'une compilation non reçue, comme on disait, en France, à cause de tout ce qui s'y trouve contre l'autorité des rois (1).

Dino de Mugello, chacun en convient, était un légiste du plus grand mérite ; cependant Raphaël de Volaterra ne l'avait pas heureusement choisi pour dépouiller nos deux Français. Un de ses contemporains, et des mieux informés, Jean Andréa, nous atteste en effet qu'il n'avait aucune notion du droit canonique ; *Dinus*, dit-il dédaigneusement, *non fuit canonista* (2). Il paraît, à la vérité, que, dans le cours de l'année 1297, Dino fit quelque séjour à Rome et fut remplacé par Guillaume Accurse dans sa chaire de Bologne. C'est ce que nous apprend une lettre de Boniface, récemment éditée par M. A. Thomas. Le 6 janvier 1297, Dino résidant à Rome, le pape, qui l'a récemment nommé prévôt de l'église de Montfaucon, au diocèse de Reims, l'autorise à recevoir, malgré son absence, les revenus de sa prévôté (3). Sarti suppose qu'il fut alors prié de reviser le travail des deux canonistes, afin de mettre les lois de l'Église en bon accord avec le code de Justinien. Cette supposition de Sarti devrait être aussitôt rejetée comme absolument chimérique, si le dernier titre du Sexte,

(1) De Héricourt, *Les lois eccl. de France*, p. 9, 107.
(2) Andrea, *In proœm. Sexti*.
(3) A. Thomas, *Les lettres à la cour des papes*, p. 9.

très différent des autres, qui ne contiennent que des extraits de bulles, n'était pas un pêle-mêle de brocards, de formules juridiques, qui n'appartiennent aucunement au droit pontifical. « On pourrait donc admettre, dit M. de Savigny, que Dino n'a pas travaillé au recueil des Décrétales, mais qu'il fut seulement chargé d'y joindre un appendice pour l'accréditer auprès des jurisconsultes (1) ».

Et cet appendice est, suivant M. de Savigny, le titre *De regulis juris*. « Ce titre, ajoute-t-il, est fort court et l'on concevrait bien que Dino l'eût rédigé dans le peu de temps qu'il a passé à Rome. » Assurément on pourrait le concevoir : mais on a la preuve, la preuve écrite par Dino lui-même, qu'il n'a pas plus compilé cette partie du Sexte que le reste. Une des dernières œuvres de l'illustre Dino est précisément un commentaire assez étendu sur le titre *De regulis juris*, et, dans la préface de ce commentaire, il s'exprime en ces termes : *Dominus noster summus pontifex, videlicet dominus Bonifacius papa VIII, lux mundi, regula morum, Ecclesiæ decor, juris illuminator, post præcedentes tractatus posuit titulum* De regulis juris, *in quo sub brevitate verborum collegit ea quæ in aliis partibus juris per verba plura et varia disseruntur confuse.* Évidemment l'auteur du commentaire n'aurait pas ainsi parlé du texte s'il l'avait fait lui-même.

Il n'a pas fait le texte, mais, plus tard, n'étant pas mort aussitôt que le dit sa légende, il fut expressément chargé par Boniface de faire le commentaire.

(1) *Hist. du droit rom. au moy.âge*, t. IV, p. 171, 172.

Voilà, du moins, ce que rapporte son plus ancien bibliographe, Jean de Trittenheim, et c'est de là sans doute qu'a pris origine la fable que nous venons de réfuter.

Il nous reste à dire, pour compléter la description de notre volume, que des scholies très étendues se lisent à la marge de divers feuillets. Mais elles ne forment pas une glose continue.

12461

Ce volume, qui vient du Bec, commence par une pièce très intéressante, le *Calendarium universitatis Parisiensis*. Mais il suffit d'en indiquer la copie qui se trouve ici, M. Ch. Jourdain l'ayant publiée d'après une autre que possède la bibliothèque Sainte-Geneviève : *Index chronol.*, p. 201.

A la suite, au feuillet 7, des statuts, dont quelques-uns datés de l'année 1370, pour diverses facultés de la même université. Tous les détails en sont curieux. Il suffit de les lire pour être convaincu que si les écoliers étaient, au moyen âge, trop libres, leurs maîtres ne l'étaient aucunement. Luc d'Achéry a publié cette pièce tout entière dans son *Spicilège,* t. III, p. 735, l'ayant tirée de notre volume dont il donne une description sommaire, mais exacte. On la peut lire aussi dans l'*Histoire de l'Université* de César Du Boulay, t. IV, p. 426.

Nous avons ensuite une série de quinze harangues en l'honneur du droit canonique. L'usage était, dans l'université de Paris, que tout bachelier en décret devait, en prenant possession de sa chaire, faire, en la présence des docteurs assemblés, une solennelle harangue sur cette unique matière, le mérite du droit canonique. On ne s'acquittait pas sérieusement d'une obligation si peu sérieuse. La plupart de nos harangues sont très courtes. Dans quelques-unes, les plus longues, on remarque, à la vérité, quelque affectation soit de science juridique soit de beau langage ; mais le fond est toujours banal. Quand, d'ailleurs, il y aurait lieu de louer la forme, on ne saurait à qui l'on doit adresser l'éloge. Ces harangues étant faites pour être lues, le bachelier nouveau ne les avait pas toujours rédigées lui-même ; il y avait de pauvres écoliers qui, pour un médiocre salaire, se chargeaient de cette besogne. Les bacheliers en décret étaient généralement peu lettrés, car on était admis à suivre les cours de la faculté après avoir fait preuve de l'instruction la plus élémentaire (1).

Une des pièces offre le nom du bachelier qui prononça la harangue ; il était moine de Corbie, prévôt du Bois, et s'appelait Etienne de Conti. Le régent qu'il avait eu pour maître « spécial » et qui lui délivra, quelque temps après, pour le faire nommer docteur, le plus verbeux, le plus pompeux certificat, avait nom Jean *de Spedona* (fol. 38). Nous les retrouverons plus loin l'un et l'autre.

La pièce suivante est une répétition, ou leçon solennelle, faite à Paris, en l'année 1372, par un docteur, Guillaume de Vesançay, abbé de Saint-Maixent au

(1) Ch. Thurot, *Organ. de l'ens.*, p. 171.

diocèse de Poitiers. Il y avait deux sortes de ces répétitions dans la faculté de décret. L'une était un des actes du doctorat et suivait la collation du bonnet. L'autre était une leçon d'apparat que chaque docteur-régent devait faire, une fois par an, au Clos-Bruneau (1). Dans celle qu'on lit ici sont proposées plusieurs questions de droit canonique dont notre docteur ne cherche pas longtemps la solution, et ses décisions sont énoncées en des termes brefs et clairs. Il est vrai qu'il n'a pas à résoudre des problèmes bien difficiles. En voici quelques-uns :

Prudens et expertus chirurgicus juxta traditiones artis phlebotomavit aliquem vel a gutture extraxit sagittam, credens verisimiliter quod ipse citius sanetur; qui quidem phlebotomatus vel a quo sagitta extracta est citius exinde moritur. Numquid iste est irregularis? Et videtur quod sic, quia facto homicidii conscius est. Teneo contra...

Juxta hoc pone. Quidam rusticus existens in torrente Sequanæ super asinum et fluvialibus undis tumescentibus, de consilio scolarium videntium periculum, descendit de asino qui nolebat se movere, ut asina Balaam, ut se salvare posset; quod cum non posset ita cito currere, casualiter est submersus. Quæritur an scolaris sit irregularis. Videtur quod sic per textum. Breviter teneo contra...

Prælatus ecclesiæ, jurisdictionem obtinens, hortatur subditos ad insequendum prædones qui bona ecclesiastica vastant, quorum hodie in pluribus locis numerus est infinitus. Clericus ibi existens solum ad recuperanda prædicta de mandato prælati, sola restitutione contentus esset; sed prædones non contenti ipsum nisi sunt impugnare; ipse, aliter se videns non posse evadere, unum ex eis interfecit. Quæritur numquid sit talis irregularis censendus. Videtur quod sic per ea quæ dicta sunt. Breviter teneo contra...

(1) *Ibid.* p. 180.

Il ne semble pas nécessaire de transcrire les réponses du docteur à ces trois questions. On les prévoit et on les approuve.

Guillaume de Vesançay, abbé de Saint-Maixent, mourut, dit la *Gaule chrétienne,* en 1380 (1).

Au feuillet 51, une autre question sous ce titre : *Sequens quæstio fuit solemniter disputata in vico Brunelli, quando venerabilis doctor magister Joannes de Spedona, monachus Vindocinensis, doctorisatus fuit; et respondit de ea venerabilis bacchalarius in utroque jure magister Joannes Filioli aliis bacchalariis.* Cela nous fait assister à l'un des trois actes du doctorat, celui qu'on appelait vespéries. « Dans les vespéries, au rapport de M. Thurot, un bachelier argumentait contre ses collègues sur une question que lui avait assignée le président de l'acte (2). » Le bachelier chargé de l'argumentation est ici Jean Filleul.

Voici la question présentement assignée : un prince a deux vassaux, dont l'un, passé du côté de ses ennemis, dévaste ses terres, massacre ses sujets, et dont l'autre, demeuré près de lui, révèle aux ennemis tous ses desseins. On demande lequel de ces deux vassaux est le plus coupable. Jean Filleul démontre, par un grand nombre d'arguments philosophiques et légaux que le *proditor occultus* est plus grand criminel que le *notorius*. Soit! Mais ce qui nous intéresse le plus dans le document, ce n'est pas l'exposé de son opinion sur l'un et sur l'autre des deux cas supposés; c'est la mention de sa personne.

(1) *Gall. christ.*, t. II, col. 1259.
(2) Ch. Thurot, *Organ. de l'enseign.*, p. 180.

Fils de Regnaut Filleul, avocat au parlement de Paris, Jean Filleul s'était d'abord fait recevoir bachelier en droit civil à l'université d'Orléans. On a conjecturé qu'il quittait cette ville vers 1370 (1). Son départ doit avoir eu lieu quelques années plus tôt. Nous supposons qu'il avait été reçu bachelier en droit civil vers l'année 1368. Les bacheliers en droit civil devaient, pour être reçus licenciés en droit canonique, prouver qu'ils avaient lu publiquement les Décrétales pendant vingt-quatre mois en trois ans (2). Or, nous voyons plus loin, en tête d'une autre pièce (fol. 62), que la licence en droit canonique fut obtenue par maître Jean Filleul, en l'université d'Angers, le dernier jour du mois de février 1371 (nouveau style). Ainsi nos documents le vieillissent un peu. Quoi qu'il en soit, Jean Filleul, s'étant fait recevoir avocat au parlement de Paris, en fut bientôt un des plus connus et des plus honorés. Dans son livre plein de fables sur l'*Histoire des avocats*, Fournel prétend que, signalé comme zélé monarchiste, il fut « immolé révolutionnairement à la suite des troubles de 1356 (3) ». Quand le roi Charles rentra dans Paris, en 1382, Jean Filleul vivait encore, et, comme il avait été, durant les troubles, du parti contraire à celui dans lequel Fournel le fait figurer (4), il fut, dit-on, quelque temps emprisonné. Nous le voyons reprendre sa robe d'avocat dès que la liberté lui fut

(1) Delachenal, *Hist. des avoc. au parl. de Paris*, p. 352.
(2) Thurot, *Organ. de l'ens.*, p. 175.
(3) Fournel, *Hist. des avoc.*, t. I, p. 354.
(4) *Chron. Caroli VI*, lib. III, cap. x.

rendue. Jean Lecocq dit l'avoir entendu plaider en 1386 (1). Son nom se lit encore sur une liste d'avocats de l'année 1417. C'était, paraît-il, un orateur véhément et téméraire, qui se permit un jour d'attaquer un arrêt qu'il croyait injuste. Mais il fut contraint de s'amender (2).

Voici d'autres répétitions. Celle qui s'offre à nous la première est d'un anglais, nommé Thomas Pagam, *doctor in utroque jure*, qui vient se faire entendre dans l'université d'Angers, après avoir professé pendant cinq ans au Clos-Bruneau. Sa thèse est celle-ci. Un individu, follement épris d'une religieuse, a pénétré dans son monastère dont il a brisé les portes. Son dessein était d'enlever la recluse et de l'épouser. Mais son entreprise n'a pas réussi. On se demande s'il a néanmoins mérité la peine capitale ; suivant, c'est bien entendu, la loi canonique. Un grand nombre de textes sont produits et la conclusion n'est pas claire. Ce Thomas Pagam ne nous est pas d'autre part connu.

Nous retrouvons, au feuillet 57, maître Jean *de Spedona*. Le jour où il avait été fait docteur, il était simple moine, moine vendômois. Il paraît dans la pièce nouvelle joignant à son titre de docteur celui de prieur *de Ovaria*, peut-être prieur de Levière, en la ville d'Angers. Mais, s'il recueille les fruits de cette dignité monastique, il n'en remplit pas les charges, n'ayant pas quitté le Clos-Bruneau. La répétition que nous avons sous son nom à ce feuillet a pour matière

(1) *Quæst. variæ Joann. Galli*, quæst. c. XIV.

(2) Delachenal, livre cité, q. 198.

l'usure, l'usure confondue canoniquement avec toute sorte de gain. Sur les cas divers qu'il se propose sa conclusion est la même : *Species lucri est, ideo usura.* Ferme conclusion, mais évidemment absurde.

Au feuillet 62, la répétition faite en l'université d'Angers par Jean Filleul, nouvellement licencié. Il s'agit de savoir si le vol par nécessité, notamment *per necessitatem famis*, peut être excusé. Dans aucun cas, dit le futur avocat, le vol n'est excusable.

Aux feuillets 64, 74 et 100, se trouvent trois leçons ordinaires, faites à Paris, au point du jour, *in aurora, de mane,* les unes aux grandes écoles, les autres aux Clos-Bruneau, en 1371, 1372 et 1373, par le docteur *in utroque jure* Évrard de Trémangon. La première de ces leçons est sur l'autorité des lois canoniques et sur le vrai sens de quelques-unes de ces lois, qui peuvent être trop largement ou trop strictement interprétées. La deuxième est sur les donations ; la troisième sur les testaments. Chacune de ces leçons ordinaires devait durer, au moins, une heure. Notre docteur ayant observé la règle, ses trois leçons sont presque de vrais traités.

Nous n'avons pas d'autres renseignements sur cet Évrard de Trémangon. Fabricius le cite, mais d'après Du Cange, et Du Cange ne l'a connu que par notre manuscrit. Cependant n'est-ce pas ce maître « Évrart Tramagon » que mentionne un des inventaires de la librairie du Louvre, comme ayant reçu du roi Charles V, avant l'année 1380, une copie du *Songe du Vergier?* (1).

(1) Delisle, *Cabin. des man.*, t. III, p. 136.

Aux feuillets 81 et 82, deux leçons de Pierre *de Zippa*, maître ès arts et licencié *in utroque jure*. Ce sont de courtes leçons, non sur des questions de droit, mais sur des questions de procédure ou simplement sur des formules judiciaires. On trouve dans la seconde cette libre étymologie du mot *Avenio : civitas..., animo quasi avida et cupida nimis omnium*.

Suivent deux pièces anonymes et qui paraissent sans intérêt.

Aux feuillets 87, 89, 91, 93, 110, 112 et 114, diverses pièces sous le nom d'Étienne de Conti, moine de Corbie, prévôt du Bois.

La première est sur les devoirs réciproques des époux et sur les cas de divorce. Étienne dit à la fin qu'il est né dans la ville d'Amiens et que son père et sa mère y sont nés comme lui. La deuxième a pour objet de résoudre ces deux questions : 1° Un juge délégué peut-il, prétextant l'infamie d'un abbé, faire une enquête sur les mœurs de ses moines? 2° N'est-il pas abusif qu'un légat *a latere* prétende statuer sur les causes des religieux exempts? Nous avons ici plus d'une allusion à des procédures dont les moines de Corbie contestaient la légalité. Dans la troisième pièce est discutée cette question de procédure : après avoir fait un appel en cour romaine peut-on, dans le cas où les pièces du procès n'ont pas encore été présentées au juge supérieur, revenir vers le juge dont on regrette d'avoir appelé? Il s'agit encore, dans la quatrième pièce, de l'abbé de Corbie. Une bande de soldats anglais a dévasté les terres de son domaine temporel.

Il fait appel à ses gens, rassemble une compagnie de cent lances, se met à la tête de cette troupe et va combattre les pillards. Il y a, de part et d'autre, plus ou moins d'hommes tués ou blessés; mais l'abbé n'a, de sa main, tué personne ; il n'a fait que des blessures ; encore sont-elles légères. *Quæritur super hoc numquid prædictus abbas sit irregularis.* Il n'est pas, selon Étienne, en état d'irrégularité, s'étant armé non pour tuer, non même pour blesser, mais pour chasser l'ennemi qui le pillait. On lit en tête de la pièce qu'Étienne proposa cette thèse la quatrième année de son baccalauréat. Cinquième question : un clerc, étant dans les ordres mineurs, fait du négoce ; trois fois averti par son évêque de s'en abstenir, il ne tient aucun compte de ces avertissements. On se demande s'il perd, en cet état de révolte, tout privilège de clergie. Étienne soutient la négative. La sixième et dernière question est celle-ci : le roi de France a chargé l'abbé de Corbie de le représenter, comme parrain, au baptême du fils de son receveur en la ville d'Amiens, et l'abbé s'est acquitté de cet honorable mandat. Quel est, se dit-on, le compère du receveur ? Est-ce l'abbé ? Est-ce le roi ? C'est l'abbé, répond Étienne : *compaternitas non potest contrahi per procuratorem.* Assurément on en pouvait douter. La septième pièce est le discours fait par Étienne de Conti le jour de ses vespéries, *quando debuit doctorizari.* Il fut reçu docteur au mois de juin 1376. Quant à son discours, il pourrait être tenu pour tout à fait insignifiant si l'on n'y trouvait cités les noms de ses deux maîtres : Gervais et Jean Bernier.

Étienne de Conti, peut-être savant canoniste, écrivain certainement médiocre, serait aujourd'hui bien peu connu, malgré la noblesse de sa naissance, s'il n'avait pas fait à la bibliothèque de Corbie des dons coûteux et nombreux. En les rappelant M. Delisle a raconté sa vie (1), et le voilà maintenant à jamais célèbre.

Enfin nous avons, au feuillet 96, une thèse datée de l'année 1372, dont l'auteur est nommé Thomas Heudry, docteur en l'un et l'autre droit, qui, dit-on, occupa, pendant plusieurs années, une des chaires du Clos-Bruneau. Le sujet de cette thèse est une bulle papale commençant par *Dilectus filius abbas S. Stephani,* et tous les mots de cette bulle sont juridiquement interprétés.

Le reste du volume est occupé par des sermons anonymes dont les premiers sont évidemment du même auteur. Cet auteur est un régulier, peut-être un moine de Corbie ; c'est ce qu'il prouve en disant : *Nos viri et barbati, et in claustris a sæculo et blanditiis ejus reclusi.* Dans ses sermons, faits avec soin, tout est banal.

12960

Ce précieux volume, venu de Corbie, est, croit-on, du IXe siècle, et parmi les écrits qu'il contient, presque tous anonymes, plusieurs sont de grande importance.

Le premier se présente avec le nom de l'auteur,

(1) *Cabin. des man.*, t. II, p. 126.

Boetius. C'est le plus court des commentaires de Boèce sur l'*Interprétation* d'Aristote, celui qu'on appelle communément *editio prima*. Encore cette copie n'est-elle pas complète. Nous n'avons ici que le premier livre de ce bref commentaire et quelques chapitres du second.

Suivent des gloses anonymes sur Martianus Capella, dont le commencement et la fin nous manquent. En voici les premiers mots :

Alii quoque hujus ; id est prædicti generis, supple Emitheorum. *Ab effuso*, id est multo. *Sibylla*, mens divina, *Erythræa*, Erythæ filia. *Cumana*, a Cumis, civitate. *Vel Phrygia*, Trojana ; Sibylla dicitur quasi syos bilin (1), id est mens Dei.

Cela se rapporte au huitième chapitre du deuxième livre des *Noces*, dans les éditions anciennes ; à la page 213 de l'édition de Kopp. On lit ensuite des notes du même genre, presque toutes simplement grammaticales, sur les livres suivants, qui traitent des sept arts. Mais cette partie du travail n'est pas moins incomplète ; les gloses sauvées ne concernent que la Dialectique et le commencement de la Rhétorique. Voici le début de celles qui ont la Dialectique pour objet :

Hæc quoque, supple femina. *Contortis*, vel plexis rationibus, cum brevibus syllogismis. *Effamina*, collocutiones, sententias. *Stringens*, ligans, breviter exponens. *Qua sine* ; id est sine qua nulla consequentia fit. Proprium est dialecticæ artis de consequentibus et repugnantibus concludere. *Repugnat* : in his duobus versiculis proprietas dialec-

(1) Σιὸς βυλή ; étymologie de Varron.

ticæ panditur. *Excolicum*, pro excolicorum; idem : excelsa colentium, id est cœlestium incolarum. *Axiomas*, qui primum docuit dialecticam per catenationem sententiarum.

Comme on le voit, ces gloses ont été faites sur un texte très défectueux et souvent inintelligible. L'inexpérience du glossateur était d'ailleurs très grande. Il en donne plus d'une preuve. Il suffit de faire remarquer que, lisant *axiomas* au lieu d'*axioma*, il prend *axiomas* pour un nom d'homme. Cependant, si peu docte qu'il fût, il avait eu commerce avec les philosophes et s'était fait, en les écoutant, une opinion quelconque sur des points très obscurs. Il faut l'entendre commenter avec aisance les dires prudents, mais peu dogmatiques, de son auteur sur le tout, *De toto* :

Quid totum? Omne quod partibus constat totum dicitur, sicut omne quod formis genus; et hæ sunt differentiæ inter totum et genus quod genus formis, id est speciebus, totum vero partibus constat; et genus nomen et definitionem sui omnibus formis accommodat suis, totum vero nunquam definitionem sui partibus suis tribuit, nomen autem aut raro aut nunquam individuis; idem : his quæ dividi per formas non possunt... *Omne pro toto.* Omne non pertinet nisi ad genus, totum ad partes, et hac ratione etiam totum hominem omnem hominem possumus dicere, quod generalis natura omnium hominum non est major in omnibus quam in singulis; totum enim ubique est in his in quibus est. Igitur unum hominem totum dicimus quia partibus (constat), itemque omnem dicimus quia plenitudinum generis continet; et est quod dicimus alio quodam intellectu.

Voilà, peut-on croire, très clairement énoncée, la seconde thèse de Guillaume de Champeaux, qu'Abélard n'a point combattue moins vivement que la première. Mais la ressemblance n'est que dans les termes. Oui, sans doute, rien de l'homme en général ne manque à cet homme, à cet individu qu'on appelle Socrate; ce *totus homo*, composé de telles et de telles parties réelles, est donc en effet *omnis homo*, puisque tout homme peut être défini d'après les attributs essentiels de cet individu. Aristote ne contredit pas cette proposition ; Abélard non plus. Mais, ce qu'ils n'accordent pas plus l'un que l'autre, c'est qu'on qualifie de substance cette humanité propre à chacun, identique en plusieurs. Or telle n'est pas la doctrine de notre scoliaste. L'individu, nous dit-il, se compose de parties; non le genre. Le genre n'est qu'un composé de formes. Plusieurs espèces appartiennent au même genre, non comme parties, mais comme formes, et pareillement à la même espèce plusieurs individus. Notre scoliaste n'est donc pas à compter parmi les réalistes (1).

On ne saurait dire précisément en quel temps il a vécu. Il est, à n'en pas douter, antérieur à Remi d'Auxerre qui, nous l'avons montré (2), le cite quelquefois et plus souvent le copie sans le citer. Mais on hésite à croire qu'il lui soit de beaucoup antérieur.

Au feuillet 31, sans nom d'auteur, un très grave et très dogmatique traité qu'un religieux de Saint-Germain a décrit ainsi : *Quæ sequuntur, dialogi more, de Trinitate late disserunt et de aliis rebus physicis.* Cette description ne fait pas soupçonner

(1) *Hist. de la phil. scolast.*, t. I, p. 196 et suiv.
(2) *Notic. et extr. des man.*, t. XX, 2e part., p. 15.

le *De divisione naturæ* de Jean Scot Erigène, publié pour la première fois, à Oxford, en 1681, et plus récemment à Munster, en 1838. Notre texte est loin d'être complet ; mais c'est un fragment précieux, les copies de ce livre condamné n'étant pas communes. Et nous aussi nous désavouons la doctrine de ce livre; mais nous ne nous défendons pas d'en glorifier le téméraire auteur. De tous les maîtres de son siècle, lequel lui peut être comparé, comme érudit et comme philosophe ? D'une seule voix tous les historiens répondent : aucun.

Au feuillet 39 un autre commentaire sur Martianus Capella dont une note ancienne nomme l'auteur Remi. Cette note est exacte; l'auteur est, en effet, Remi d'Auxerre. M. Enrico Narducci a publié la partie de ce commentaire qui se rapporte à l'arithmétique; Rome, 1883, in-4°. Il faut regretter qu'on n'ait pas de même imprimé ce qui concerne la logique. Mais nous n'en avons rien ici ; notre glose très imparfaite s'arrête à la page 61 de l'édition de Kopp.

Du feuillet 47 au feuillet 116 une troisième glose sur Martianus Capella. Nous avons autrefois prouvé qu'elle est de Jean Scot Érigène (1), et notre démonstration n'a pas été contredite. Elle a même été confirmée. Cela nous dispense de la reproduire. A de nombreux extraits de cette glose nous avons joint des remarques critiques qui, pensons-nous, en ont fait apprécier l'intérêt.

(1) *Notices et extr. des man.*, t. XX, 2e part, p. 1 et suiv.

Le volume finit par un fragment de Priscien. Ce fragment commence avec la première des parties du discours que Priscien appelle indéclinables, c'est-à-dire avec la préposition.

12969

Ce volume, du XVIe siècle, contient des traités d'alchimie sur lesquels il y a lieu de faire de courtes remarques.

L'auteur du premier, intitulé *Summa de essentiis essentiarum,* se dit lui-même Thomas d'Aquin. Mais dès la première ligne le faussaire se trahit. *Magnifico,* dit-il, *principi ac illustrissimo domino suo Roberto, primogenito regis Jerusalem et Siciliæ, Dei gratia duci Calabriæ.* Suit le plus pompeux éloge du magnifique et savant prince. Il s'agit certainement ici de Robert d'Anjou, non pas, à la vérité, premier né, mais troisième fils de Charles Ier, roi de Naples. Cet éloge est donc mérité. Mais l'auteur n'en est pas Thomas d'Aquin, mort un an environ avant la naissance de Robert. Nous n'insistons pas; il est depuis longtemps reconnu que saint Thomas ne s'est jamais proposé de résoudre aucun problème d'alchimie. Le faussaire, peu versé dans l'histoire, vivait, croyons-nous, au XVe siècle, le siècle des alchimistes et des mystiques.

Au fol. 27, *Liber quatuor aquarum mag. Raymundi Lullii.* C'est le même écrit qui, dans le volume A 78 de Berne (fol. 25), est intitulé : *Ars conversionis Mercurii et Saturni in aurum et argentum.* La copie de

Berne finit par ces mots : *Sic, ad honorem Dei et utilitatem fidelium finitur tractatus iste utilis, editus Romæ, anno Domini 1332, per Raymundum Lullii* (1). On lit à la fin de la nôtre : *Istud est extractum a quodam libro Raymundi quem fecit Romæ anno Domini 1322.* Il n'importe que le faussaire ait écrit 1322 ou 1332. Raymond Lull étant mort en 1315, on ne peut douter du faux. S'il est constant que Raymond Lull n'avait pas l'esprit très sain, il est néanmoins prouvé qu'il ne s'est jamais occupé d'alchimie. Il a même assez durement qualifié cet art ténébreux et frivole. C'est pourquoi sans doute les alchimistes ont mis à son compte au moins quatre-vingt-un libelles de leur fabrique. S'ils l'ont fait vraiment pour se venger de lui, c'est une vengeance dont le succès a longtemps duré.

Un revers du feuillet 30, quelques lignes sans nom d'auteur où il est traité de l'action du feu sur le mercure et, à la suite, plusieurs chapitres d'un écrit dont l'auteur est nommé maître Arnaud de Villeneuve, écrit qui, dans notre copie, a ces deux titres *Elucidarium* et *Practica artis alchimiæ.* Une traduction française de l'ouvrage entier termine notre volume. Il est trop certain qu'Arnaud de Villeneuve a cherché la pierre philosophale et s'est vanté d'avoir trouvé quelque chose d'approchant. Cet *Elucidarium,* cité par Langlet du Fresnoy et par Nazari (2), est donc peut-être de sa plume. Cela pourtant n'est pas bien prouvé.

(1) *Hist. litt. de la Fr.*, t. XXIX, p. 372.
(2) *Ibid.*, t. XXVIII, p. 111.

Nous avons ensuite un dialogue, intitulé *Disputatio Raymundi Lullii cum quodam monacho*. Il ne s'agit pas de pratiques alchimiques ; il s'agit de résoudre cette question théorique : l'alchimie peut-elle atteindre le but qu'elle se propose, la transmutation des métaux? Le moine prétend qu'elle ne le peut. Mais Raymond, ayant réfuté l'un après l'autre tous ses arguments, le réduit au silence et triomphe. Raymond, disons-nous ; oui, mais encore un faux Raymond. C'est ce que prouve clairement la note finale de l'opuscule : *Finivit librum istum Raymundus, Parisius, anno Domini 1333* (1).

13197

A la fin du volume on lit cette note presque effacée : *Moralitas a Guluberto composita super Cantica canticorum*. Eh bien, quoique cette note soit ancienne, elle est inexacte. Il est vrai qu'un Gilbert, *Gilbertus de Hoilandia*, nous a laissé, sur le Cantique des cantiques, une ample paraphrase qui peut être qualifiée de morale; mais ce n'est pas là ce que nous avons ici. L'immense commentaire sur le Cantique, en treize livres, qui s'étend du premier au dernier feuillet de notre volume, a pour auteur un religieux cistercien que la plupart des manuscrits nomment Thomas de Vaucelles, quelques-uns Thomas de Perseigne. La dédicace de ce commentaire est à l'adresse de Pons, évêque de Clermont de l'année 1170 à l'année 1188. Or il est certain que l'abbaye cistercienne de Perseigne

(1) *Hist. litt. de la Fr.*, t. XXIX, p. 334.

avait à cette date un religieux, nommé Thomas, auteur incontestable d'un autre ouvrage, en douze livres, intitulé *De præparatione cordis*, dont il existe une copie dans la bibliothèque du Mans. Quant à Thomas de Vaucelles, il serait à peu près inconnu, si le commentaire sur le Cantique n'était pas sous son nom dans un grand nombre de manuscrits. Il est permis d'hésiter entre les deux attributions. M. Daunou se demande pourquoi l'on n'admettrait pas l'une et l'autre, étant supposé que le même Thomas a tour à tour habité Perseigne et Vaucelles (1). Assurément on peut faire cette supposition; il nous semble néanmoins plus prudent de s'en tenir au témoignage des manuscrits qui nomment simplement l'auteur Thomas le Cistercien. C'est sous ce nom de Thomas le Cistercien que Josse Bade a publié, pour la première fois, notre commentaire, en 1521, et son édition a été reproduite dans le tome CCVI de la *Patrologie*.

Il nous faut dire un mot sur une troisième édition, de l'année 1653, faite sous le nom de Jean Duns Scot par le Cordelier Paul de Rieti. Notre Cordelier avait-il naïvement cru que cet amas confus de divagations mystiques était l'œuvre trop longtemps ignorée de son illustre confrère? Quoi qu'il en soit, le procureur-général de l'ordre de Cîteaux porta plainte contre l'auteur de cette étrange attribution, et la fit condamner par le maître du sacré palais, dont la sentence, rendue publique, est du 15 mars 1655. Voilà l'honneur de Jean Duns Scot juridiquement vengé!

(1) *Hist. litt. de la Fr.*, t. XV, p. 329.

On doit être prévenu que tous les textes de ce commentaire n'ont pas le même début. Ainsi l'édition de Josse Bade commence par ces mots de l'épitre à l'évêque de Clermont : *Reverendo patri domino Pontio, Dei gratia Claromontensi episcopo.* Quelques manuscrits, comme celui que nous décrivons en ce moment, notre n° 3476 (fol. 126), et les nos A 490 de Rouen, 150 des *Cod. Laud. misc.*, à la Bodléienne, ont pour premiers mots ce passage qu'on lit vers le milieu de l'épitre dédicatoire : *Osculetur me osculo... — Tria sunt epithalamia, historicum, philosophicum, theologicum. Primum agit de legitima copula.* En d'autres, comme dans notre n° 14803, ce début est abrégé : *Osculetur me osculo... — Tria sunt epithalamia. Primum, historicum, agens de legitima maris et feminæ copula.* D'autres, notamment les nos A 154 de Rouen, 47 de Valenciennes, 1089 de Grenoble, 59 du Mont-Cassin, commencent par : *Osculetur me osculo... — Hæc est vox synagogæ quæ Christum in mundum venturum didicerat.* Enfin tels sont les premiers mots indiqués par le catalogue des manuscrits de Troyes, sous le n° 2000 : *Osculetur me... — Tria in osculo notantur.*

Il y a, d'ailleurs, beaucoup d'autres différences entre toutes ces copies. Quand il ne s'agissait pas d'un ancien Père, d'un écrivain dont la gloire était consacrée, les copistes amendaient volontiers, suivant leur goût, les textes qu'ils avaient à transcrire. Nous leur reprochons aujourd'hui d'avoir pris cette liberté.

13198

Ce manuscrit est occupé tout entier par un autre commentaire anonyme sur le Cantique des cantiques dont tels sont les premiers mots : *Exhauriri nequit liber vitæ, testamentum altissimum, puteus viventis et videntis.* Or le même commentaire est dans le nº 478 sous ce titre : *Expositio magistri Joannis de Abbatisvilla super Cantica canticorum de beata Virgine Maria.* Jean Halgrin d'Abbeville, habituellement nommé Jean d'Abbeville, doyen d'Amiens, plus tard archevêque de Besançon et cardinal évêque de Sainte-Sabine, étant connu pour avoir fait un commentaire sur le Cantique, on n'hésite pas, après avoir lu ce titre, à lui rapporter l'ouvrage considérable que renferment nos deux manuscrits. On hésite d'autant moins que notre nº 478 est d'une bonne date, écrit avec soin par un scribe choisi parmi les plus habiles : témoignage de respect, comme il semble, à la mémoire d'un cardinal. Cependant Josse Bade, publiant, en 1521, le commentaire de Thomas le Cistercien, y a joint, sous le nom de Jean d'Abbeville, de nombreux extraits d'une paraphrase sur le Cantique à laquelle ne se rapporte en rien celle que nous lisons dans nos nºs 478 et 13198. Devons-nous croire que Josse Bade s'est trompé, et qu'il a fait au cardinal l'honneur ou l'injure de livrer au public, sous son nom, l'œuvre d'un autre? C'est là ce qu'il faut d'abord examiner.

La paraphrase exhumée par Josse Bade commence

par un prologue dont voici les premiers mots : *Ad honorem matris et filii Cantica canticorum expositurus, ego sensu pauper et modicus...* En avons-nous des manuscrits ? Nous en avons plusieurs. Et d'abord un que nous indique, sous le n° 31, le catalogue de Bruges. Mais il ne nous apprend rien, car il est, au rapport de M. Laude, anonyme. En voici un autre, sous notre n° 12971, avec cette rubrique : *Expositio Joannis, episcopi Sabinensis, quondam decani nostri Ambianensis, super Cantica canticorum, a sacrosancta Romana ecclesia approbata anno Dom.* 1233. Voilà des renseignements très précis. Méritent-ils toute notre confiance ? C'est là ce qu'il faut voir. Le volume est du XIIIe siècle ; le scribe, contemporain de l'ancien doyen d'Amiens, appartenait à cette église, *decani nostri*, et sa copie nous vient d'un monastère amiennois, l'abbaye de Corbie. Ajoutons que Casimir Oudin dit avoir vu, dans la bibliothèque du collège des Cholets, un manuscrit du même commentaire sous une rubrique presque semblable. Voilà donc, comme il semble, une attribution qui réunit tous les caractères de la véracité. Mais allons-nous de là conclure que celle du n° 478 est fausse ? Non, telle ne sera pas notre conclusion. Il y eut, en effet, deux Jean d'Abbeville : le premier, très connu, qui fut cardinal ; le second, plus obscur, neveu de Géraud ou Guéroud d'Abbeville (1), devint archidiacre de Meaux et donna plusieurs manuscrits à la Sorbonne (2), après avoir été, sous le provisorat de Robert, un des hôtes de cette

(1) Franklin, *La Sorbonne*, p. 222.
(2) Delisle, *Cab. des man.*, t. II, p. 156.

maison. Géraud mourut, croit-on, en 1271. Son neveu vivait donc dans les dernières années du XIIIe siècle, et c'est à lui que nous attribuons le commentaire des n°s 478 et 13198. Ainsi les deux rubriques ne se contrediraient pas.

Notre volume finit par une assez longue pièce de vers, qui, presque tout entière, est une imprécation à l'adresse d'un rival, d'un envieux. Elle commence par :

Explicit ille liber. Laus detur cuncta regenti !
A culpa liber colat hunc homo corde timenti.
Hunc amet, hunc timeat, huic pareat, hunc veneretur.
Æquor, terra, polus.....

Nous croyons que cette pièce est de l'auteur du commentaire ; il y a, en effet, dans le commentaire, beaucoup de vers, et ils ne valent pas mieux que ceux-ci.

13204

Le premier des écrits qui composent ce recueil est le commentaire sur les *Seconds analytiques* de Robert Grossetête, évêque de Lincoln. On l'a plusieurs fois imprimé. Il est anonyme, comme il l'est ici, dans le n° 292 du collège Merton, à Oxford ; mais le nom de l'auteur se lit dans le n° 295 du même collège. Deux autres exemplaires nous sont signalés, avec le nom de l'auteur, dans la bibliothèque de Saint-Marc, à Venise (1). Nous avons ailleurs tiré de ce

(1) Valentinelli, *Bibl. S. Marci*, t. IV, p. 24, 27.

commentaire les déclarations les plus témérairement réalistes (1).

En tête du second traité, qui n'a pas la philosophie pour objet, puisque c'est une glose sur l'évangile de saint Marc, on lit cette note, dont l'écriture est beaucoup plus moderne que celle du texte : *Hic commentarius in Marcum est epitome Hugonis cardin. in eumdem*. C'est un très court abrégé, car il n'occupe que sept feuillets.

Au fol. 17, une autre glose sur le livre de la Sagesse, qui commence par ces mots : *Liber Sapientiæ apud Hebræos nusquam est ; unde et ipse titulus græcam eloquentiam redolet*. On lit à la marge : *Non est Hugo cardinalis*. Ce n'est pas, en effet, le commentaire sur ce livre qu'on lit dans les Œuvres du cardinal. Un autre exemplaire anonyme de notre glose est dans le n° 153 de Metz. En vain nous en avons recherché l'auteur.

A la suite, un commentaire sur saint Matthieu, que nous avons encore pareillement anonyme dans le n° 631. Mais ici l'auteur est connu. En le nommant Hugues de Saint-Cher, Échard donne les premiers mots du texte tels que nous les lisons dans notre manuscrit.

Le volume finit par une copie de l'évangile de saint Matthieu à laquelle sont jointes des notes interlinéaires et marginales dont il serait fastidieux et superflu de rechercher toutes les provenances. Ces provenances sont d'ailleurs quelquefois indiquées dans le manuscrit.

(1) *Hist. de la philos. scolast.*, t. II, p. 178.

Notons enfin, au fol. 70, un fragment de dissertation théologique et un sermon à tort placés là par un relieur mal surveillé. Nous ignorons l'auteur de ces deux courtes pièces.

13209

Au commentaire anonyme que renferme ce manuscrit du XIIIe siècle un moderne a donné ce titre : *Epitome Hugonis super Matthæum*. Ce moderne s'est bien trompé. D'abord, loin d'être bref, le commentaire est prolixe. Ensuite, un Hugues quelconque n'y est pour rien. Si l'annotateur a voulu désigner Hugues de Saint-Cher, il l'a fait abréger par un théologien qui vécut plus d'un siècle avant lui. Les copies anonymes de ce commentaire sur l'évangile de saint Matthieu sont très nombreuses. La Bibliothèque nationale en possède au moins quatre, sous les n°s 627 (fol. 1), 6674 (fol. 129), 14436 (fol. 1), 14809 (fol. 172) ; et il y en a d'autres dans les n°s 63 de Valenciennes, 72 d'Amiens, 504 de Douai, A 534 de Rouen, 10 d'Auxerre, 66 d'Orléans, 298 de Saint-Gall et 1296 de Vienne. Mais le nom de l'auteur nous est fourni par notre n° 624, par les n°s 227 de Troyes et 109 de Laon; c'est le brillant scolastique d'Angers, Geoffroy Babion. Son commentaire est inédit. Oudin a prétendu qu'on l'a souvent imprimé sous le nom de saint Anselme (1). Mais il s'est mépris. Les gloses sur saint Matthieu que l'on a plus d'une fois, mais à tort, attribuées à saint Anselme ne sont pas le commentaire de Geof-

(1) *Comment. de Script. eccl.*, t. III, col. 799.

froy Babion. C'est Théophile Raynaud qui, le premier, a confondu ces gloses et notre commentaire (1), et son erreur a fait fortune. Elle a même été reproduite dans le récent catalogue des manuscrits de Laon.

13374

Voici d'abord une forte liasse de sermons anonymes. Les premiers, jusqu'au feuillet 48, sont de Pierre le Lombard. Nous les avons déjà cités sous les nos 3537 (2) et 12415.

A la suite, quatre sermons dont nous ne connaissons pas d'autres copies. Ils ne semblent donc pas être de Pierre le Lombard; mais nous les croyons d'un de ses contemporains, quelque prédicateur d'un moindre renom.

Au fol. 51, sous ce titre *Quæstiones Orosii*, le *Dialogus quæstionum LXV* de saint Augustin, imprimé dans le tome VI de ses Œuvres, col. 733; édition de la *Patrologie*. Nous l'avons déjà rencontré dans le no 12312 (3).

Après le fol. 57, une lacune considérable; de nombreux feuillets ont été depuis longtemps enlevés. Ce qui nous reste d'un traité mutilé nous permet toutefois de reconnaître qu'il a pour objet les huit principaux vices, et d'en indiquer deux autres copies intégralement conservées dans les nos 1005 (fol. 49) et 13572 (fol. 28). Nous avons ensuite quelques sermons

(1) *Erotemata de mal. ac bon. libr.*, p. 126.
(2) Tome Ier, p. 217 et suiv.
(3) Ci-dessus, p. 63.

de Pierre le Lombard, la première colonne du feuillet 58 nous offrant la fin d'un sermon déjà transcrit au feuillet 29, où il commence par les mots : *Spiritus oris nostri*, et ce fragment précédant un sermon entier dont une autre copie se lit au feuillet 31.

Au feuillet 69, commençant par *Filius accrescens Joseph*, un sermon de Pierre Le Mangeur antérieurement cité sous le n° 3705 (1). Ensuite deux sermons de Pierre le Lombard déjà vus plus haut, fol. 36 et 39, le premier commençant par *Egredimini*, le second par *Fac tibi speculam*.

Du feuillet 66 au feuillet 123, l'*Ordo judiciarius* du Bolonais Egidio Foscarari, mort en 1289. Du Cange s'est trompé quand, dans son *Index auctorum*, il a distingué l'auteur de cet *Ordo* d'un *Ægidius de Foscariis* qu'il a fait vivre en 1220. C'est le même juriste qu'il a deux fois nommé.

Les sermons anonymes qui viennent à la suite, pour les fêtes des saints et pour les dimanches, avaient été donnés à Vincent Ferrier par un ancien annotateur; un plus récent les a revendiqués à bon droit pour le Dominicain Jacques de Lausanne. Ils sont en effet de celui-ci, comme l'attestent plusieurs manuscrits de bonne date, notamment notre n° 18181, et une édition partielle, de l'année 1530, mise en vente par le libraire Ambroise Girault.

Les sermons de Jacques de Lausanne qui sont ici réunis forment deux séries : la première, pour les fêtes des saints, du feuillet 124 au feuillet 148. Cette pre-

(1) Tome Ier, p. 225.

mière série est totalement inédite. On l'a peut-être laissée de côté comme offrant moins de traits plaisants que les sermons dominicaux. Elle n'en est pourtant pas tout à fait dépourvue. Citons d'abord un passage, qui n'est pas, à la vérité, badin, mais où l'on voit combien il était facile, en ce temps-là, d'aborder les rois eux-mêmes :

Fol. 130, c. 2. — Quando rex est in aula faciliter possunt omnes habere accessum, etiam pauperes qui sunt male induti et qui sunt bene induti; sed quando est in camera ubi quiescit, solum illi qui sunt induti de robis suis et sunt de familia sua. Sic, quando rex noster fuit in aula mundi, omnes tunc peccatores et alii poterant accedere ad eum quia pro peccatoribus venerat in mundum; sed postquam ascendit ad cameram paradisi, nullus potuit accedere ad eum nisi qui fuit indutus vestibus suis, scilicet puritate et innocentia.

Voici maintenant une historiette gaiement racontée :

Fol. 130, c. 4. — Nota quomodo rex Henricus cuidam clerico suo lubrico, levi, dissoluto, quærenti præmium servitii, dixit quod in brevi esset promotus. Cui tamen cum nihil dedisset et transisset electio episcopi in quodam collegio in quo ipse clericus canonicus erat, conquestus est regi quod non laborasset ad ejus promotionem. Respondit : « Non fuerat intentionis meæ te promovere cum indignus sis; sed quia collegia consueverunt pejores eligere, putabam eos te eligere cum sis pejor; tamen pejorem te invenerunt quem nunc fecerunt episcopum. Si vero perseveraveris, post ipsum cathedram poteris obtinere (1).

Jacques de Lausanne mêle peu de français à son latin souvent macaronique. Il le fait cependant quel-

(1) Nous corrigeons quelques mots d'après la copie contenue dans le nº 18181, fol. 228, c. 2.

quefois. Voici, par exemple, comment il paraphrase ces mots des Proverbes : *Lignum vitæ his qui apprehenderunt eam et qui tenuerunt eam :*

Ubi tanguntur tria. Primo *que nous devons de cest arbre semir;* lignum vitæ. Secundo, *comment nous devons à cest arbre tenir;* his qui apprehenderunt eam. Tertio, *car ben nous pout de cest arbre venir ;* qui tenuerunt eam.

Nous avons d'autres copies anonymes de ces sermons pour les fêtes des saints dans les n°s 14962, 14963, 18181, et quelques-unes dispersées en d'autres volumes où nous aurons peut-être l'occasion de les signaler.

Les sermons pour les dimanches commencent au feuillet 148 et occupent toute la fin du manuscrit. De ceux-ci la plupart ont été publiés en 1530. Mais, cette édition n'étant pas complète, nous croyons devoir indiquer et faire ainsi plus ou moins connaître plusieurs sermons qui ne s'y trouvent pas et que nous avons ici.

Fol. 208. *Secutæ sunt eum turbæ... — In via ubi sunt multi mali passus et quæ lubrica est, expedit...* Autres copies anonymes : n°s 14963 (deux^e^ série, n° 11), 14964 (fol. 21). Avec le nom de l'auteur : 18181 (fol. 212).

Fol. 209. *Veniet ad templum sanctum... — Princeps bonus et devotus, habita victoria contra hostes...* Autres copies anonymes : n° 14962 (fol. 66), 14963 (deux^e^ série, n° 12).

Fol. 211. *Suscepit Israel filium — Unus vir prudens reficit totum unum collegium dissipatum.* Autres copies anonymes : nos 14962 (fol. 100), 14963 (deuxe série, no 13). Avec le nom de l'auteur : 18181 (fol. 215.)

Fol. 212. *Recipe puerum et nutri...* — *Vulgo dicitur :* « Qui nourrist si assaveure ». Nous ne trouvons pas une autre copie de ce sermon. Il ne nous semble pas néanmoins douteux qu'il soit de Jacques de Lausanne.

Fol. 213. *David sedet in cathedra...* — *In curia bene ordinata sedent personæ secundum merita et conditiones personarum.* Autre copie anonyme : no 14963 (deuxe série, no 15). Avec le nom de l'auteur : 18181 (fol. 217).

Fol. 214. *Elegi te ut ædificares...* — *Quanto domus magis sumptuosa est majori officio deputata, tanto...* Autres copies anonymes : nos 14962 (fol. 23), 14963 (deuxe série, no 16), 14964 (fol. 114). Avec le nom de l'auteur : 18181 (fol. 218).

Voici quelques mots encore sur les élections épiscopales :

> Mercator eligens pannum pro se eligit meliorem;... sed pro lucrando seu vendendo non semper eligit meliorem, sed qui melius venditur in terra sua, et de quo melius lucretur. Sic multi, quia non eligunt prælatum pro se vestiendo, sed pro lucro, ut prosit sibi in terra sua, eligunt pejorem.

Même feuillet : *Virgam vigilantem ego video...* — *Pastoris est virgam tenere propter custodiam ovium.* Autre copie anonyme : no 14963 (deuxe série, no 18). Avec le nom de l'auteur : 18181 (fol. 219.) Très court sermon.

Fol. 215. *Benedixi ei et erit benedictus..*, — *In Deuteronomio scribitur et videtur verbum indifferenter dirigi ad quemlibet viatorem.* Autres copies anonymes : n° 14962 (fol. 25), 14963 (deux^e série, n° 17). Avec le nom de l'auteur : 18181 (fol. 219).

L'orateur explique ainsi l'origine du mot «Jacobin.» *Nos vulgo Jacobitæ vocamur ab illo patriarcha Jacob quem ad litteram de speciali privilegio legimus benedictum.* Cependant il est peu probable qu'il ait naïvement admis cette fausse, mais glorieuse étymologie. Si par hasard quelqu'un ignore la vraie, qu'il la demande à Matthieu de Paris et à d'autres chroniqueurs cités par Ducange (1).

Fol. 216. *Ave, gratia plena... — Boni rumores lætificant cor. Prov. XIV : Mæror in corde viri.* Autres copies anonymes : 14963 (deux^e série, n° 19), 14964 (fol. 61), 14966 (fol. 41); Troyes, 1209. Avec le nom de l'auteur : 18181 (fol. 221).

Fol. 218. *Invenisti gratiam apud Dominum ... — Solent inferiores apud superiores propter munera gratiam invenire.* Autre copie anonyme : n° 14963 (deux^e série, n° 20). Avec le nom de l'auteur : 18181 (fol. 222.)

Fol. 219. *Descendit Spiritus sanctus.., — Licet avis nobilis naturaliter appetat esse sursum...* Avec le nom de l'auteur : n° 18181 (fol. 224).

Fol. 227. *Mane nobiscum, Domine... — Secundum poetam, non minor est virtus quam quærere parta tueri.* Autres copies anonymes : n°s 3552 (fol. 84), 14963 (deux^e série, n° 44), 14964 (fol. 26).

Nous avons dit qu'il y a peu de mots français dans

(1) *Glossarium*, au mot *Jacobitæ*.

les sermons de Jacques de Lausanne. En ayant néanmoins remarqué quelques-uns, les derniers bibliographes de son ordre ont regretté de les avoir rencontrés, et, pour excuser l'orateur d'avoir commis cette inconvenance, ils ont fait deux suppositions entre lesquelles ils ont donné le choix. Ou, disent-ils, ces sermons nous ont été transmis infidèlement par quelque auditeur, ou le scribe de qui nous les tenons les a copiés sur un manuscrit auquel l'auteur n'avait pas mis la dernière main (1). Aucune de ces deux suppositions n'est acceptable. Il est douteux que ces sermons de Jacques de Lausanne aient eu jamais un auditeur ; ce sont des sermons de cabinet, comme il y en a tant d'autres, livrés au public en la forme d'une composition littéraire. S'il s'y trouve du français, c'est que la mode était, en ce temps-là, d'en mettre dans les sermons latins. Mauvaise mode, sans contredit; mais toutes les modes ne sont pas bonnes. On violait, en faisant ce mélange, une des principales règles du genre, celle qui prescrit une constante gravité. Sans aucun doute; mais pourquoi supposez-vous que ces gens aient été toujours graves, quand ils étaient plus sûrs de plaire en ne l'étant pas ?

13404

La feuille de garde de ce volume est occupée par des vers mêlés, qui, pour la plupart, ont été publiés par Beaugendre sous le nom d'Hildebert : *Hild. et*

(1) Quétif et Échard, *Script. ord. Præd.*, t. 1, p. 548.

Marb. Op., col. 211 et suiv. Ce sont de petites pièces, des épigrammes sur divers passages de l'Écriture sainte, qui sont tout à fait dépourvues d'agrément.

Au fol. 4 commence le *Liber scintillarum*, sous le faux nom de Bède. L'auteur de ce livre est Defensor, moine de Ligugé, comme nous l'avons dit sous le nº 12402 (1).

13425

L'unique ouvrage que nous offre ce manuscrit est intitulé : *Tractatus magistri Hugonis de Sancto Victore de ligno et libro vitæ*. C'est un titre faux et bizarre; Hugues de Saint-Victor ne nous a rien laissé sous ce titre. Cependant une part assez considérable de l'ouvrage est de sa plume, et le reste appartient à son homonyme, le prieur de Saint-Laurent de Heilly, Hugues de Fouilloi. Un admirateur insuffisamment éclairé de Hugues de Saint-Victor, le croyant auteur du traité *De claustro animæ*, comme il l'est du traité *De arca Noe*, a fait de ces deux livres un seul livre, en changeant l'économie de l'un et de l'autre. Ainsi le *De ligno et libro vitæ* est-il une somme de dissertations mystiques, où s'entremêlent, rangés d'ailleurs en assez bon ordre, des chapitres du *De arca* et d'autres chapitres du *De claustro*.

13429

Le titre est *Expositio orationis dominicæ*, et l'ouvrage se compose de quarante-cinq sermons sur cette courte

(1) Ci-dessus, p. 75.

prière. L'auteur aurait pu certainement être plus bref. Quel est cet auteur ? Comme nous l'avons dit sous le n° 2950 (1), ce n'est pas Serlon, abbé de l'Aumône, à qui l'on a cru pouvoir attribuer cette œuvre indigeste. C'était lui faire injure. On lit sur la feuille de garde : *Hic liber a quibusdam Philippo de Eleemosyna, loci hujus monacho, adscribitur*. Cette attribution n'est pas mieux fondée. On lit, en effet, au feuillet 120 :

Exemplum habemus de beata Hilisabeth, filia regis Hungariæ et uxore ducis Thuringiæ, quæ adhuc puella quidquid poterat invenire in arca, in coquina, in mensa, vel alibi, totum pauperibus tribuebat, et cum semel circa natale Domini de coquina exiret et carnes in gremio, quas coquariis fuerat furata, pauperibus ferret, rex videns eam exeuntem de coquina fecit ad se adduci, et, inquisita quid portaret in gremio, respondit se rosas portare, et, aperto gremio, inventæ sunt rosæ pulcherrimæ.....

C'en est assez. Élisabeth de Hongrie, morte en 1231, ne put être appelée « sainte » qu'après sa canonisation, qui eut lieu en 1233; et Philippe, moine, puis abbé de l'Aumône, était mort vers l'année 1180. Il n'est donc pas non plus l'auteur de cette *Exposition*. Le style en est d'ailleurs, comme il semble, beaucoup plus moderne. Le copiste, un moine de Jumièges, a daté sa copie du mois de juillet 1470. On ne nous causerait aucune surprise en nous apprenant que l'auteur était son contemporain. Il y a dans cet écrit beaucoup d'anecdotes semblables à celle que nous venons de transcrire. Ce sont toujours des miracles. Mais ils sont presque tous racontés d'après quelque

(1) Tome I, p. 124.

ancien, et l'auteur prend soin de nous en prévenir. Cet avertissement précède la plupart de ses récits : *Exemplum quod inveni sic scriptum;* et il copie : souvent saint Grégoire, quelquefois Jacques de Vitry, qu'il appelle Guillaume de Vitry (fol. 72). Quand il abrège les contes qu'il cite, il le fait sans esprit. Il ne dit pas avoir lu quelque part le suivant (fol. 128) :

Exemplum de duobus hæreticis qui erant compatres apud Avenionem, qui, sedentes in convivio, cum gallum silvestrem diligenter parassent et in frustula concidissent et piper liquatum desuper fudissent, dixerunt inter se, compatres in infidelitate sua : « Nec Christus, nec Petrus possent hunc de cetero vivum restituere. » Et statim gallus redintegratus surrexit plumis suis opertus et excutiens alas piper super eos sparsit. Qui statim percussi sunt lepra usque ad obitum. Quæ percussio in eorum posteris adhuc jure hereditario perseverat.

Notre compilateur fait donc supposer ici qu'il raconte le premier cette fabuleuse historiette; mais nous la trouvons plus longuement et plus gaiement racontée dans un manuscrit de bien meilleure date, le n° 14958, fol. 12. Notons que, dans ce manuscrit, le lieu de la scène est, non pas Avignon, mais une ville quelconque aux environs de Bologne. Il faut faire venir ces contes là d'aussi loin que l'on peut.

13421

Ce volume contient deux ouvrages : l'un intitulé *De contemptu mundi*, l'autre *De eruditione principum*. L'auteur du premier s'est nommé dans son prologue ;

c'est le diacre Lothaire, c'est-à-dire Innocent III. Quant à l'auteur du second, c'est, croit-on, le Dominicain Guillaume Péraud, comme nous l'avons dit sous le n° 6486 (1). Mais ce n'est là qu'une attribution conjecturale.

13432

Il ne faut pas se laisser tromper par cette note qu'on lit au sommet de la première page : *Sermones Innocentii papæ.* Le volume contient, en effet, des sermons du pape Innocent III ; mais il y en a beaucoup d'autres qui ne lui appartiennent pas, et, comme ils sont anonymes et d'auteurs divers, il est nécessaire d'indiquer séparément, sinon tous, du moins la plupart.

Fol. 1. *Vespere comedetis carnes.., — Ordo et modus nostræ redemptionis, fratres mei, diligenter considerandus est.*

On a d'autres copies anonymes de ce sermon dans les nos 14925 (fol. 163) de la Bibliothèque nationale et 272 (fol. 69) de l'Arsenal. Mais l'auteur est nommé dans notre n° 14937 (fol. 10); c'est Maurice de Sully, évêque de Paris. Nous avons cité, sous le n° 568 (2), des sermons dominicaux souvent copiés sous le nom de Maurice, dont l'ensemble est une œuvre littéraire, et dont aucun peut-être n'a jamais été prononcé. Le sermon que nous venons d'indiquer et les suivants ne se lisent pas dans ce recueil, et ils paraissent, quoique

(1) Tome I, p. 297.
(2) *Ibid.*, p. 25.

très solennels, avoir été faits pour être dits en chaire.

Fol. 2. *Petra refugium herinaciis... — Brevem materiam proponimus, fratres mei, ne mentibus lætitia diei occupatis...* Autres copies anonymes : n°s 14925 (fol. 164); Arsenal, 272 (fol. 70). Avec le nom de Maurice : 14937 (fol. 11).

Une phrase de ce sermon est un document historique. Composé pour le jour de la Circoncision, il contient l'allusion suivante aux divertissements profanes dont l'église était, en ce jour, le théâtre :

Hujus festivitatis mysterium pauci attendunt, multi etiam inquirere contemnunt, propter ea quæ die ipso in ecclesiis quædam ridiculosa et minus religiosa fieri conspiciunt, cum tamen omnia mala ex bonis sumpserint exordium, et, si quæ enormiter fiant, non ex institutione, sed abusione contingant.

Il s'agit ici de l'église de Paris. En d'autres églises, ces divertissements avaient lieu le jour de l'Épiphanie (1). C'était la fête des fous.

Fol. 3. *Orietur stella ex jacob... — Cum singulæ solemnitates certis polleant privilegiis, festivitas Epiphaniæ...* Autres copies anonymes : n°s 14925 (fol. 165); Arsenal, 272 (fol. 72). Avec le nom de Maurice : 14937 (fol. 12).

Nous n'avons rien à citer de ce sermon. Il ne contient que de puériles interprétations de prophéties imaginaires. Croyait-on à toutes ces prophéties? Non pas, comme il nous semble; mais on les supposait

(1) Jean Beleth, *Rationale*, cap. LXXII.

volontiers pour faire preuve d'esprit en les interprétant.

Fol. 4. *Sedebit conflans et emundans...* — *In hac solemnitate plurima nobis sanctitatis et justitiæ proponuntur exempla.* Autres copies anonymes : n°s 14925 (fol. 166); Arsenal, 272 (fol. 73). Avec le nom de Maurice : 14937 (fol. 13).

Césaire d'Heisterbach prétend que Maurice ne fut pas élu canoniquement. Mais ce qu'il raconte à ce propos est à bon droit tenu pour une fable (1). Un évêque dont la promotion n'aurait pas été régulière se serait abstenu d'écrire ce que nous lisons ici :

Ministri altaris, si, absque electione divina, per ambitionem vel pecuniam vel mundanam gratiam officiis divinis se impudenter ingerunt, exemplo Chore et suorum, interitum non evadunt. Item, qui, post electionem laudabilem, ignem alienum, id est cupiditatis, ambitionis, iniquitatis et hujusmodi, offerre cupiunt et juxta exigentiam sacrorum ordinum laudabiliter non vivunt, igno divinæ animadversionis, ut filii Aaron, comburuntur. Vult enim Dominus ministris suis electionem dignam præcedere, post ipsos non cupiditati, sed caritati deservire.

Fol. 5. *Ejecit Dominus Adam...* — *Lacrymosa narratio. Fratres mei, ad mentis oculos revocate causam et modum nostri exilii.* Autres copies anonymes; n°s 14925 (fol. 167); Arsenal, 272 (fol. 75). Avec le nom de Maurice : 14937 (fol. 14).

Fol. 6. *Adhuc quadraginta dies...* — *Nota sunt hæc verba Jonæ prophetæ, fratres mei, et satis plana.* Autres copies anonymes : n°s 14925 (fol. 168); Arse-

(1) *Hist. littér. de la Fr.*, t. XV, p. 150. — V. Mortet, *Maurice de Sully*, p. 23 et suiv.

nal, 272 (fol. 76). Avec le nom de Maurice : 14937 (fol. 15).

Fol. 7. *Statue tibi speculam...* — *Teste Isaia, fratres mei, beatus qui loquitur in aures sapientis.* Autres copies anonymes : n°s 14925 (fol. 70) ; Arsenal, 272 (fol. 78). Avec le nom de Maurice : 14937 (fol. 17).

Fol. 8. *Adjecerunt filii Israel deservire Baalim et diis alienis, traduntur que in manus filiorum Amon. Tunc Jephte Galadites...* Nous ignorons quel est l'auteur de ce sermon, dont nous n'avons encore rencontré que cette copie. Il n'est pas, du reste, intéressant.

Fol. 9. *Apprehendent septem mulieres...* C'est un sermon de Pierre Le Mangeur que nous avons déjà mentionné sous le n° 2951, et que nous aurons à mentionner plus d'une fois encore (1).

Fol. 10. *Facta es mihi lota aqua, mundata sanguine, uncta oleo, vestita discoloribus. Auferenda est rubigo de argento.* Une note ancienne attribue ce sermon à saint Bernard. Une note plus récente met en doute cette attribution, qui ne paraît pas fondée. Mais nous avons le regret de ne pouvoir dire à qui l'on doit ce sermon d'un style, sinon très pur, du moins très étudié. On peut le supposer d'un modeste Victorin.

Fol. 13. *Sint lumbi vestri præcincti...* — *Ut mortale peccatum.* De Pierre Le Mangeur. Ce sermon est déjà cité sous le n° 3705 (2).

Fol. 14. *Gloriosa sæpe dicta sunt.* Le thême, omis par le copiste, est : *Egredimini, filiæ Sion,*

(1) Tome I, p. 160.
(2) *Ibid.*, p. 231.

et le sermon est de Pierre Le Mangeur. Voir le n° 2951 (1).

Fol. 15. *Converti me ad viam portæ.* Encore de Pierre Le Mangeur et déjà cité (2).

Fol. 17. *Beati pauperes spiritu...* — *Sermo iste affectu est desiderabilis, experientia dulcis, fructu quidem est æternus.* Autres copies anonymes : n°s 3563 (fol. 88), 3570 (fol. 207), 13578 (fol. 33), 14925 (fol. 203). Mais le nom de l'auteur se lit dans notre n° 14937 (fol. 203) et le n° 982 (fol. 36) de la Mazarine; c'est Gébouin, archidiacre de Troyes. Ce sermon inédit recommande l'orateur, qui composait, écrivait avec soin, on pourrait presque dire avec goût, et qui fut justement estimé par ses contemporains. Mais sa renommée ne franchit pas les limites du XIIe siècle. Pourquoi ? Parce qu'au XIIIe on ne prêcha plus à sa mode.

Fol. 18. *Audi, Israel, præcepta vitæ...* — *Diligenter attendere, fratres, debetis verba ista; quæ enim proposui non sunt mea.* Autre exemplaire anonyme : n° 2950 (fol. 125). L'auteur, indiqué dans le n° 14934 (fol. 5), est Pierre Le Mangeur. Ajoutons que Beaugendre a publié ce sermon sous le nom d'Hildebert, col. 732. La copie de notre manuscrit est incomplète; la fin manque.

Fol. 19. *Cum dilexisset (Jesus) suos...* — *Ambigi potest quos vocet Jesus suos.* De Pierre Le Mangeur. Voir notre notice sur le n° 2951 (3).

(1) Tome I, p. 151.
(2) *Ibid.*, p. 145.
(3) *Ibid.*, p. 152.

Fol. 20. *Germinaverunt campi eremi... — In omni scriptura attendi debet quis, quid et de quo dicat.* Nous ne connaissons pas l'auteur de ce sermon.

Fol. 21. *Quis est homo qui desponsavit... — Gratia et gloria sanctorum martyrum qui Gallicanam ecclesiam sanguine suo purpuraverunt...* L'auteur, certainement français, nous est pareillement inconnu.

Fol. 22. *Quis est homo qui plantavit vineam... — Beati hominis, primi Galliarum sacerdotis, merita venerantes.* Ce court sermon paraît une collation faite après le sermon qui précède.

Même feuillet : *Venite ascendamus... — Jeroboam statuit vitulos.* De Pierre Le Mangeur. Voir le n° 2951 (1).

Fol. 23. *Vide et ecce candelabrum... — Zacharias propheta hanc visionem vidit, cujus partem exposuit.* Beaugendre a publié ce sermon sous le nom d'Hildebert, col. 559, d'après un manuscrit d'Angers où il était anonyme; il est aussi sans aucun nom d'auteur dans le n° 402 des *Cod. Laud. miscell.*, à la Bodléienne, et nous n'en connaissons aucune copie où l'auteur soit nommé. On voit, dans la dernière partie de ce sermon, qu'il a été prononcé par un séculier devant des réguliers, des Bénédictins. La péroraison manque dans l'édition de Beaugendre.

Fol. 24. *Nunc scio vere... — Legitur in annalibus quod Caius Cæsar Herodem, cum Herodiade, uxore sua, Lugduni relegavit in exilium.* Un sermon de Pierre Le Mangeur, cité sous le n° 2951 (2), débute

(1) Tome I, p. 153.
(2) *Ibid.*, p. 157.

presque de même. Ce sont néanmoins deux sermons différents.

Fol. 25. Ce feuillet commence par un sermon pour la Toussaint dont le premier mot est illisible.

Même feuillet : *Omnia vasa fudit Hiram...* — *Spiritu sancto docente per Salomonem, fratres mei, didicimus quod mala...* Autres copies anonymes : n°s 14925 (fol. 154) de la Bibliothèque nationale et 272 (fol. 59) de l'Arsenal. Sous le nom de l'auteur, l'évêque Maurice, dans notre n° 14937 (fol. 2). Beaugendre ayant publié ce sermon sous le nom d'Hildebert, col. 606, en signale une phrase comme prouvant sa grande modestie. C'est à Maurice qu'il faut rapporter le compliment d'ailleurs mérité.

Fol. 26. *Fac tibi duas tubas argenteas...* — *Dicit Moyses in Deuteronomio : Si ambulans per viam... Per viam imus quando...* Autres copies anonymes : n°s 14925 (fol. 155); Arsenal, 272 (fol. 60). Avec le nom de Maurice : 14937 (fol. 3). C'est encore un sermon sans raison publié par Beaugendre sous le nom d'Hildebert, col. 618.

Fol. 27. *Sint lumbi vestri præcincti...* — *Omnia quæ dicuntur, fratres mei, non solum ex sermone qui dicitur...* Autres copies anonymes : n°s 14925 (fol. 156); Arsenal, 272 (fol. 62). Avec le nom de Maurice : 14937 (fol. 3). Imprimé, comme les précédents, sous le faux nom d'Hildebert, col. 613.

Suivent de courts fragments de Suétone, de Valère Maxime et le début d'un sermon.

Fol. 31. *Quis mihi tribuat adjutorem...* — *In hac verborum brevitate, si diligenter discutiantur, fratres mei*... Autres copies anonymes : nos 14925 (fol. 158) ; Arsenal, 272 (fol. 63). Avec le nom de Maurice, 14937 (fol. 6). Imprimé sous le nom d'Hildebert, col. 215.

Fol. 32. *Egredimini, filiæ Sion... — Qui tantum verba sectatur nihil inveniet, teste Salomone, et custos prudentiæ inveniet bona.* Deux sermons insérés dans les Œuvres d'Hildebert commencent par le même thème, tiré du Cantique des cantiques, que suit la même sentence, *Qui tantum*..., extraite des Proverbes. Le premier de ces sermons, à la colonne 236 de l'édition de Beaugendre, est de Pierre le Lombard. Nous l'avons cité sous le n° 3537 (1). Le second, à la colonne 534, est celui que nous avons ici. Il est anonyme dans notre n° 14925 (fol. 160) et dans le n° 272 (fol. 65) de l'Arsenal ; mais le nom du véritable auteur, l'évêque Maurice, nous est fourni par notre n° 14937 (fol. 7).

Un passage de ce sermon est très corrompu dans l'édition. Il s'agit d'expliquer ce qu'il faut entendre par la triple vision de Dieu, et l'explication qu'en donne le texte tronqué de Beaugendre est loin d'être claire. Ce texte doit être ainsi corrigé :

Triplex est ejus visio : visus est in sæculo, videbitur in judicio, tertio in regno. Prima visio gratiæ, secunda justitiæ, tertia gloriæ. Prima visus est a bonis et a malis, et non omnibus ; secunda ab omnibus ; tertia ab omnibus bonis, a qua tolletur impius ne videat gloriam Dei. In prima idida, id est dilectus, per carnem similis nobis factus ; in secunda concionator, id est in concione omnium locuturus ; in tertia Salomon, princeps pacis, dator veræ pacis. Videtur hic a nobis per fidem, in judicio per carnem, in regno

(1) Tome I, p. 220.

per speciem. Qui hic per fidem videbit in concione judicii non timebit, in regno gaudebit.

Fol. 32. *Suscitabimus super eum septem pastores... — Dominici adventus observantiam frequentare et ejus frequentia exultare debemus.* Autres copies anonymes : n°s 14925 (fol. 61); Arsenal, 272 (fol. 66). Avec le nom de Maurice : 14937 (fol. 8). Ce sermon est inédit.

Fol. 33. *In igne zeli mei... — Audistis, fratres mei, apostolum dicentem : Si cui revelatum fuerit...* Autres copies anonymes : n°s 14925 (fol. 162); Arsenal, 272 (fol. 67). Avec le nom de Maurice : 14937 (fol. 8). Inédit.

Tous les sermons de Maurice que nous avons ici sont d'une constante gravité. Cela nous fait supposer qu'il les a prononcés en synode, étant évêque.

Fol. 35. *Nolite considerare quis sim qui loquor vobis.* Ce sermon, qui est de Pierre Le Mangeur, est déjà cité sous le n° 2951 (1).

Fol. 36. *Domum tuam, Domine, decet sanctitudo.* De Pierre Le Mangeur. Voir le n° 2951 (2).

Fol. 38. *Qui sedes super cherubin.* De Pierre Le Mangeur. N° 2951 (3).

Même feuillet : *Pulvis sum ego et cinis.* De Pierre Le Mangeur. N° 2951 (4).

Fol. 41. *In ore duorum aut trium testium.* De Pierre Le Mangeur. N° 2951 (5).

Fol. 42. *Qui habitat in adjutorio altissimi.* De Pierre Le Mangeur, N° 2951 (6).

(1) Tome I, p. 158.
(2) *Ibid.*, p. 159.
(3) *Ibid.*, p. 147.
(4) *Ibid.*, p. 155.
(5) *Ibid.*, p. 156.
(6) *Ibid.*, p. 149.

Fol. 44. *Adhuc escæ eorum erant in ore.* De Pierre Le Mangeur, n° 2951 (1).

Fol. 46. *Non vos me elegistis.* De Pierre Le Mangeur, n° 2951 (2).

Fol. 48. *Dispone domui tuæ.* De Pierre Le Mangeur, n° 2951 (3).

Fol. 49. *Lætare, Jerusalem, et conventum...* De Pierre Le Mangeur, n° 2951 (4).

Fol. 50. *Fluvius egrediebatur de loco voluptatis.* De Pierre Le Mangeur, n° 2951 (5).

Fol. 52. *Super tribus sceleribus Moab.* De Pierre Le Mangeur, n° 2951 (6).

Fol. 54. *Sederunt in terra, conticuerunt senes.* De Pierre Le Mangeur, n° 2951 (7).

Fol. 55. *Assumpsi duas virgas... — Hæc est prophetia Zachariæ prophetæ, cujus narratio adeo frequentata est.* Ce sermon, qui ne se trouve pas dans le n° 2951, est anonyme dans les n°s 2301 C (fol. 47) et 13577 (fol. 32); mais nous l'avons sous le nom de Pierre Le Mangeur dans le n° 2950 (fol. 148). Il est inédit.

Fol. 56. *Surge, aquilo, et veni, auster... Hortus conclusus... Videndum est quis loquatur, quibus loquatur et de quo loquatur.* Autres copies anonymes : n°s 2952 (fol. 2), 3301 C (fol. 100), 6674 (fol. 103), 13577 (fol. 34), 14932 (fol. 249), 16506 (fol. 114). Beaugendre a publié ce sermon dans les Œuvres d'Hildebert, col. 818, mais d'après un manuscrit où ne

(1) Tome I, p. 153.
(2) *Ibid.*, p. 139.
(3) *Ibid.*, p. 151.
(4) *Ibid*, p. 150.
(5) *Ibid.*, p. 154.
(6) *Ibid.*, p. 155.
(7) *Ibid.*, p. 140.

se lisait aucun nom d'auteur. En fait, l'auteur est ignoré.

Fol. 56 *bis*. *Fili, si oblita fuerit mater... Hic pater loquitur ad filium. Sed quis pater est?* Autres copies anonymes : 13577 (fol. 33), 14925 (fol. 184). Mais deux auteurs sont ailleurs indiqués, entre lesquels l'hésitation peut être permise. Ce sermon est, en effet, sous le nom du chancelier Pierre Le Mangeur dans le n° 14937 (fol. 117) de la Bibliothèque nationale, et, dans le n° 982 (fol. 12) de la bibliothèque Mazarine, sous le nom de l'archidiacre Gébouin. Nous penchons néanmoins pour Pierre Le Mangeur. Le plus ancien des deux manuscrits est le n° 14937, dont le copiste paraît avoir été contemporain du chancelier. En outre, Oudin fait remarquer que tous les sermons autrefois publiés sous le nom de Pierre de Blois, et plus tard à bon droit revendiqués pour Pierre Le Mangeur, se terminent par l'une des deux phrases qui vont suivre, quelquefois un peu modifiées. La première est celle-ci : *Jesu Christo, Domino nostro, rege nostro, judice nostro, qui venturus est judicare vivos et mortuos et sæculum per ignem;* et voici la seconde : *Jesus Christus, Dominus noster, rex noster, judex noster, qui venturus est judicare vivos et mortuos et sæculum per ignem*. Or ainsi finit notre sermon : *Rogemus ergo nos et vos ut vos et nos avulsos ab úberibus præsentet* (il s'agit de saint Augustin) *ante suum patrem, Dominum nostrum Jesum Christum, judicem nostrum, qui venturus est cum Spiritu sancto judicare vivos et mortuos et sæculum per ignem*. Ajoutons que ce sermon, plus long que ceux de Gébouin, est d'un style plus oratoire. Faisons enfin remarquer que l'orateur s'adresse à des écoliers, *Nos scolares sumus ;* ce qui le fait plutôt supposer chancelier qu'archidiacre. Ce sermon est inédit.

Nous avons à la suite, avec le nom de l'auteur, Richard de Saint-Victor, le traité dont il y a de nombreux manuscrits sous ce titre : *Explanatio tabernaculi fœderis.* Il est imprimé dans le tome CXCVI de la *Patrologie*, col. 211. — Au fol. 60, le traité du même Richard *De meditandis plagis quæ circa finem mundi evenient* ; dans le même volume de la *Patrologie*, col. 201. Il peut être utile d'en indiquer un exemplaire anonyme dans le n° 14516 (fol. 183). — Au fol. 62, une copie anonyme et incomplète du *Tractatus de templo Salomonis,* du même auteur ; *Patrologie*, même volume, col. 223. Autre exemplaire anonyme : n° 14516 (fol. 189). — La pièce qui suit est intitulée, dans notre manuscrit : *Invectio magistri Ricardi supprioris S. Victoris Parisiensis contra Andream, socium suum, super illud verbum Isaiæ : Ecce virgo concipiet et pariet.* C'est, avec le prologue, qui manque dans plusieurs copies, le traité qui a pour titre, dans la *Patrologie*, col. 601, *De Emmanuele libri duo.* Parmi les copies anonymes, signalons celles que renferment nos n°s 16397 (fol. 19), 17469 (fol. 88) et le n° 550 de l'Arsenal. — Au fol. 83, sans le nom de l'auteur, l'exposition de Richard sur le cantique d'Habacuc ; *Patrologie*, col. 401. Autres copies anonymes : n°s 2590 (fol. 44), 14517 (fol. 53) ; Mazarine, 1028. — Au revers du même feuillet, le prologue, seulement le prologue, du traité de Richard *De Trinitate* : *Patrologie*, col. 887.

— Après un tableau généalogique des fils d'Adam, jusqu'à Delion, quelques chapitres du traité de Richard *De eruditione hominis interioris; Patrologie*, col. 1115. — Enfin les deux opuscules de Richard sur le sacrifice de David et celui d'Abraham; *Patrologie*, col. 1031 et 1043.

Les sermons d'Innocent III occupent la fin du volume. La collection n'est pas complète; il y manque plusieurs des sermons imprimés à Cologne en 1575. Mais elle en contient sept de ceux qui furent publiés pour la première fois en 1842 par le cardinal Mai. En outre, il y en a deux qui sont encore inédits.

Le premier de ces sermons inédits est au fol. 144, où il commence ainsi : *Maria Magdalena et Maria Jacobi... — Quoniam ea quæ sanctæ mulieres corporaliter fecisse dicuntur nos debemus spiritualiter adimplere...* Il a pour titre *In resurrectione Domini.*

Voici la première partie du deuxième, qui est fort long, et dont nous regrettons de ne pouvoir améliorer le texte avec le secours d'une autre copie :

Fol. 170. *In festo S. Mariæ Magdalenæ. — Rogabat* Jesum *quidam pharisæus ut manducaret cum illo. Ingressus in domum pharisæi, discubuit* (1). Hodiernam solemnitatem, fratres carissimi, cum multa reverentia et magna devotione celebrare debemus, quia per illam instruimur de misericordia confidere ac de superna pietate sperare. Certe tot et tanta sunt nostra peccata quod, nisi Deus ante oculos nostros multa et magna suæ misericordiæ proposuisset exempla, desperaremus pro magnitudine peccatorum; sed ille, *qui vult omnes homines salvos fieri* (2) et neminem vult perire, multis exemplis nos ins-

(1) *Evang.* Lucæ, VII, 36.
(2) Pauli *Epist. ad Timoth.*, II, 4.

truxit ne unquam de sua misericordia desperemus. Si quis ergo nostrum, fratres carissimi, perpetraverit adulterium, non diffidat, sed convertatur ad Dominum quia pius est et misericors, et *præstabilis super malitia* (1), libenter indulgens et gratanter ignoscens. Respiciat David regem qui cum uxore Uriæ adulterium perpetravit, et tamen non repulit eum Deus, sed, peccato dimisso, donavit ei spiritum prophetiæ. At forsan intra te dices : « David commisit unum adulterium, ego vero multa adulteria, multas fornicationes et multos (2) commisi ». Nec utcumque desperes, sed misericordiam magnam respicias. Quæ *mulier erat in civitate peccatrix* (3), ad quam omnibus patebat accessus et nullus patiebatur ab ipsa repulsam (4), et tamen dimissa sunt ei peccata multa quia dilexit multum, et facta est apostolorum epula, per quam Dominus suæ resurrectionis gaudium apostolis intimavit. Si quis vero commisit latrocinium non desperet, sed respiciat latronem in cruce pendentem, qui, cum dixisset ad Dominum « *Memento mei, Domine, cum veneris in regnum tuum* », statim audivit : « *Hodie mecum eris in paradiso* (5) ». Si quis nostrum iniqua lucra sectatus [est], non diffidat, sed Matthæum respiciat publicanum sedentem ad teloneum, qui, conversus ad Dominum, factus est apostolus et primus evangelista. Si quis verum et Christum negaverit nullo modo desperet, sed Petrum respiciat, qui, quamvis Christum negasset, quia tamen confessus flevit amare, oves suas sibi Dominus pascendas commisit.

Rogat ergo Christum *quidam pharisæus ut manducaret cum illo.* Multa nobis et magna circa Redemptorem nostrum in hac evangelicæ lectionis serie commendantur ; ut humilitas, mansuetudo, sapientia, judicium, discretio, misericordia et pietas. Humilitas quippe commendatur in ipso, quia, cum rogaret eum pharisæus ut manducaret cum

(1) Joel, II, 13.

(2) Il manque un mot.

(3) *Evang.* Lucæ, VII, 37.

(4) Cette phrase est répétée dans un autre sermon d'Innocent III sur Marie-Madeleine. *Patrologie,* t. CCXVII, c. 559.

(5) *Evang.* Lucæ, XXIII, 42, 43.

eo, ingressus in domum pharisæi, discubuit. Mansuetudo commendatur in ipso, quia cum mulier quæ erat in civitate peccatrix cognovisset quod occubuerat in domo pharisæi, *attulit alabastrum unguenti, et, stans retro secus pedes ejus et capillis capitis sui tergebat et osculabatur pedes et uguento ungebat* (1). Sapientia commendatur in ipso, quia cum pharisæus, qui vocaverat eum, intra se diceret : « *Hic, si esset propheta, sciret utique quæ et qualis est mulier quæ tangit eum, quia peccatrix* (2), » respondens Jesus dixit ad illum : « *Duo debitores erant uni cuidam fœneratori : unus debebat denarios quingentos et alius quinquaginta. Non habentibus illis unde redderent, donavit utrisque* (3). » Judicium commendatur in ipso, quia, cum quæsisset a pharisæo : « *Quis eum plus diligit* » ; et ille respondisset : « *Æstimo is cui plus donavit* », dixit ei : « *Recte judicasti* (4). » Discretio commendatur in ipso, quia cum, conversus ad mulierem, dixisset Simoni : « *Vides hanc mulierem ?* » statim adjunxit : « *Intravi in domum tuam ; aquam pedibus meis non dedisti* ; *hæc autem lacrymis cœpit rigare pedes meos et capillis capitis sui tersit. Osculum mihi non dedisti ; hæc autem ex quo intravit non cessavit osculari pedes meos. Oleo caput meum non unxisti ; hæc autem unguento ungebat pedes meos* (5) ». Misericordia commendatur in seipso, quia, cum hæc præmisisset, intulit dicens : « *Remittuntur ei peccata quoniam dilexit multum. Cui autem minus dimittitur minus diligit* (6). » Et dixit ad illam : « *Remittuntur tibi peccata* ». Pietas commendatur in ipso, quia, cum cœpissent qui simul accumbebant dicere intra se : « *Quis est hic qui peccata dimittit ?* » dixit ad mulierem : « *Fides tua te salvam fecit. Vade* (7) et amplius noli peccare. »

Audi quanta sit humilitas conditoris. Rex regum et dominus dominantium, invitatus a servo, descendit in domum illius ut manducaret cum illo, nobis relinquens

(1) *Evang.* Lucæ, VII, 37, 38.
(2) *Ibid.*, 39.
(3) *Ibid.*, 41, 42.
(4) *Ibid.*, 42, 43.
(5) *Ibid.*, 44, 46.
(6) *Ibid.*, 47.
(7) *Ibid.*, 49, 50.

exemplum ut geramus humilitatem, non solum ad majores vel pares, sed etiam ad minores; quo exemplo illorum superbia reprobatur qui minoribus condescendere dedignantur. Qualis forsan sum ego quem, si quis vestrum invitaret ad prandium, non solum dedignarem ascendere, sed etiam indignarer apostolicæ dignitati (1)... Non sic fecit ille qui, *cum in forma Dei esset, non rapinam arbitratus est esse se æqualem Deo; exinanivit se, formam servi accipiens, in similitudinem hominum factus et habitu inventus ut homo* (2). Et ideo, ingressus domum pharisæi, discubuit. *Excelsus* enim *Dominus humilia respicit et alta a longe cognoscit* (3). Quam magnum miraculum! Si exaltas te, recedit a te; si humilias te, accedit ad te, quoniam *Deus superbis resistit, humilibus autem dat gratiam* (4); nam *omnis vallis inplebitur et omnis mons et collis humiliabitur* (5). Ideo *qui se exaltat humiliabitur et qui se humiliat exaltabitur* (6). Humiliatus est Deus pro homine, dominus pro servo, creator pro creatura; quanto magis debet humiliari homo pro Deo, servus pro domino, creatura pro creatore!

Ingressus igitur *domum pharisæi, discubuit.* Ecce *mulier quæ erat in civitate peccatrix, ut cognovit quod* Jesus *occubuit in domo pharisæi, attulit alabastrum unguenti et stans retro secus pedes ejus, unguento unxit.* Attende, homo, quanta sit benignitas Redemptoris. Cum esset mundus ab omni labe peccati, æquanimiter sustinebat ut contractaretur ab illa quæ plena erat sordibus peccatorum, nobis relinquens exemplum ut peccatores benigne recipiamus, hoc exemplo illorum reprobans arrogantiam qui peccatores despiciunt et expellunt. Qualis forsan sum ego, quem, si publica meretrix tangere vellet ad nudum, statim calce repellerem tanquam ex ipsius contactu fœdarer. Non sic, non sic fecit ille qui non venit *vocare justos, sed peccatores ad pœnitentiam* (7), quia non indigent qui sani sunt medico, sed qui male se habent; et ideo pecca-

(1) Il manque un mot.
(2) *Epist.* Pauli ad Philippenses, II, 6, 7.
(3) *Psalm.*, CXXXVII, 7.
(4) Jacobi *Epist.*, IV, 6.
(5) *Evang.* Lucæ, III, 5.
(6) *Evang.* Lucæ, XIV, 11.
(7) *Ibid.*, V. 32.

toribus ad nos venientibus non austeritatem, sed benignitatem debemus ostendere, corripientes eos non in virga furoris, sed in spiritu lenitatis, condolentes et compatientes eisdem, ejus exemplo qui ait : Omnibus omnia factus sum ut omni lucrifacerem. (1) »

Cognoscens itaque mulier quæ erat in civitate peccatrix quod Jesus occubuisset in domo pharisæi, hoc est quod æque esset humilis et benignus, mansuetus et pius, assumpta de ipso fiducia, et spe de ipso concepta, venit ad eum, ægra ad medicum, peccatrix ad salvatorem, et *stans retro secus pedes ejus, lacrymis cœpit rigare pedes ejus et capillis capitis sui tergebat*. Peccatum hujus mulieris erat magnum et manifestum et ideo dicitur quod erat in civitate peccatrix. Magnum plane quia peccatrix erat, id est publica meretrix, exposita universis; manifestum, quia peccatrix erat in civitate, id est cujus pectus tota civitas cognoscebat. Quia igitur magnum erat, magno satisfecit dolore; quia vero manifestum erat, manifesto satisfecit pudore. Quocirca *stans retro, secus pedes* Domini, *lacrymis cœpit rigare pedes ejus et capillis capitis sui tergebat*. Retro stabat secus pedes, quoniam rubescebat ante faciem Domini apparere. Mira res, quæ erubescebat [ante] universos convivas non solum erubescebat quoniam illi videbant foris; Christus autem videbat intus, et illa quidem longe turpior erat intus in conscientia quam foris in fama. O quanto pungebatur dolore, quanta compunctione dolebat, quæ flebat inter epulas et inter convivas plorabat! Quare dicimus, cum scriptum sit, quod lacrymis pedes ejus rigabat? Ad fontem misericordiarum ut ad fontem venerat lacrymarum, ut largo fletu largam indulgentiam impetraret. Legimus lacrymas, sed et confessionem non legimus, quoniam accusatione non indigent quæ sunt publice manifesta; sed, tacens ore, clamabat corde : « Noli, Domine, indignari ancillæ tuæ quod importuna me ingero, quod impudens adsto, quod inter delicias gemitus prodo, quod inter epulas lacrymas fundo, quod contristo convivas, quod impedio discumbentes; non possum amplius sustinere, non possum ultra differre, non possum usque

(1) Où cela est-il dit, en ces termes? Nous ne le trouvons pas.

post convivium expectare, quia necessitas urget, angit anxietas, amaritudo conturbat, terret formido, moles peccatorum me premit, funes iniquitatum me constringunt, culpa me torquet, conscientia me mordet. Ego sum, Domine, infelix femina, mulier misera, turpis notitia, turpitudine nota, fœtens corpore, fœta mente, plena sceleribus, onerata peccatis. Domine, tu scis insipientiam meam et delicta mea tibi non sunt abscondita; *ne intres in judicium cum* ancilla tua, Domine, *quia non justificabitur in conspectu tuo omnis vivens* (1). *Si* enim *iniquitates observaveris, Domine, Domine, quis sustinebit* (2)? Non ergo me secundum iniquitates meas, multas et magnas, graves et grandes, retribuas, sed secundum tuam misericordiam immensam et infinitam, incomprehensibilem et ineffabilem. Memor esto mei, Deus, quia, quantumcumque magna sit impietas mea, incomparabiliter tamen [major] est pietas tua, et quantumcumque sit magna miseria, infinita tamen major est tua misericordia. Piissime Domine, per id quod miserabiliter ego feci non pereat quod misericorditer tu fecisti. Certe tot et tanta sunt mea facinora et delicta si possem te fugere (3), ad te confidenter confugio, totis visceribus supplicans, totis medullis implorans ut indulgeas et ignoscas. Jesu bone, Jesu pie, Jesu sancte, non repellas indignam, non confundas immundam, non spernas afflictam! Confiteor et cognosco quod digna sum confusione, perditione, damnatione; sed tu, Domine, miserere, qui pro miseris advenisti, propitiare qui pro peccatoribus descendisti. Ego quidem indigna sum exaudiri; sed tu, Domine, dignus es audire, ideoque indignam exaudi, quia quidquid ultra possim ignoro nisi quod in conspectu tuo dolorem lacrymis manifesto. »

Ignoramus quidem an hujusmodi lacrymæ magis dulces fuerunt quam amaræ; sane dulces, quibus incessanter oscula commiscebat. Scriptum est enim, *secundum multitudinem dolorum meorum in corde consolationes tuæ lætificaverunt animam meam* (4). Certe jam vides quod

(1) *Psalm.*, CXLII, 2.
(2) *Ibid.*, CXXIX, 3.
(3) Cette phrase est évidemment corrompue.
(4) *Psalm.*, XCIII, 19.

omnia operantur in bonum propositum his qui vocati sunt sancti et *ubi abundavit delictum superabundavit et gratia* (1). Multum enim hæc mulier deliquerat oculis. Juxta testimonium Salomonis, *fornicatio mulieris in extollentia oculorum consistit* (2). Jucundis quidem aspectibus et delectabilibus nutibus multos in se provocaverant ad peccandum, ideoque nunc effluunt illi lacrymis qui lasciviis quondam effluebant, et nunc convertuntur ad fletum qui quondam ad luxuriam movebantur. Olim hæc mulier capillos composuerat ad decorem et crines crispaverat ad ornatum, circumvolvens illos variis ligaturis et variis circumvolutionibus, eos ligans ut eos intuentium in se provocaret affectus. Sed ecce spargit eos ac diffundit, et capillis Domini pedes lacrymans tergit quos in capite delibuere solebat unguentis. Quot olim dulcibus osculis et basiis intermixtis ad libidinosos traherat actus ut impleretur in ea proverbium Sapientis : *Favus distillans labia meretricis et nitidius oleo guttur ejus* (3) ! Sed ecce nunc, lacrymis intermixtis, fixit oscula pedibus Salvatoris, et labia imprimit vestigiis osculatis, trahens ex illis suavissimum dulcedinis haustum; et ideo suavitatis illius degustans dulcedinem, qua satiari minime prævalebat, non cessabat osculari pedes ipsius. Præparaverat sibi mulier ista pretiosum unguentum ad odorem pariter et nitorem, mollitiem et munditiem suæ carnis, ut eo frequentius delibuta suis amatoribus complaceret magis; sed ecce quod fecerat ad incitamentum libidinis nunc convertit ad officium pietatis, ungens ex eo vestigia Redemptoris. Vere *spiritus ubi vult spirat et nescis unde veniat aut quo vadat* (4).

Innocent III prononça ce sermon étant pape. Il nous l'apprend lorsqu'il dit qu'une invitation à dîner par le premier venu serait considérée par lui comme un outrage à sa « dignité apostolique. » Si nous ne le transcrivons pas tout entier, c'est que la

(1) Pauli *Epist. ad Rom.*, V. 20.
(2) *Ecclesiasticus*, XXVI, 12.
(3) *Proverb.*, V, 3.
(4) *Evang.* Joannis, III, 8.

fin en est, dans notre manuscrit, très incorrecte. Nous y rencontrons plus d'une phrase qu'il est, non seulement difficile, mais impossible de comprendre. On n'a pas été sans remarquer, dans ce que nous avons tiré, non sans peine, d'un manuscrit défectueux, plus d'un passage d'un style très littéraire. C'est le style du diacre Lothaire, le style du traité *De contemptu mundi,* trop chargé, selon notre goût, d'ornements italiens, mais dont la grâce affectée n'est certes pas sans attraits.

13442

Dans ce volume, qui paraît être des premières années du XIIIe siècle, nous avons d'abord des extraits mêlés d'Augustin, de Maxime, d'Ambroise, de Jean Chrysostome, de Jérome, de Bède. Les noms des auteurs se lisent en tête de presque tous ces extraits.

Au fol. 11, un poème en vers élégiaques léonins, que nous croyons inédit et qui mérite d'être connu. Le voici :

Hoc metro tactus sic corporis inspice lapsus
    Ut quid sis teneas et quod habes timeas.
Debilitas carnis aciem turbat rationis,
    Pertrahit ad vitium, ducit ad exitium.
Si perpendat homo quis sit vel cujus imago,
    Vel quo deciderit quove loco fuerit,
Vel quo deveniet, perfectus ad omnia fiet
    Omne malum nolet, sed bona cuncta volet.
Esurit atque sitit, comedit, bibit atque quiescit ;
    Sed redit esuries, transit et ipsa quies;
Est opus ut comedat rursum, bibat atque quiescat,
    Ne, si non faciat, corporis aula ruat.

Vestibus ambitur, lino, lanis operitur;
Ut calet, aura placet; friget et aura nocet.
Ventus, tempestas gravat hunc, autumnus et æstas;
Temperies veris, frigus obest et hiemis.
Cum labor est, requiem; requies, vult esse laborem;
Sed labor et requies, sed gravat omne quod est.
Perpetitur culices, pulices et mille dolores;
Cum dolor unus abest, jam dolor alter adest.
Febres incurrit, dolet et medicamina quærit;
Et medicina placet, sed medicina nocet.
Vitam debilitas aut ultima subtrahit ætas,
Et species carnis terra fit atque cinis.
Hoc caro perpetitur, sed, si bene perspiciatur
Quæ patitur ratio, militat omnis homo.
Gaudet, tristatur, torpet, ridet, lacrymatur,
Fervet avaritia, rumpitur invidia,
Ira turbatur; sic curis exagitatur
Ut quæ vita placet tædia mille paret.
Laudibus inflatur, sed probris exanimatur,
Adversis mæret, prosperitate tumet.
Hunc spes impellit, formido timorque repellit
Quod spernit repetit, quod voluit rejicit.
Hunc agit ambitio, fastus tenet atque libido,
Ex ovis quorum pullulat omne malum.
Sed damnosa duo, gula scilicet atque cupido,
Mentem perturbant, dilacerant, hebetant.
Carni quid faciunt? Infirmant atque resolvunt;
Hæc ex carne vigent, ex ratione rigent.
Ergo doma carnem si vis evadere mortem;
Præsideat ratio, serviat ipsa caro.
Si vallum cordis pulsat tentatio carnis,
Non tibi concubitus causa sit interitus.
Collige quid carnis dulcedo; quid est nisi vermis;
Collige quod facies pulchraque cæsaries,
Formaque membrorum speciosus et ordo colorum,
Marcent, prætereunt, intereunt, pereunt.
Namque caro moritur, putet, putret, atque creantur
Ex illa vermes, solvitur in cineres.
Si gula te cruciat, ne mortis iter tibi fiat,
Collige quod pomo corruit omnis homo.

Vile quidem pomum; febris est gravis et grave lethum;
Mors autem gravior, quam sitis atque fames,
Quam fœtor fœdus, frigus comitatur et æstus,
Et dolor et fletus perpetuusque metus.
Sunt illic vermes, serpentes atque dracones;
Respectu terrent, morsibus, igne nocent.
Mordent atque ligant sulfurque vomendo fatigant.
Hæc reprobos torquent. Sed graviora manent.
Ignis eos punit, sed non consumit et urit;
Urit, non lucet, lucet et inde nocet.
Lucet et obscurat, sed lucet ut amplius urat;
Ad cumulum pœnæ lux manet et tenebræ.
Quidquid eos torquet sic torquet ut esse reservet;
Semper pœna ferit, nec tamen esse perit.
Sic misera sorte miseris fit mors sine morte;
Finis non finit, mors ibi non perimit.
Ergo gulam retine, tactum linguamque coerce,
Ne gula te damnet linguaque præcipitet.
Auditum cohibe, crimen quoque carnis abhorre,
Claude vias mortis omnibus illicitis.
Ne careas vita ludos, spectacula vita;
Multis lux oculi dux fuit exitii.
Visu peccavit quæ nos huc præcipitavit;
Vidit, concupiit, edit et interiit.
Visus Samsonem pessumdedit et Salomonem;
David eo cecidit, sed lacrymis rediit.
Ut fugias mortem, vivens infer tibi mortem;
Appete quod prodest, respue quidquid obest.
Pauperibus largus, tibi vive per omnia parcus;
Vestes atque cibus sint tua pauperibus.
Continua fletum ne perdas vivere lætum,
Pro culpis lacrymæ sint tibi deliciæ.
Jejuna, vigila, commissa pia prece vela;
Respue divitias et fuge delicias,
Divitiæ multis iter obstruxere salutis,
Multos argentum traxit ad interitum.
Concubitus hora districti judicis ira,
Momento coitus provenit interitus,
Defluit ad mortem quidquid profertur in orbem,
Quidquid in hoc oritur præterit et moritur.

Gloria, divitiæ, decor et genus et decus omne
    Mortem non adimunt, vivere non redimunt.
Non vitæ metas pietas, non prorogat ætas,
    Non puer aut juvenis mortis abit laqueis.
Cur ergo vermis, cur terra cinisque superbis?
    Terra, cinis fuimus, hoc sumus, hoc erimus.
Cum sis ergo cinis, memor esto per omnia finis;
    Si finis bonus est, non tibi finis obest.
Esto memor cineris in quo tandem morieris;
    Ut facias humilem te reputa cinerem.
Hic tibi propone quod eris moriens in agone,
    In lecto cineris tu quoque pulvis eris.
Spiritus obsistet ne mors invisa subintret;
    Sed quia non poterit vincere, victus erit;
Spiritus aufugiet, caro mortua tabida fiet;
    Sic caro per mortem defluet in cinerem.
Esto memor Sathanæ : quis sit, quem te velit esse
    Mortis in articulo suggeret ipse Deo.
« Hic meus est dicet, meus esse per omnia debet,
    Nam mihi dum licuit serviit ut potuit;
Quæ volui fecit, tua jussa salubria sprevit,
    Vivens innumeris subjacuit vitiis;
Hic tecum factum violavit apostata pactum,
    Noluit esse bonus, noluit esse tuus.
Vitam vitavit, mortem moriturus amavit;
    Quod fugiit careat, quod petiit teneat.
Damnetur mecum, tua linea judicet æquum;
    Noluit esse tuus, horreat esse meus.
Nec bene decessit, nec dum vixit bene vixit;
    Concordet vitæ regula justitiæ;
Flammis uratur, in pœnis experiatur
    Quam sit non tutum spernere velle Deum. »
Sic accusabit, sic ante Deum reprobabit,
    Sic ut te damnet lividus anguis aget.
Si deceptibilis sic de te judicet hostis,
    Quid judex faciat qui Deus omne videt?
Judex districtus, cujus reprobos manet ictus,
    Non est terrenis judicibus similis.
Judex a vero terrenus flectitur auro,
    Et vili pretio flectitur obsequio,

Non vis, non pretium, non gratia distrahit illum,
Causarum tantum respicit ad meritum.
Ut faciat rectum judex non exigit aurum,
Cujus judicium non capit effugium.
Non digiti tactus, non hunc oculi latet ictus;
Omnis ei motus esse videtur opus.
Hic motus mentis, videt hic abscondita cordis;
Cuncta videt solus cum sit ubique Deus.
Non opus est teste, reus est testis sibi quisque,
Nam quicumque perit se quoque teste perit.
Nullus salvatur si judicium comitatur;
Omnibus hoc claret quod pietate caret.
Ergo dum vivis te corrige ne moriaris,
Nam nisi corrigeris perpetuo moreris,
Ut victor mortis aditum claudat tibi mortis,
Qui dedit esse tibi sit Deus omne tibi!

Quelques-uns de ces vers sont anonymes dans les n°s 123 de Valenciennes et 115 de Saint-Omer. Une partie considérable, commençant par *Ergo doma carnem*, est, sous le nom d'un pape Victor, *Admonitio Victoris papæ,* dans les n°s 5076 (fol. 84), 16216 (fol. 250) de la Bibliothèque nationale, 218 d'Orléans et 704 de Berne. Le tout est attribué conjecturalement à l'évêque du Mans Hildebert par le rédacteur du catalogue de Boulogne-sur-mer, sous le n° 64, et l'auteur est nommé *Joseph Homo Dei* dans le manuscrit que nous décrivons présentement.

Quel est ce Joseph? Aucun bibliographe ne paraît avoir recueilli son nom, et l'on ne peut admettre sans hésitation qu'un poème estimé, souvent copié, soit d'un auteur qui n'ait pas donné quelque autre occasion de le connaître. On l'attribuerait plus volontiers à Hildebert. Il est en effet de son temps, il offre un assez grand nombre de vers ingénieux, bien tournés, qui ne sont pas indignes de lui, et l'on y remarque, on y blâme, ce qu'il n'a pas toujours pris le soin d'éviter, l'abus des répétitions inutiles. On doute cependant qu'un poète si connu soit l'auteur véritable de ces vers parmi lesquels, à côté des bons, il y en a beaucoup de mauvais. Reste le pape Victor. Une autre copie, portant aussi le nom de ce pape Victor, ayant été signalée par Sanders chez les moines de Saint-Martin de Tournay, Fabricius s'est demandé si ce pape Victor ne serait pas Victor III. Victor III, ancien abbé du Mont-Cassin, était, on le sait, un lettré. On a de lui d'autres vers. La conjecture de Fabricius n'est donc pas invraisemblable. Ce n'est là pourtant qu'une conjecture.

Les n°s 5075 et 12216 de la Bibliothèque nationale et 64 de Boulogne nous ont permis de corriger quelques mauvaises leçons de notre manuscrit.

Nous avons, après ce poème, du feuillet 13 au feuillet 26, une nouvelle série d'extraits. Sont cités : Grégoire, Augustin, Origène, Isidore et les Proverbes de Salomon.

Du feuillet 26 au feuillet 48, les extraits sont anonymes ; mais nous pouvons indiquer l'auteur de la plupart, de tous peut-être. C'est Hugues de Saint-Victor. On les trouvera dispersés dans les différents livres de ses *Mélanges*.

Le fragment qui commence, au fol. 41, par *Arca est secretum Dei* se lit aussi dans le n° 13181 (fol. 44). L'auteur nous est inconnu. Au fol. 45, un extrait d'Haimon ; au fol. 46, d'autres de saint Jérome. Au fol. 56 et suivants, des fragments anonymes sur les obligations de la vie monastique. Mais ici l'auteur nous est bien connu; ces fragments sont, en effet, empruntés au traité de saint Bernard *De præcepto et dispensatione.*

Au feuillet 60, les trois premiers chapitres des *Allegoriæ in Novum testamentum,* dont l'auteur, à notre avis, le plus probable est Hugues de Saint-Victor. Ces chapitres sont ici sous le nom de Pierre le Mangeur; mais nous avons dit et nous répétons que cette attribution n'est pas fondée (1).

Au feuillet 61, sans nom d'auteur, un sermon commençant par : *Videns Jesus turbas... — Quod Dominus octonarium, per quem ad octo beatitudines pervenitur...* Ce sermon a le n° 28 dans la collection des *Sermones centum* publiée, *Patrol.*, t. CLXXVII, sous le nom de Hugues de Saint-Victor. Nous croyons avoir prouvé que ces cent sermons ont pour auteur quelque autre religieux de son ordre (2). Si notre manuscrit ne nous dit pas son nom, il nous fait supposer qu'il a dû vivre dans les dernières années du XIIe siècle.

Au feuillet 63, *Expositio dominicæ orationis secundum mag. P. Manducatorem,* commençant par : *Inter omnia quæ fragilitas humana facere potest.* Le n° 3686 de la Bibliothèque impériale de Vienne attribue cette *Exposition* à Henri de Hesse. L'âge de notre manuscrit prouve clairement que c'est là une fausse attribution. Mais l'auteur n'est pas non plus

(1) Tome I, p. 29.
(2) *Les Œuvres de Hug. de St.-Victor,* p. 219 et suiv.

Pierre le Mangeur. Nous avons dit que c'est incontestablement Hugues de Saint-Victor (1).

Du fol. 65 au fol. 83, sans le nom de l'auteur, les quatre premiers livres des *Allégories* sur le nouveau Testament qui, dans le tome CLXXV de la *Patrologie,* figurent parmi les *Exegetica dubia* de Hugues de Saint-Victor. Nous avons dit que l'attribution de ces *Allégories* au célèbre Victorin nous paraît plus fondée que toute autre. Les différénts chapitres dont elles se composent ne sont pas ici rangés en même ordre que dans l'édition.

Une remarque particulière est à faire sur un chapitre des *Allégories* sur saint Marc, le troisième, qu'on lit au fol. 66 de notre manuscrit. Ce chapitre a deux fois été publié dans l'édition; c'est encore, en effet, le vingt-neuvième des *Sermons centum.* Où cette pièce doit-elle être maintenue ? Elle doit l'être, pensons-nous, dans les sermons, ayant la dimension et la forme d'un sermon. Hugues de Saint-Victor n'en est donc pas l'auteur.

Au fol. 83, sans aucun titre, *Ibo mihi ad montem... Sponsus quidam loquitur.* Nous avons déjà cité cette paraphrase du Cantique sous les n°s 3833 (2) et 12029 (3). Nous la rencontrerons plus d'une fois encore. Elle est, répétons-le, de Hugues de Saint-Victor.

Du fol. 86 au fol. 90, d'autres fragments dont le dernier est incomplet. Le premier commence par : *Tria sunt genera hominum Deo servientium. Alii Deo*

(1) Tome I, p. 30, 210.
(2) *Ibid.*, p. 250.
(3) Ci-dessus, p. 56.

serviunt pro quocumque timore. L'auteur nous est inconnu. Du fol. 90 au fol. 94, de nouveaux fragments dont le premier a pour début : *Mundus iste et adeo divisus est et in seipso divisus.* Une autre copie, pareillement anonyme, est dans le n° 11261 (fol. 145). Au fol. 94, des extraits de saint Augustin, de saint Jérome, de saint Isidore. Les auteurs sont nommés.

Au fol. 95, un très court traité sur la Trinité, commençant par : *Si inseparabilia sunt opera Trinitatis, omnia quæ facit Pater facit Filius.* Nous n'en connaissons pas l'auteur, ni celui des fragments qui suivent et qui paraissent sans intérêt.

Au fol. 98, un sermon commençant par : *Mulierem fortem quis inveniet? — Mulier fortis Ecclesia catholica vocatur; mulier videlicet quia spirituales Deo filios...* Le scribe n'en a pas nommé l'auteur, et nous en avons recherché vainement une autre copie.

Au fol. 100, un traité sur la pénitence dont nous avons un autre exemplaire anonyme dans le n° 14869 (fol. 86). Il commence par : *Sacramentum pœnitentiæ redeuntibus ad Dominum semper est necessarium.*

Du fol. 107 au fol. 110, des maximes diverses, et, du fol. 110 au fol. 115, cinq sermons anonymes que nous allons particulièrement mentionner :

1° *Venit Elias in Bersabee... — Elias interpretatur Dei admonitio; quæ interpretatio beato Benedicto non incongrue potest aptari.* Ce sermon, en l'honneur de saint Benoît, est d'un religieux bénédictin.

2° *Dixit Simon Petrus ad Dominum... — Vox Simonis Petri loquentis ad Jesum significat eorum affectum qui quasi a læva...* L'auteur est aussi quelque régulier.

3° *Audite, insulæ... — Monet Dominus ut audiamus; sed qualem auditum a nobis requirat quæramus.*

4° *Fuit homo missus a Deo... — Duos nuntios misit Dominus in hunc mundum.* Un autre exemplaire anonyme est dans le n° 3301 C (fol. 41).

5° *Dixit Jesus Petro : Tu es... — Per regnum cœlorum divina Scriptura intelligitur.* Ce sermon est incomplet.

Le volume se termine par un commentaire sur le Cantique des cantiques attribué tantôt au Vénérable Bède, tantôt à Rémi d'Auxerre, tantôt à Haimon, évêque d'Halberstadt. Ce commentaire est, dans notre manuscrit, sous le nom d'Haimon et les auteurs de l'*Histoire littéraire* avaient admis cette attribution dans leur tome V, p. 115; mais dans leur tome VI, p. 107, ils l'ont réfutée, ayant, disent-ils, reconnu que l'auteur véritable est Rémi.

13468

Quoique ce volume soit de très petite dimension, nous ne pourrons le décrire en peu de mots. Les pièces qui le composent sont, en effet, nombreuses, et nous avons à fournir sur quelques-unes des renseignements nouveaux. Nouveaux et inattendus; ce qui nous obligera de les justifier par des preuves.

La première de ces pièces très diverses finit au feuillet 32 par ces mots : *Explicit Summa magistri Raimundi.* Cela n'est déjà pas exact. Nous n'avons pas ici la *Somme* de Raymond; nous n'en avons que des extraits. Raymond cite un grand nombre de textes canoniques à l'appui de toutes ses décisions; or, l'auteur de nos extraits a retranché ces textes et n'a même transcrit que les décisions les plus importantes.

Au feuillet 32 : *Summa de confessionibus.* Encore un titre trompeur, car il fait supposer un traité complet sur la confession, tandis que l'opuscule, qui ne remplit pas même huit pages, est un simple questionnaire à l'usage des confesseurs. Ce questionnaire reproduit avec plus ou moins de fidélité les derniers chapitres du *Tractatus novus de pœnitentia* de Guillaume d'Auvergne.

La première colonne du feuillet 36 est occupée par quelques vers. Ceux que l'on rencontre d'abord sont trois dactyliques, dont le premier est :

> Pauper amabilis et venerabilis et benedictus...

Ces trois vers ont été pris par le copiste à l'un des six poèmes *De contemptu mundi* que l'on a cru devoir attribuer à saint Bernard; à celui qui débute par des saluts au jeune Rainaud :

> Chartula nostra tibi portat, Rainalde, salutes...

Ce qui vient après, commençant par

> In re terrena nihil est aliud nisi pœna...

est un emprunt fait à un autre des six poèmes. Il y a dans notre volume deux copies de ce fragment; la seconde est au revers du feuillet 131. Que ces indications soient jugées suffisantes. Nous avons ailleurs discouru sur les six poèmes et, croyons-nous, prouvé que pas un n'est de saint Bernard (1).

La colonne désignée finit par une pièce entière, en vers rythmiques, intitulée : *Magister Alanus de miseria mundi.* Cette pièce est anonyme dans les n°s 893 de Tours et 392 de Douai; mais on ne doute pas qu'elle ait pour auteur Alain de Lille. Elle est d'ailleurs imprimée dans ses Œuvres, au tome CCX de la *Patrologie,* col. 579. Dom Brial estime que, si la matière en est banale, la forme en est « très élégante (2) ». Cette matière banale est : nous durons ce que durent les roses, « l'espace d'un matin ; » mais la forme, imitée par nos poètes français du XVIe siècle, ne manque pas, en effet, d'élégance; c'est ce qu'on va reconnaître en lisant cette strophe :

Nostrum statum pingit rosa,
Nostri status decens glosa,
  Nostræ vitæ lectio ;
Quæ, dum primo mane floret,
Defloratus flos effloret
  Vespertino senio.

A la suite, deux feuillets de questions théologiques très sommairement résolues, et, au bas du second feuillet, huit vers intitulés : *De creatione mundi.* C'est le début de l'*Aurora* de Pierre Riga.

Mais nous ne connaissons pas l'auteur ou les auteurs des pensées diverses dont le recueil commence au feuillet 38 et finit au feuillet 43. Quelques-unes de ces pensées sont ingénieuses; d'autres, qui le sont moins,

(1) *Des poèmes lat. attr. à S. Bernard,* p. 1, 11.
(2) *Hist. littér. de la Fr.,* t. XVI, p. 411.

offrent des traits de mœurs. Plusieurs nous semblent devoir être citées :

Fol. 38, col. 2. Sus, dum est in pisaria (1) et ei clamatur ut exeat, unam aurem sublevat, nec tamen relinquit, imo pascit, et, si ex altera parte clamatur, aliam sublevat, et auscultat. Ita possunt dici quidam audientes verbum Dei et qui, dum audiunt vocem prædicatoris aurem extollentes, non relinquunt peccatum.

Col. 3. Est quidam ludus cæcorum quibus porcus vel anser datur ad fugandum et percutiendum, et sæpe non porcum errantes, sed consocios suos lædunt ; ita quidam possunt dici cæci, qui, cum fugare diabolum debeant, sæpius detrahendo socios percutiunt.

Col. 4. Consuetudo est quod, quando miles civitatem vel castrum debellavit, signum suum imponat ad significandum videntibus quod debellatum est castrum, et hoc est signum victoriæ ; mulieres enim ornatu meretricio ornatæ signum victoriæ diaboli super caput suum portant. Undé hoc signum portare nihil aliud est quam diaboli debellationem ibi esse.

Fol. 39, col. 3. In curia Remensi cervus est æneus (2), qui, quamvis nectare semper impleatur, ita per os suum evomit illud quod nihil saporis retinet. Ita potest dici de quibusdam prælatis qui, quamvis lac et mel sanctæ prædicationis proferant ab ore suo, nihil tamen odoris retinent vel saporis.

Même col. Quidam, ut dicitur, fuit episcopus simoniacus et viatico in morte caruit. Hoc audiens quidam laicus dixit : « Quid mirum si in morte eo caruit qui toties in vita eum vendidit ! »

Fol. 41, col. 1. Divites portitores habent qui non sinunt intrare nisi bene cappatos et ornatos, pauperes vero repellunt. Sic faciunt gulosi nostri temporis, qui suarum sunt

(1) Champ de pois. Voir le *Glossaire* de Du Cange.

(2) Ce cerf d'airain avait été placé, au XIe siècle, dans la cour archiépiscopale de Reims, par l'archevêque Gervais, qui, né dans le Maine, était, comme les gens de son pays, grand chasseur. Voir *Histoire littér. du Maine*, t. V, p. 240.

portarii gularum, nec sinunt intrare nisi bonos lucios magnos et pretiosa cibaria; vinum parvi pretii, licet esset melius, non biberent, nec pannum parvi pretii supervestirent.

Col. 2. Quid proficeretur latroni qui duceretur ad patibulum si per pratum pulchrum et floridum duceretur et in exitu prati suspenderetur?... Sic est de deliciose viventibus, quia, ut Job dicit, ducunt in bonis dies suos et in puncto ad inferna descendunt.

Fol. 43, col. 1. Bonum forum trahit argentum de bursa; ergo bonum forum quod facit nobis Deus nemo debet refutare, qui pro nihilo salvos nos fecit; sed nos facimus quasi rusticus qui, aliquo prædicante, cum audiret aliquod bonum verbum, aperiebat bursam quasi statim daturus, sed verbo transacto bursam claudebat. Quo percepto, prædicator dixit : « Habeo scumarium (sic) cui qui offert pecus vel unicum non moritur in hoc anno. « Quo audito, rusticus statim obtulit denarium. Cui sacerdos : « O vere bestia ! Audito commodo temporali, obtulisti; audito præmio vitæ æternæ, surdus non curasti. » Sic multi in hoc mundo, ut clerici qui, dum serviunt in curia regis vel alicujus potentis, tantum laboris et vigiliarum possunt sustinere, ita graves sint, qui vix possunt audire horas suas nisi jacentes more bestiarum.

Du feuillet 43 au feuillet 53, soixante fragments de sermons, dont quelques-uns sont très courts ; mais, plus ou moins courts, ils n'ont, les uns et les autres, aucun intérêt.

Nous avons ensuite quelques explications sur l'origine des Rogations et sur la nature, la forme et la vertu des larmes. Puis quatre vers, en l'honneur de la paix, qu'on rencontre aussi dans le n° 521 de Saint-Gall. Il suffit de citer le premier :

Pax animam nutrit, retinet concordia pacem...

Enfin une brève dissertation sur le tempérament

moral des bons opposé à celui des méchants et quelques anecdotes empruntées à la *Vie des Pères* terminent cette partie du volume.

A ces fragments succède un pénitentiel intitulé : *Tractatus mag. Petri Cantoris de pœnitentia.* Mais c'est un titre faux. Nous l'avons montré dans notre notice sur le nº 5504 (1). L'auteur certain est Alain de Lille.

Au feuillet 64, sous ce titre : *Quod quatuor modis tribulantur corda sanctorum in hoc sæculo*, un court traité dont nous ignorons l'auteur. A la suite, plusieurs extraits de saint Jérôme, de saint Augustin, d'Origène, etc., des notes diverses et même, au bas du feuillet 70, ces vers :

Prima dies venæ modicæ sit provida cenæ,
   Læta secunda dies, tertia tota quies.
Prima cibum coitumque sequens, vetat altera lucem.

On a souvent mis en vers ces préceptes hygiéniques. Nous lisons ailleurs :

Prima dies venæ modicæ sit dedita cenæ (2)...

Ailleurs encore :

Prima dies venæ gaudet moderamine cenæ (3)...

Ou bien, car les variantes surabondent :

Prima dies venæ tibi sit moderatio cenæ (4)...

Nous signalons tout, devant tout signaler; mais,

(1) Tome I, p. 242.
(2) Bandini, *Cat. Bibl. Leopold.*, t. II, c. 167.
(3) Nºˢ 263 et 277 de la biblioth. de Munich.
(4) Bibl. nationale, lat. 14809, fol. 312, et bibliothèque de Berne, 28 A.

comme on l'a sans doute déjà remarqué, il y a dans notre manuscrit bien des pages occupées par de vaines rapsodies. Ce qui suit mérite beaucoup plus d'attention.

Au feuillet 72 : *Incipit liber Senecæ de copia verborum.* Fabricius n'a cité cet opuscule que d'après un catalogue, et, ne l'ayant pas lui-même rencontré, il n'en a pu faire connaître l'objet (1). La Bibliothèque nationale en conserve au moins treize copies, et les catalogues en indiquent beaucoup d'autres ailleurs ; c'est pourquoi l'on ne s'explique guère comment Fabricius ne l'a mentionné que sur la foi de Tomasini. C'est un traité de morale, et de bonne morale, dont le style inégal n'a pas toujours la même élégance, le même mouvement, mais qui, l'on saura bientôt pourquoi, n'est jamais barbare. Quel est l'auteur ? Nous ne saurions le nommer ; mais nous pouvons, du moins, l'indiquer sûrement. C'est un faussaire d'ailleurs connu ; c'est l'auteur des prétendues lettres de Sénèque à saint Paul et de saint Paul à Sénèque. En effet, à la fin de la cinquième lettre de Sénèque à l'illustre apôtre, on lit : *Misi tibi* Librum de verborum copia. *Vale, Paule carissime* (2) ; et conséquemment, dans plusieurs manuscrits, aux fausses lettres de Sénèque succède le livre intitulé : *Liber de verborum copia, quem misit Paulo apostolo* (3). Il y a plus : une copie de ce livre finit, comme finissent les lettres, par cet amical salut : *Vale, mi Paule* (4). A la

(1) *Bibliotheca lat.*, t. II, p. 121.
(2) *Œuvres de Sénèque*, édit. de Lemaire, t. IV, p. 477.
(3) Bibliothèque nationale, man. lat. 12295, fol. 153.
(4) Bibl. nat., man. lat. 6766 A.

vérité, cette copie n'a pas en elle-même beaucoup d'autorité, car elle est presque moderne; mais elle est faite sur une autre, et cette autre était peut-être d'une très respectable antiquité. Rien, toutefois, ne vaut ce témoignage précis : *Misi tibi Librum de copia verborum*. Peut-on néanmoins douter que le fabricateur des lettres ait lui-même fabriqué le livre qu'il fait envoyer à saint Paul par Sénèque? Il ne semble pas que le doute soit possible. D'une part, ce livre, comme nous allons le montrer clairement, ne peut être de Sénèque, et, d'autre part, s'il avait été mis sous son nom entre les mains du public plus ou moins de temps avant la confection des lettres, quelque ancien l'aurait connu, l'aurait cité. Enfin pourquoi supposer deux faussaires? C'est bien assez d'un.

Nous allons dire maintenant ce qu'est ce *Liber de copia verborum*. Et d'abord le titre en est obscur et nous ne l'avons compris qu'après avoir lu le livre, qui traite successivement du courage, de la continence, de la justice, de la prudence, de la pauvreté, de la philosophie, etc., chacun de ces mots étant la matière d'un chapitre particulier. C'est pourquoi nous traduisons *Liber de copia verborum* par « Livre sur un grand nombre de mots ». Montrons ensuite suivant quel procédé le faussaire l'a composé. Il s'agissait pour lui, comme on l'a dit plus d'une fois à l'occasion des lettres, de prouver que, si Sénèque avait été bon moraliste, c'est qu'il avait appris la morale à l'école de saint Paul. C'est à la même démonstration que tend le *Liber de copia verborum*. Mais, s'il l'avait écrit lui-même tout entier, si tout ce livre était de son style, on aurait pu remarquer plus ou moins de différences entre le style de Sénèque et le sien. Qu'a-t-il donc fait, pour donner moins de prise à cette remarque ? Il a composé toute une partie de son livre de phrases empruntées aux *Épîtres* authentiques de Sénèque, retranchant avec soin les paraphrases littéraires dont la présence aurait fait voir que Sénèque avait professé de si pures doctrines quand il était encore païen. De cela nous avons à fournir la preuve : preuve qui, nous pouvons le dire par avance, sera certainement jugée convaincante. Voici donc, d'après notre manuscrit, le huitième chapitre du *Liber de copia verborum* :

De mente.

Primum argumentum compositæ mentis existimo posse consistere et secum morari. Ægri animi est ista jactatio, discurrere et locorum varietatibus inquietari. Nusquam est qui ubique est. Certis ingeniis innutriri et immorari oportet, si velis aliquid trahere quod in animo fideliter sedeat. Peregrinantes hospitia multa habent, nullas amicitias. Non prodest cibus, neque corpori proficit, qui statim sumptus emittitur ; nihil æque sanitatem impedit quam remediorum crebra mutatio. Non convalescit planta quæ sæpe transfertur ; nihil tam utile est ut in transitu prosit. Fastidientis stomachi multa degustare : quæ, ubi varia et diversa sunt, inquinant, non alunt. Ex pluribus ergo quæ legis aliquid apprehende.

Eh bien, tout cela se lit dans la deuxième des *Épitres* authentiques de Sénèque. Quelques phrases ont été légèrement modifiées et les maximes se succèdent dans un ordre différent. Ne rien changer eût été de l'imprudence. Mais, comme on va le voir, c'est dans l'ordonnance que consiste le principal changement. Nous ne reproduirons pas, ce qui serait inutile, la lettre entière; mais voici toutes les phrases qu'en a tirées le faussaire. Sénèque écrit à son ami Lucilius :

Non discurris, nec locorum mutationibus inquietaris. Ægri animi ista jactatio est. Primum argumentum compositæ mentis existimo posse consistere et secum morari... Certis ingeniis immorari et nutriri oportet, si velis aliquid trahere quod in animo fideliter sedeat. Nusquam est qui ubique est. Vitam in peregrinatione exigentibus hoc evenit ut multa hospitia habeant, nullas amicitias... Non prodest cibus, nec corpori accedit, qui statim sumptus emittitur; nihil æque sanitatem impedit quam remediorum crebra mutatio... Non convalescit planta quæ sæpe transfertur; nihil tam utile est ut in transitu prosit... Fastidientis stomachi est multa degustare : quæ, ubi varia sunt et diversa, inquinant, non alunt... Ex pluribus quæ legi aliquid apprehende.

On voit l'artifice. Passons au chapitre neuvième. Tel en est le texte :

De paupertate.

Aliquid quotidie adversus paupertatem, aliquid adversus mortem auxilii compara. Honesta res læta paupertas. Illa vero non est læta, si pauper. Non qui parum habet, sed qui cupit plus, pauper est. Non puto pauperem esse cui, quantulumcumque superest, sat est. Primus divitiarum modus est habere quod necesse est; proximus, quod satis est. Malo serves tua, et bono tempore uti incipies. Sera parcimonia in fundo est. Magnæ divitiæ sunt lege naturæ composita paupertas. Nudum latro transmittit, etiam in obsessa via. Pauperi pax est. Paupertas contenta est desideriis instantibus satisfacere. Parvo fames constat, magno fastidium. Non potest studium salutare fieri sine frugalitis cura. Frugalitas paupertas voluntaria est. Si ad naturam vixeris, nunquam eris pauper; si ad opiniones, nunquam dives. Dubitabit aliquis ferre paupertatem ut animum furoribus liberet? Naturæ se sapiens accommodat. Multis parasse divitias non finis miseriarum fuit, sed mutatio. Non est in rebus vitium, sed in animo. Quemadmodum nihil refert utrum ægrum in ligneo lecto aut in aureo colloces; quocumque illum transtuleris morbum suum secum transferet; sic nihil refert utrum æger animus in divitiis an in paupertate ponatur; malum illum suum sequitur. Animo imperandum est ut voluptatibus abstineat; certissimum argumentum firmitatis suæ capit si ad blanda et in luxuriam trahentia nec it nec abducitur. Licet sine luxuria agere diem festum; contentus esto vilissimo et minimo cibo, dura atque horrida veste; in ipsa securitate animus ad difficilia præparetur et contra injurias fortunæ inter beneficia firmetur. Grabatus ille verus sit et panis durus ac sordidus. Hoc triduo et quatriduo fer, interdum pluribus diebus, ut non sit lusus, sed experimentum; tunc intelliges non opus esse fortuna. Ad hoc enim quod necessitati sat est exerceamur, et, ne imparatos nos fortuna deprehendat, fiat nobis paupertas familiaris. Non est jocunda res aqua et polenta. Nemo est alius Deo dignus quam qui opes contempsit. Redige te ad parva, ex quibus cadere non possis. Multum est non corrumpi vitiorum contubernio. Magnus ille est qui in divitiis pauper est. Nemo nascitur dives; quisquis exit in lucem panno et lacte contentus est.

La façon de procéder n'est plus ici la même. En effet si tout ce que nous venons de transcrire appartient aux *Lettres* de Sénèque, une seule lettre n'a pas tout fourni, comme nous allons le faire voir:

Aliquid quotidie adversus paupertatem, aliquid adversus mortem auxilii compara... « Honesta, inquit Epicurus, læta paupertas. » Illa vero non est paupertas, si læta est. Non qui parum habet, sed qui plus cupit, pauper est... Quis sit divitiarum modus quæris? Primus, habere quod necesse est; proximus, quod sat est. (*Epist.* 2.)

Non puto pauperem cui, quantulumcumque superest, sat est. Tu tamen malo serves tua, et bono tempore uti incipies. Sera parcimonia in fundo est. (*Epist.* 1.)

Magnæ divitiæ sunt lege naturæ composita paupertas. (*Epist.* 4.)

Nudum latro transmittit, etiam in obsessa via. *Epist.* 14.)

Parvo fames constat, magno fastidium. Paupertas contenta est desideriis instantibus satisfacere... Frugalitas paupertas voluntaria est... Dubitabit aliquis ferre paupertatem ut animum furoribus liberet... Naturæ se sapiens accommodat... Ab Epicuro mutuum sumam : « Multis parasse divitias non finis miseriarum fuit, sed mutatio. » Noc hoc miror : non est enim in rebus vitium, sed in ipso animo... Quemadmodum nihil differt utrum ægrum in ligneo lecto an in aureo colloces; quocumque illum transtuleris morbum suum secum transferet; sic nihil refert utrum animus æger in divitiis an in paupertate ponatur; malum suum illum sequitur. (*Epist.* 17.)

Animo imperandum est ut tunc voluptatibus solus abstineat cum in illas omnis turba procubuit... Certissimum argumentum firmitatis suæ capit si ad blanda et in luxuriam trahentia nec it nec abducitur... Licet enim sine luxuria agere festum diem... Contentus minimo ac vilissimo cibo, dura atque horrida veste, dicas tibi : Hoc est quod timebatur ? In ipsa securitate animus ad difficilia se præparet et contra injurias fortunæ inter beneficia firmetur... Grabatus ille verus sit et sagum et panis durus ac sordidus. Hoc triduo et quatriduo fer, interdum pluribus diebus, ut non lusus sit, sed experimentum. Tunc mihi crede, Lucili, exultabis... et intelliges ad securitatem non opus esse fortuna ; hoc enim quod necessitati sat est debet etiam irata... Exerceamur ad palum, et, ne imparatos fortuna deprehendat, fiat nobis paupertas familiaris... Non enim jucunda res est aqua et polenta, aut frustum hordacei panis... Nemo alius est Deo dignus quam qui opes contempsit. (*Epist.* 18.)

Citons encore le chapitre suivant. Ainsi nous le lisons dans notre manuscrit :

De vitiis.

Ita vive ut nihil tibi committas nisi quod committere inimico tuo possis ; sed quia interveniunt quædam, quæ consuetudo fecit arcana, cum amico tuo omnes curas, omnes cogitationes misce. Fidelem si putaveris, facies; nam quidam fallere docuerunt dum falli timent. Diu cogita an tibi aliquis recipiendus sit in amicitiam, Cum placuerit fieri, toto illum pectore admitte; tam audaciter cum eo loquare quam tecum. Si aliquem amicum existimas, cui non tantumdem credis quantum tibi, vehementer erras, et non satis nosti vim veræ amicitiæ. Omnia cum amico delibera; sed de ipso prius. Post amicitiam credendum est, ante amicitiam judicandum. Nulla verba coram amico meo retraham. Quidam quæ tantum amicis committenda sunt obviis narrant et in quaslibet aures quidquid illos urit exonerant; quidam etiam rursum carissimorum conscientiam reformidant. Utrumque vitium est et omnibus credere et nulli.

Tout ce chapitre est tiré d'une seule lettre, la troisième; mais ce n'est pas une transcription continue; c'est un arrangement de phrases subtilement déplacées. En fait, il n'y a pas une seule des phrases qu'on vient de lire qui n'appartienne à la troisième lettre de Sénèque; mais elles y sont dans cet ordre :

Si aliquem amicum existimas cui non tantumdem credis quantum tibi, vehementer erras et non satis nosti vim veræ amicitiæ. Tu vero omnia cum amico delibera, sed de ipso prius. Post amicitiam credendum est, ante amicitiam judicandum... Diu cogita an tibi in amicitiam aliquis recipiendus sit. Cum placuerit fieri, toto illum pectore admitte; tam audaciter cum illo loquere quam tecum. Tu quidem ita vive et nihil tibi committas nisi quod committere etiam inimico tuo possis; sed quia interveniunt quædam, quæ consuetudo fecit arcana, cum amico omnes curas, omnes cogitationes tuas misce. Fidelem si putaveris, facies; nam quidam fallere docuerunt dum timent falli... Quare ulla verba coram amico meo retraham?... Quidam quæ tantum amicis committenda sunt obviis narrant et in quaslibet aures quidquid illos urit exonerant; quidam rursus etiam carissimorum conscientiam reformidant... Utrumque... vitium est et omnibus credere et nulli.

On nous dispense assurément de poursuivre cette fastidieuse collation, et l'on nous croit sur parole quand nous affirmons que la suite du traité n'a pas été composée suivant une autre méthode que les chapitres VIII, IX et X.

Mais on se demande peut-être pourquoi nous avons choisi ces chapitres pour faire connaître cette méthode, en laissant de côté les premiers. C'est que nous avons à fournir, sur ces premiers chapitres, des explications tout à fait particulières et dont la nouveauté va certainement causer quelque surprise.

On rencontre, sous le nom de Sénèque, dans un très grand nombre de manuscrits, certain traité de morale communément intitulé : *De quatuor virtutibus*. Il y en a même des éditions et des traductions en diverses langues, où Sénèque est aussi l'auteur désigné. Mais il y a d'autres manuscrits du même traité dans lesquels Martin, évêque de Braga, l'envoyant à Miron, roi de Galice, se l'attribue formellement : *Quem* (librum) *non vestræ specialiter* instituo *potestati, cui naturalis sapientiæ sagacitas præsto est, sed generaliter his* conscripsi *quos ministeriis tuis adstantes hæc convenit legere*. D'où l'on avait certes le droit de conclure que le traité *Des quatre vertus*, rapporté faussement à Sénèque, était de Martin, évêque de Braga. Eh bien, le traité dont cet évêque se dit l'auteur, nous le retrouvons tout entier dans les premiers chapitres du *Liber de copia verborum*. Or, Martin gouvernait l'église de Braga dans les dernières années du VIe siècle ; il est donc prouvé qu'il s'est attribué l'œuvre d'un autre, si l'auteur quelconque du traité *De copia verborum* vivait au plus tard vers le milieu du IVe. De cela l'on ne peut douter. Saint Jérôme et saint Augustin nous disent, en effet, avoir entendu parler des lettres échangées entre le philosophe et l'apôtre (1). Ne les ayant pas lues, ils ne soupçonnent pas la fraude. N'avaient-ils pas, d'ailleurs, quelque intérêt à ne pas la soupçonner ? Quoi qu'il en soit, les lettres existaient quand elles étaient vaguement mentionnées par saint Jérôme, et, ainsi que les lettres, le *Liber de copia verborum* qu'on y voit cité. Il est donc manifeste que l'évêque Martin s'est rendu coupable de ce délit littéraire, facile et commun de son temps, qu'on appelle un plagiat.

Ce plagiat a certainement eu beaucoup de succès. On peut croire que Fortunat fait allusion au traité des *Quatre vertus* quand il félicite Martin d'avoir négligé l'étude des dogmes pour celle de la morale et joint le nom de Cléanthe au sien (2). L'auteur véritable de ce traité n'a peut-être connu Cléanthe que par Sénèque, qu'il connaissait très bien ; mais il n'importe : louer Martin d'avoir remis en honneur la morale stoïcienne, n'est-ce pas le croire auteur de cet écrit à la fois stoïcien et chrétien, le traité des *Quatre vertus ?* Si pourtant Martin n'a pas compté Fortunat parmi ses dupes, certainement il s'est fait croire sur parole par un autre de ses contemporains,

(1) Ch. Aubertin, *Étude crit. sur les rapports supposés entre Sénèque et saint Paul*, p. 18 et suiv.

(2) *Venance Fortunat*, livre V, titre 1.

Isidore de Séville : *Cujus quidem*, dit Isidore, *ipse ego legi Librum de differentiis quatuor virtutum* (1) ; et c'est ce qu'ont, après lui, répété, presque dans les mêmes termes, Honoré d'Autun, Sigebert de Gembloux, Jean de Trittenheim. Ainsi, tandis que les vulgaires copistes s'obstinaient à multiplier les exemplaires du livre sous le nom plus glorieux de Sénèque, les bibliographes, c'est-à-dire les savants, s'accordaient à le rapporter à Martin.

Il y a sans doute quelques dissemblances entre le texte de notre manuscrit et celui du traité publié sous le nom de Martin. Celui-ci paraît avoir modifié l'économie des chapitres qu'il a présentés comme siens au roi Miron, y avoir joint un prologue de six lignes, un épilogue de sept, et, de plus, donné de son chef quelques compléments aux sentences qu'il pillait. Mais ces changements, ces additions ne sont même pas de lui. Ils sont d'un inconnu qui, après avoir détaché de l'ensemble les premiers chapitres du *Liber de copia verborum*, a cru devoir d'abord en grossir un peu le volume, puis en déplacer quelques paragraphes, pour que son *Liber de quatuor virtutibus* eût ainsi l'ordonnance et la dimension d'un vrai traité. Nous n'avons pas vu tous les manuscrits où ce *Liber de quatuor virtutibus* est sous le nom de Sénèque; ils sont trop nombreux. Mais nous en avons, du moins, vu quelques-uns, et tous ceux qu'a mis sous nos yeux le hasard de cette enquête offrent les différences qu'on remarque entre le texte du *Liber de copia verborum*

(1) Isidor. Hispalensis, *De Script. eccles.*, cap. XXII.

et celui de l'opuscule qui suit la lettre au roi Miron. Ce *Liber de quatuor virtutibus* a d'ailleurs été, nous l'avons dit, maintes fois publié ; il l'a même été, sous toutes réserves, par Érasme, par M. Bouillet, dans leurs éditions de Sénèque. Or, que l'on compare ces textes imprimés sous le nom de Sénèque avec celui que contient, sous le nom de l'évêque Martin, le tome LXXII de la *Patrologie*, on verra qu'ils sont tout à fait semblables.

Nous n'hésiterons pas à faire une conjecture sur l'inconnu qui nous a donné tel quel l'extrait du *Liber de copia verborum* intitulé : *Liber de quatuor virtutibus*. Il vivait certainement avant le VIe siècle, puisque l'évêque Martin, ayant rencontré ce livre, se l'est attribué. Remarquons d'ailleurs que les additions et les corrections faites au *Liber de copia verborum* sont du même style que l'œuvre principale, un style orné, travaillé, qui sent le rhéteur, mais qu'on ne peut accuser d'être incorrect. Nous supposons donc que l'œuvre première et l'œuvre seconde sont du même auteur. Quoi qu'il en soit, il est prouvé que du livre imprimé dans la *Patrologie* rien n'appartient à Martin, évêque de Braga, rien, si ce n'est la dédicace ; la dédicace et le titre, car le *Liber de quatuor virtutibus* est plus pompeusement intitulé par le plagiaire : *Formula vitæ honestæ*. — *Titulus libelli est*, dit Martin, *Formula vitæ honestæ, quem idcirco volui tali vocabulo superscribi quod...;* et il donne ses raisons. Mais la vraie, qu'il ne donne pas, c'est qu'il a voulu, par un changement de titre, dissimuler son larcin.

Bien persuadé que Sénèque est l'auteur du *Liber de*

copia verborum, notre copiste a mis à la suite de ce traité l'épitaphe bien connue de Sénèque, que Beaugendre a publiée sous le nom d'Hildebert, Charnart sous le nom de Philippe, abbé de Bonne-Espérance, etc., etc. Mais ce sont là de fausses attributions. Selon Pithou, Labbe, Burmann et les derniers éditeurs de l'*Anthologie*, cette épitaphe est antique (1).

Au bas de la même page, est une lettre d'un abbé de Prémontré qui s'engage à faire dire une messe solennelle pour un des bienfaiteurs de son ordre. Nous n'avons pas la fin de cette lettre, tranchée par le relieur.

Suivent deux pages de questions théologiques, avec les réponses : réponses tellement subtiles qu'elles semblent de simples jeux d'esprit. Celle-ci par exemple :

Quæritur an potestas peccandi sit a Deo. Quod sic probatur. Potestas Pilati qua potuit crucifigere Salvatorem erat a Deo, sicut in Evangelio habetur. Ergo potestas peccandi est a Deo. Item dicitur ex Deo : quod est omnipotens non potest peccare; ergo posse peccare non est posse, nec potentia peccandi est potentia, sed impotentia; ergo potentia peccandi dicitur quædam vis faciendi aliquid quod non potest fieri sine peccato, vel quædam dignitas ex qua quasi licite aliquis potest facere id quod non fit absque peccato. Unde potestas Pilati bona fuit et ex Deo, ex quo habuit potestatem crucifigere Christum, sicut ex regia potestate potest aliquis exercere tyrannidem et sub specie potestatis ordinatæ in subditos sævire. Non tamen Christum crucifigere vel tyrannidem exercere potentia est, sed potius impotentia, quæ sæpe potentia peccandi vocatur, quæ inest ex defectu ultimo boni, quæ etiam in primo homine ante peccatum fuit.

(1) *Les Mélang. poét. d'Hildebert*, p. 140.

Il est évident que ce ne sont pas là des éclaircissements fournis à une conscience inquiète. Il ne s'agit que de résoudre un problème de logique. Mais c'est en cherchant la solution de tels problèmes que la logique s'est compromise.

Au revers du feuillet 78 deux colonnes de prescriptions hygiéniques pour des réguliers. Il est dit à quelles époques de l'année ils doivent se faire saigner et raser. Une main moderne a donné pour titre à ces prescriptions : *Statuta pro monachis.* Ce titre doit être corrigé. Il ne s'agit pas ici de moines ; il s'agit de chanoines réguliers appartenant à la congrégation fondée par saint Norbert. Le texte de ces *Statuta* se lit, en partie complet, en partie brièvement résumé, dans la *Bibliotheca Præmonstratensis* de Lepaige, p. 846.

Ensuite deux sermons anonymes. Dans le premier, qui est pour le jour de la Toussaint, on rencontre quelques traits de mœurs. Nous citons :

> Filii Agar sunt claustrales, qui debent esse advenæ et peregrini super terram. Hi jam exquisierunt, id est *exquisent,* prudentiam de terra; id est subtiliores sunt sæcularibus in artificiis artium mechanicarum, ut jam dicatur a sæcularibus de sotularibus et corrigiis artificiose factis : hoc est de *de dos as convers*... Jam dicitur melior abbas qui melior est architectus, vel episcopus. Jam potentes sæculi hujus impetrant ab abbatiis artifices mechanicos, quasi sint meliores ad turres ædificandas.

On n'ignore pas que saint Benoît avait permis à ses moines de pratiquer dans leurs cellules les arts, les métiers qu'ils avaient appris durant leur séjour dans le siècle. Jugeant même convenable que les œuvres de leurs mains fussent mises en vente, il avait décrété que le profit en serait pour la communauté. Cela se lit dans l'article 57 de sa règle. On voit ici que ces moines étaient réputés bons ouvriers et que les laïques se faisaient chausser par eux.

Le second sermon est d'un style moins familier. Nous en connaissons l'auteur ; c'est le Franciscain Jean de La Rochelle. D'autres exemplaires anonymes du même sermon sont dans les nos 3573 (fol. 141), 12419 (fol. 26), 15939 (fol. 96), 16477 (fol. 96).

Au feuillet 86 commence, sous le nom de saint Césaire, évêque d'Arles, une série de six sermons qui n'ont peut-être pas tous le même auteur. Le premier paraît inédit; le deuxième a été publié sous les noms de Fauste et de Césaire; le troisième, sous ceux de Césaire et d'Euchère ; le quatrième, sous celui de Césaire seul ; le cinquième et le sixième, sous celui de saint Augustin. Ce sont là des indications que donnent plus complètes les *Initia librorum Patrum latinorum* publiés par l'Académie impériale de Vienne. Un fragment de sermon peut-être plus moderne termine cette série ; il a pour matière les sept péchés capitaux.

Du feuillet 96 au feuillet 107, un choix de sentences morales, tirées, pour la plupart, des écrits de saint Augustin. Ce choix semble avoir été fait par un chanoine régulier qui avait à cœur la stricte observation de sa règle.

Au revers du feuillet 107, une tendre et pieuse exhortation en cinquante-sept paragraphes, commençant par : *Timor Domini principium sapientiæ. Sapientiam atque doctrinam stulti despiciunt. Audi, fili mi, disciplinam patris tui.* L'auteur n'est pas nommé et nous l'avons en vain recherché. Un autre exemplaire anonyme de cette exhortation paraît être dans le n° 7589 de Munich.

Au feuillet 116, des extraits de l'Ecclésiaste. Les deux feuillets suivants sont occupés par quelques décisions des Pères et des papes sur divers points de dogme ou de discipline.

Au feuillet 121, la Somme de Raymond de Penafort, mise en vers et commençant par:

> Quando paras calicem, tunc vinum purius illi
> Infundas...

Ainsi commence le même poème dans nos n°s 14890 (fol. 239), 15162 (fol. 56), ainsi que dans le n° 593 de la Mazarine. Mais les premiers vers manquent dans ces copies. Ces premiers vers sont, dans notre n° 14927 (fol. 159) et dans les n°s 256 de Metz, 438 de Douai, 88 de Lille, A 208 de Dresde, 243 et 246 de Bruges, 3048 et 9603 de Munich :

> Summula de Summa Raimundi prodiit ista...

Si pourtant notre manuscrit a des lacunes, nous y lisons un assez grand nombre de vers que d'autres manuscrits n'offrent pas. Il faudrait donc le consulter si l'on voulait donner une nouvelle édition de ce poème. Mais il en existe déjà quatre, plus ou moins imparfaites ; et n'est-ce pas assez ?

L'auteur se nommait Adam. C'est un point sur

lequel Échard a recueilli plusieurs témoignages, entre autres celui d'un commentateur du poème, Jean Chappuis (1). Nous en pouvons produire d'autres qui les confirment. Ainsi, dans le n° 438 de Douai, Adam est l'auteur que désigne le titre, et la copie contenue dans notre n° 14927 finit par :

> Adam, jure nimis doctus, versus dedit istos,
> Ut discant quæ sunt fugienda per hosve sequenda.

On a supposé que cet Adam était Allemand, qu'il appartenait à l'ordre des Prêcheurs et qu'il vivait au XIVe siècle. La dernière de ces trois conjectures n'est certainement pas fondée. Parmi les manuscrits plus haut désignés, plusieurs sont, assure-t-on, du XIIIe siècle. Il nous est, d'ailleurs, incontestablement prouvé, par le plus sûr des témoignages, que le poème d'Adam était un livre classique avant l'année 1280, puisque, dans son *Registrum multorum auctorum*, composé cette année même, Hugues de Trimberg parle ainsi de l'auteur :

> Magister Adam metrice *Summulam* dictavit,
> Quam ex summa transtulit Raimundi, nam speravit
> Hanc prodesse nimium clericis novellis
> Quorum multi sæpius carent his libellis;
> Ex quibus instruere populum deberent
> Se quoque præcipue, si scirent et haberent (2).

Enfin le n° 2633 des Manuscrits latins de Munich fait de ce maître Adam, non pas un religieux Prê-

(1) *Script. ord. Præd.*, t. I, p. 734.
(2) *Sitzungsberichte der Kaiserl. acad. der Wissensc.*, Vienne, 1888, p. 177.

cheur, mais un moine bavarois de l'ordre de Citeaux, *Alderspacensis;* et c'est aussi dans ce monastère d'Aldersparch que le fait vivre, vers le milieu du XIIIe siècle, le P. Caramuel de Lobkowitz.

A la troisième colonne du feuillet 129, vers le bas, commence une série, ou, pour mieux dire, un vrai fouillis de vers mêlés, pieux ou profanes, dont chaque pièce, ou, pour mieux dire, chaque fragment détaché d'une pièce quelconque, antique ou moderne, n'a vraiment pas le droit de réclamer une mention particulière. Les premières ont pour matière la luxure; les suivantes, les vertus des sacrements. Parmi celles-ci nous en lisons une sur l'Eucharistie, commençant par

Constat in altari carnem de pane creari,

qui se rencontre aussi dans le n° 1090 de la Mazarine et que cite un *Manuale confessorum* dont nous avons une copie dans notre n° 3479 (1). Elle n'est pas, d'ailleurs, inédite; M. Théod. von Karajan l'a publiée dans le *Zeitschrift für deutsches Alterthum*, t. II, p. 71. Viennent ensuite d'autres rapsodies qui ont pour matière, de nouveau l'Eucharistie, puis la confession, la pénitence. De ces vers liturgiques ou moraux, voici, comme il nous semble, les meilleurs, que nous avons déjà lus dans le n° 13404 (2), fol. 2 :

Propria det cupidus, se castret luxuriosus.
Invide, livorem; depelle, superbe, tumorem!
Carnis delicias castiget virga flagellans,

(1) Elle est au fol. 2.
(2) Avec quelques différences.

Sobrietasque gulam, patientia reprimat iram,
Amoveat læsus rancorem, tædia mœstus;
Ut bene pœniteat ablatum prædo reponat.

A la suite, d'autres vers moraux; d'autres sur les cas réservés, sur les devoirs du mariage et ceux de l'épiscopat. Tout cela, comme on le voit, est sans aucun ordre. Ajoutons que tout cela manque d'esprit. Ces vers étant, pour la plupart, mnémoniques, il ne s'est agi pour les auteurs que de dire beaucoup de choses en peu de mots.

Le feuillet 131 est mieux rempli. Nous y trouvons d'abord quatre vers sur la formation du fœtus. Ces quatre vers commencent par celui-ci :

Semen conceptum sex primis, credo, diebus...

Mais dans les nos 593 (fol. 25) de la Mazarine, 75 d'Amiens et 710 de Berne, ils commencent par

Conceptum semen sex primis, credo (*ou* Petre), diebus;

et dans les nos 8430 (fol. 60), 8484 (fol. 31), 14193 (fol. 8), 14194 (fol. 160) de la Bibliothèque nationale, A 460 de Rouen, etc., le début est :

Susceptum semen sex primis, Petre (*ou* credo), diebus.

Baluze les a copiés comme étant d'Hildebert (1); cependant il ne paraît aucunement certain qu'il en soit l'auteur. Nous les avons publiés dans nos *Mélanges poétiques d'Hildebert* (2). Une autre édition

(1) Papiers de Baluze, à la Bibl. nat., n° 120, fol. 323.
(2) *Les Mélang. poét. d'Hildeb.*, p. 180.

en avait été déjà donnée par M. Garnier d'après un manuscrit peu correct (1).

Citons quelques épigrammes. Celle-ci d'abord sur le cheval blanc du pape :

> Albus signat equus quod sis vir justus et æquus.
> Si non sis æquus dedecet albus equus.

Puis cette autre :

> Libros ferre manu, nec sensum corde, nec ore
> Verbum, forte parum proficit, imo nihil.

Forte? Non vraiment, il n'y a pas de « peut-être ». Enlevez cette cheville et l'épigramme est sans reproche.

Nous connaissons depuis longtemps celle qui suit :

> Cherule, tu cenas apud omnes, nullus apud te...

Après avoir été publiée par M. Pressel dans la *Revue de philologie*, t. I, p. 407, elle l'a été de nouveau par M. Riese dans une des préfaces de son *Anthologie*, t. II, p. 30. D'autres copies en peuvent être signalées dans notre n° 3761 (fol. 65), et, à la Bodléienne, dans le n° 86 des *Cod. Laud. lat.*

Les deux vers qu'on lit ensuite ont été de même plusieurs fois copiés :

> Dum fero languorem, fero relligionis amorem;
> Expers languoris, non sum memor hujus amoris.

Ils sont du libertin Serlon de Wilton, et nous les avons déjà publiés sous le n° 6765 (2).

(1) Garnier, *Cat. des man. d'Amiens*, p. 53.
(2) Tome I, p. 314.

En voici d'autres sur le *pauper Amyclas* de Lucain :

Securus, quia pauper erat, vivebat Amyclas.
Eligit hoc sapiens vivere quisque modo.

Nous avons, dans le n° 8207 (fol. 21), la même moralité sous cette forme un peu différente :

Securus, quod pauper erat, vivebat Amyclas.
Tutus in exiguo stamine dormit inops.

A la suite, quelques inscriptions hygiéniques, résumées en quatre vers dont tel est le premier :

Sume cibum modice, modico natura tenetur...

Ces quatre vers se lisent aussi dans le n° 593 de la Mazarine, fol. 24, et M. W. Schum a publié les deux premiers dans ses *Exempla cod. Erfurt.*, n° 46. Mais on les connaissait longtemps avant que cet éditeur eût pris la peine de les recueillir, car ils avaient été maintes fois imprimés dans le XVe et le XVIe siècle, comme faisant partie d'un poème mis faussement, et certes injurieusement, au compte de saint Bernard (1).

Dans le même poème se lit aussi le vers suivant, isolément transcrit par notre copiste :

Si Dominum quæris, fuge colloquium mulieris (2).

Une remarque critique est à faire sur ces deux vers :

Quinque modis peccat cum sponsa sponsus abutens :
Tempore, mente, loco, conditione, modo.

(1) *Des poèm. lat. attr. à S. Bernard*, p. 16.
(2) *Ibid.*, p. 13.

Et voici notre remarque. Le premier de ces deux vers est altéré de cette façon, suivant le catalogue de M. Hagen, dans le n° 271 de Berne :

Quinque modis peccat maritus uxoris abutens ;

et la leçon primitive est peut-être celle que nous offre le n° 593 de la Mazarine (fol. 25) :

Quinque modis peccat uxore maritus abutens.

C'est, en effet, sous cette dernière forme que les a commentés Robert de Sorbon. Voir notre notice sur le n° 3218 (1).

On lit aussi dans le n° 271 de Berne les deux hexamètres qui, dans notre manuscrit, succèdent à ce distique :

Festa sacerque locus, jejunia, menstrua, partus...

La seconde colonne du feuillet 131 commence par des vers facétieux dont tel est le premier :

Canonici, cur canonicum quem canonicasti...

Nous n'avons pas à donner de nouvelles informations sur ces vers, que nous avons publiés, après M. Meyer et M. Delisle : *Not. et extr. des man.*, t. XXIX, 2e part., p. 261. Ils sont certainement de l'un des deux plaisants qui sont connus sous le nom de Primat. Il s'en trouve une autre copie dans le n° 16252 (fol. 15).

Au-dessous, les vers :

Percutiens clerum Romam petat..,

(1) Tome I, p. 201.

que nous avons donnés sous le n° 3388 (1). Ce sont des vers mnémoniques sur les délits dont la cour de Rome s'est réservé la connaissance.

Un peu plus loin l'épitaphe d'Adam de Saint-Victor, souvent publiée, notamment par M. L. Gautier (2) :

Hæres peccati, natura filius iræ...

Nous en indiquons d'autres copies dans les nos 895 (fol. 145) de la Mazarine et 115 de Saint-Omer.

Voici maintenant les dix commandements de Dieu résumés en cinq vers :

Sperne deos, fugito perjuria, sabbata serva...

Cités par saint Bonaventure dans un de ses opuscules, et par Robert de Sorbon dans son traité *De la Conscience*, ces vers sont de Pierre Riga, comme l'a reconnu Du Boulay (3). D'autres copies se lisent dans les nos 3479 (fol. 1) de la Bibliothèque nationale, 593 (fol. 22) de la Mazarine et 119 du Mont-Cassin.

Après quelques hexamètres sur les faux serments et sur les effets des péchés, ce distique plus d'une fois cité par les scoliastes :

Alea, Bacchus, amor meretricum reddit egentem;
Nunquam qui sequitur hæc tria dives erit.

Une autre copie de ce distique peut être indiquée dans le n° 8491 (fol. 75).

La pièce finale de ce pêle-mêle est la mélancolique

(1) Tome I, p. 208.
(2) *Adam de St-Victor*, p. XCI.
(3) *Hist. univ. Paris.*, t. II, p. 767.

complainte sur les misères de ce monde que nous avons déjà mentionnée comme transcrite au fol. 36.

Nous avons ensuite, de la même main, une lettre adressée par un chanoine régulier de Saint-Martin de Laon à un clerc de ses amis, qui vient d'être reçu licencié dans l'Université de Paris. L'objet de cette lettre est d'engager le jeune professeur à prendre l'habit d'un ordre quelconque. Comme elle est très emphatique, on pourrait la croire fictive. Notre opinion est qu'elle fut vraiment écrite par le chanoine dont elle offre le nom abrégé. L'emphase était alors recommandée par tous les modèles de style épistolaire. Voici cette lettre :

Præcordiali et præelecto amico suo et in Christo præcipue diligendo W., humili clerico de Bona Curte, frater A., canonicus Sancti Martini Laudunensis, salutem, et sic per hujusmodi transire blandimenta ut ad cæleste possit regnum feliciter pervenire.

Gaudeo plane cum mihi a quibusdam noviter sit intimatum vos sanum et incolumem permanere, quem honore et reverentia desidero coronari ; cor enim meum ad vos dilatatur specialiter, nec pro nostri absentia ipsum aliquod amoris patitur detrimentum ; sed quanto plus a vobis elongatur, tanto ab amore vestro ardentius stimulatur. Porro, cum adhuc vobis quotidie commorarer, mihi omnis amoris solatium præbuistis, qui, moribus et scientia litterarum (1), notos simul et ignotos cordis vestri prudentia vos amare cogebatis. Gratias autem ago Deo omnium bonorum largitori, qui in vobis tantam dignatur gratiam inspirare ut, quæ non deceret nisi sapientem et honestum, legendi Parisius licentiam habeatis ; sed cum scriptum sit « Cui plus committitur plus ab eo exigetur », non tantum vobis, verum etiam omnibus, esse necessarium perhibetur ut sibi vestem, ne a superno convivio repellatur die judicii, unusquisque

(1) Un mot semble passé : *conspicuus, clarus.*

thesauriset nuptialem. Quapropter oro vos, affectu quo possum ampliori, pro meæque modulo vobis consulo parvitatis, quod, ad vitandam futuri judicis sententiam, hujus mundi, in quo regnat invidia, pericula cogitetis moresque ordinis Præmonstratensis et habitum, sive alterius, si vobis melius placuerit, vobis in auxilium eligatis. Præterea supplico...

Il faut s'arrêter ici, la fin de la phrase ayant été détruite par la lame du relieur.

Au feuillet 132, sous ce titre *Usus curiæ ordinariæ*, nous avons un formulaire à l'usage des officiaux. Ce n'est pas un formulaire expliqué, commenté, comme, par exemple, celui de Guillaume d'Auvergne; c'est un simple recueil de formules : *Talis tali.*

Un très aimable compliment termine ce feuillet :

Quot sunt grana salis, quot plumas omnis in alis
Ales habet, mare quot guttas, tot, amice fidelis,
Ut curare putes me de te, mando salutes.

Les derniers sont occupés par quelques sermons et quelques réponses à des questions théologiques. Ce sont des extraits faits par un clerc pour son usage. L'écriture n'en est pas bonne, et l'on ne serait certainement pas récompensé de la peine que l'on prendrait à les lire.

13471

La somme *De vitiis* que contient ce volume est celle de Guillaume Péraud, dont il existe de nombreuses copies et plusieurs éditions. Peu d'écrits ont eu, durant le moyen âge, une égale célébrité.

13572

Une note mise sur la feuille de garde de ce manuscrit, autrefois conservé, sous le n° 383, dans la bibliothèque de Saint-Germain, attribue, par conjecture, les sermons anonymes qu'il contient soit à Pierre de Blois, soit à Pierre Le Mangeur. A cette note Beaugendre a fait la réponse suivante : *Neque Petri Blesensis neque Comestoris videntur esse sermones isti, cum se episcopum seu archiepiscopum fuisse diserte testetur illorum auctor sermone qui incipit : « Fili hominis, speculatorem dedi te domui Israël. » Probabilius est ipsorum auctorem legitimum fuisse Hildebertum primo quidem Cenomanensem episcopum, postea archiepiscopum Turonensem, qui Petrum Blesensem et Comestorem uno fere sæculo præcessit, qui nunquam episcopi fuerunt. Ipsum vero Hildebertum illorum auctorem probant et styli similitudo et sententiarum eorum conformitas, seu etiam iterata repetitio quæ in aliis sermonibus Hildeberto jure adscriptis sæpius reperiuntur.* En conséquence Beaugendre a publié comme étant d'Hildebert un certain nombre des sermons que nous avons ici. Pourquoi pas tous ? Nous ne le saurions dire ; cela est resté son secret.

Ces sermons ne paraissent pas tous du même auteur. Plusieurs sont, à la vérité, d'un évêque ; mais nous croyons pouvoir assurer que pas un n'est, dans aucun manuscrit, sous le nom d'Hildebert. Ils sont, dit Beaugendre, de son style. Mais nous avons montré que presque tous les sermons insérés par

Beaugendre dans les Œuvres d'Hildebert sont de Geoffroy Babion, de Pierre Le Mangeur, de Pierre le Lombard, de Maurice de Sully. L'argument tiré du style est donc sans la moindre valeur. Voici le détail de ces sermons et ce que nous avons de plus à dire sur chacun d'eux.

Page 1. *Oculum qui subsannat. — Invenietis flores varias et innumerabiles quibus pascantur oves dominicæ.* Imprimé dans les Œuvres d'Hildebert, col. 736.

P. 2. *Ego sum pastor bonus... — Dominus Jesus Christus, pastor bonus et verus, demonstravit exemplo quod docuerat verbo.* Dans les Œuvres d'Hildebert, col. 670.

Si ce sermon est d'un évêque, il y a lieu de faire remarquer que cet évêque n'est pas indulgent pour ceux de ses collègues qui se montrent trop soucieux de leurs intérêts temporels. Un moine de grande autorité, saint Bernard lui-même, n'a pas traité ces évêques mercenaires (ils sont ainsi qualifiés) avec plus de dureté.

P. 3. *Audite hoc, sacerdotes... — His verbis Oseæ prophetæ, cum redarguat omnes male viventes...* Dans les Œuvres d'Hildebert, col. 860.

Ce sermon est encore une très vive remontrance à l'adresse des évêques, des prêtres et des moines dont les mœurs ne sont pas bonnes. Et elle n'est pas seulement vive, elle est éloquente. Nous en citons ce passage, dont le mouvement et le haut style nous semblent très dignes de remarque :

Quomodo quilibet laicus, vel quilibet illiteratus, mandata Dei revereatur quæ viderit a sacerdote contemni? Quomodo peccata horrescat quæ agnoverit a sacerdotibus et clericis irreverenter perpetrari? Quomodo laici abhorreant immunditiam carnis, cum audiant quosdam clericos vel quosdam sacerdotes infamia fornicationis respersos? Quomodo servent laici humilitatem mentis, vel prætendant in habitu suo signa humilitatis, cum in clericis et sacerdotibus notaverint signa elationis et superbiæ in indumentis, in calceamentis, in tonsura, in juramentis, in jocis alearum, in scurrilitatibus, in superfluitatibus, in lascivis et otiosis (1) sermonibus, in vultu, in gestu, in incessu, in habitu, in inanis gloriæ appetitu? Quomodo laici declinent avaritiam, vel terrena contemnant, cum videant clericos, sacerdotes et monachos et abbates terrenis commodis inhiantes, temporalia lucra sectantes et, quasi neglectis cælestibus, quibus debent intendere, cupiditati terrenarum rerum modis omnibus incumbentes?

P. 5. *Heri, fratres, aliquantulum diximus de radicibus simoniacæ hæreseos.* Dans les Œuvres d'Hildebert, c. 863. Ce sermon est du même auteur que le précédent et c'est une autre censure du clergé.

P. 6. *Designavit Dominus et alios...* — *Post electionem duodecim apostolorum quos primum Dominus ad prædicandum...* Beaugendre n'ayant pas cru devoir transcrire ce sermon, il est inédit. Il est, d'ailleurs, très court.

Même page : *Ad cursum spiritalis stadii hodierna lectione provocati, qualiter currendum et a quibus abstinendum sit...* Ce sermon n'a pas été non plus publié par Beaugendre.

P. 7. *Studete, carissimi, qui vestras animas a peccato mundare cupitis, ne ab hac via...* Dans les Œuvres d'Hildebert, c. 865.

(1) Beaugendre : *jocosis*. Mais il y a *otiosis* dans le manuscrit.

P. 8. *Recedente jam Quadragesimæ tempore et appropinquantibus sacratissimæ Resurrectionis gaudiis...* Dans les Œuvres d'Hildebert, col. 876.

P. 10. *Delectatione præsentis diei, fratres carissimi, mysteria quibus fulget debetis agnoscere.* N'a pas été publié par Beaugendre.

P. 12. *Fili hominis, speculatorem dedi... — Videtis, fratres...* Dans les Œuvres d'Hildebert, c. 850.

Ce sermon est certainement d'un évêque puisqu'il débute ainsi :

Videtis, fratres, talem fuisse voluntatem Domini nostri ut me, licet indignum peccatorem, non per merita mea, sed per misericordiam suam, ad regendam ecclesiam istam constitueret et mihi custodiam vestri et aliorum ad hanc sedem pertinentium commendaret. Debet enim quisque episcopus vel archiepiscopus populos sibi commissos attente custodire...

P. 14. *Tribus modis tentavit diabolus Christum : per gulam, ubi dixit : Dic ut lapides isti panes fiant...* Dans les Œuvres d'Hildebert, c. 302.

Ici Beaugendre a pris pour un sermon des distinctions théologiques dont il n'a pas donné la fin. Le sermon s'arrête, dit-il, au milieu d'une phrase. C'est là un faux rapport ; dans le manuscrit, la phrase est achevée, et, après cette phrase, on lit un paragraphe entier que Beaugendre a supprimé. Mais, répétons le, il ne s'agit pas ici d'un sermon.

Ensuite, de la page 15 à la page 28, le célèbre *Dialogue* de saint Augustin en réponse aux soixante-cinq questions d'Orose. Il est au tome VI de ses Œuvres, p. 733. Nous avons déjà vu ce *Dialogue* dans le n° 13374. Nous y avons aussi rencontré le court traité sur les huit principaux vices dont une autre copie se lit ici. A la suite, des extraits de saint Jérome et l'épître de saint Augustin à Proba *De orando Deo.*

Une nouvelle série de sermons commence à la page 38 :

Dominus Jesus, postquam cenavit... — Cupientes aliquid hujus sacratissimi diei cenæ ceterorumque sacramentorum... Ce sermon n'a pas été publié par Beaugendre. A la suite, un extrait d'Amalaire.

P. 40. *Facite plaustrum novum et adjungite illi duas vaccas fœtas et vitulos earum domi recludite.* Une autre copie anonyme est dans le n° 272 de l'Arsenal, (fol. 26).

P. 41. *Heri, fratres carissimi, de bono conscientiæ vobiscum sermonem habuimus.* Autres copies anonymes : n°s 3730 (fol. 213), 18096 (fol. 66).

P. 42. *Dominus eduxit filios Israel... — Res hæc gesta, fratres carissimi, magnum nostri profectus insinuat sacramentum.* Autre copie anonyme : 18096 (fol. 53). Dans les Œuvres d'Hildebert, c. 871.

P. 43. *Quatuor reges adversus quinque... — Hujus prophetiæ mysterium expondituri altius ordiendum censuimus.* Autre copie anonyme : n° 18096 (fol. 72). Sous le nom de Pierre Le Mangeur : n° 2950 (fol. 134). Mais cette attribution est douteuse.

P. 46. *Intravit Jesus in quoddam castellum... — Mundus, fratres carissimi, leges sibi a Deo positas custodit...* Autres copies anonymes ; n°s 18096 (fol. 55) ; Arsenal, 854 (fol. 17).

P. 50. *Quoniam, divina favente clementia, letania-*

rum diem, id est supplicationum, ad præsens celebramus... Nous ne trouvons pas une autre copie de ce court sermon.

P. 51. *Venite, filii, audite me... — Timor Domini, testante propheta, est initium et primus gradus.* Dans les Œuvres d'Hildebert, c. 858.

P. 52. *En lectulum Salomonis... — Salomon, qui pacificus interpretatur, Christus est, qui terrena pacificavit.* Autre copie anonyme : n° 18096 (fol. 62).

P. 53. *Hodie, fratres dilectissimi, si vocem Domini audieritis, nolite obdurare corda vestra, sed aperite aures vestras interiores.* Autres copies anonymes : n°s 3760 (fol. 216), 18096 (fol. 63). Ce sermon paraît être d'un régulier.

P. 54. *Deum time et mandata ejus... — Hæc duo sunt, videlicet timor Dei et amor, quæ viam præparant ad cœlum.* Autres copies anonymes : n°s 13577 (fol. 51), 18096 (fol. 64). On lit à la fin de ce sermon :

Quidam verissime ait : Superbia in cœlo nata ad terras descendit, et, quasi ignara qua via corruerit, illuc unde cecidit non novit reverti.

Le prédicateur aurait bien dû nous dire, s'il le savait, quel est ce *quidam*. La phrase qu'il cite appartient, en effet, au premier livre d'un prétendu traité de l'*Ame* publié, par les chanoines de Saint-Victor, dans les Œuvres de Hugues, mais dont on a souvent détaché ce premier livre pour l'attribuer à saint Bernard. Il ne paraît pas, dit Mabillon, de saint Bernard. Hugues ne semble pas non plus en être l'auteur. Ainsi l'on est encore à se demander quel est ce *quidam*. Mais, quel qu'il soit, le sermon qui le cite doit avoir été prononcé dans les dernières années du XIIe siècle.

P. 56. *Si filius vos liberaverit vere liberi eritis. — Triplex invenitur libertas in sacra Scriptura : una est naturæ...* Autre copie anonyme : n° 18096 (fol. 50). Dans les Œuvres d'Hildebert, c. 873.

Il est manifeste, dit Beaugendre, que ce sermon est d'Hildebert, car la distinction de la triple liberté, qu'on lit ici, se lit encore dans un sermon *De Adventu* précédemment publié (*Op. Hild.*, c. 225), qui, sans aucun doute, a pour auteur Hildebert, *qui indubitanter est Hildeberti.* Or ce sermon *De Adventu*, que Beaugendre croit si fermement d'Hildebert, est, en réalité, de Pierre le Lombard. Ainsi l'argument ne vaut rien. Mais Beaugendre l'estime tellement décisif qu'il en tire cette conclusion : *Si igitur inde concludi potest hunc sermonem* (le sermon *Si filius*) *vere Hildebertinum esse, cur non et ceteri in eodem manuscripto* (notre n° 13572) *collecti ?* Et cependant Beaugendre n'a pas cru devoir publier tous ces autres sermons sous le nom d'Hildebert. On se demande encore pourquoi.

P. 58. *Initium sapientiæ timor Domini. — Timor est initium et porta per quam intratur ad Dominum.* Autre exemplaire anonyme : n° 18096 (fol. 50).

P. 59. *Aiel de Bethel ædificavit Jericho... — Aiel bonos in hac vita, Domino servientes, significat.* Autres copies anonymes : n°s. 14804 (fol. 62), 18096 (fol. 57).

P. 61. *Ait Dominus : Ecce ego demetam posteriora Basan... — Ad litteram, non mirum si iniquitatem Dominus punivit ; sed movere potest quod ait : Demetam...* Autres copies anonymes : n°s 14804 (fol. 63), 17400 (fol. 134), 18096 (fol. 69).

S'il paraît, comme Beaugendre l'a supposé, que plusieurs des sermons précédents ont été prononcés en synode, celui-ci doit l'avoir été non pas seulement devant des clercs, mais, dans une chaire paroissiale, devant tout le peuple des fidèles. Ajoutons qu'il est d'un prédicateur très estimable dont on aurait dû nous dire le nom.

P. 65. *Magnum quidem et difficile est nostrum propositum, sed utile attendentibus et salubre... Ostendere enim volumus manna absconditum.* Autres copies anonymes : n°s 3730 (fol. 210), 18096 (fol. 65). Ce sermon, le dernier du volume, est incomplet.

13575

Autrefois possédé par les moines de Préaux, donné plus tard par le conseiller de Machault, futur contrôleur des finances, aux religieux de Saint-Germain-des-Prés, ce volume est un recueil de pièces dont les deux premières, qui sont aussi les deux principales, ont tant de traits communs que nous les attribuons sans hésiter au même auteur.

Celle que nous avons d'abord est un traité sur l'oraison dominicale, composé de six sermons, dont le premier débute par ces mots : *Cum pius mundi factor et redemptor humanæ conditionis.* Ces sermons ont été faits, non pour être entendus, mais pour être lus; ce sont des paraphrases littéraires, rédigées avec beaucoup de soin par un vrai rhéteur, qui, non moins versé dans la connaissance des poètes profanes que des docteurs chrétiens, cite presque aussi souvent, en commentant le *Pater*, Ovide et Lucain que saint Augustin et saint Jérome.

Ce rhéteur parle à des religieux, auxquels il reproche quelquefois d'être trop mondains : *Vos igitur, fratres, qui religiosam vestem prætenditis* (fol. 41); il est religieux lui-même, et moine bénédictin : *Beatus pater noster Benedictus* (fol. 10); et, quel qu'ait été le lieu de sa profession, présentement il réside en l'abbaye du Bec : *Video quamplures inter nos, nostris Beccensibus loquor, non est enim meum aliorum vitam discutere, video, inquam, aliquos nostrum quorum cordibus, sicut per exteriorem somnolentiæ ponderositatem potest conjici, laus Dei non est familiaris* (fol. 10). Enfin il raconte, comme étant des événements domestiques, plusieurs miracles qui ont eu, dit-il, pour théâtre l'abbaye du Bec (fol. 16, 22, 35).

L'âge du manuscrit fait d'abord supposer qu'il composait ces pieux sermons dans le cours du XIIe siècle. S'il citait quelque théologien moderne, déjà l'on pourrait indiquer avec un peu plus de précision en quel temps il a vécu; mais il n'en cite aucun.

Il mentionne du moins, et en des termes qu'il nous paraît bon de reproduire, les abbayes qui, dans ce temps, étaient, en France, les plus renommées :

Inter omnia monasteria quæ ad nostram pertingere potuerunt notitiam, Cluniacense cœnobium merito famosissimum habetur. Est enim ibi disciplinæ regularis summa districtio et ad Dei opus indefessa semper instantia. Et cum fratres multo plures sint quam alibi, ita ut, exceptis cellis per diversas mundi partes existentibus, numerus eorum ad trecentos vel etiam amplius soleat extendi, tanta est tamen prælatorum industria et sub ipsis tam diligens custodum vigilantia ut nullus sit alicubi cœtus monachorum, nulla congregatio quæ modestiorem vel quietiorem agat vitam. Est et alius ordo qui dicitur Cisterciensis, qui, propter duriorem vitæ modum, singularem religionis obtinet famam. Sunt autem et monachi Tironenses, qui, licet omnibus aliis moderniores sint, ordinis tamen vigore et hospitalitatis diffusione præ aliis multis commendandi sunt. Est quidam ordo per universum mundum dispersus, qui propter colorem vestis niger vocatur, in quo Cluniacense, quod prædixi, continetur cœnobium et hoc etiam Beccense, licet multi propter speciem habitus, qui albo videtur esse vicinior, quo nomine censeri debeamus soleant dubitare. Præcipua est in hoc ordine disciplinæ regularis observantia, et licet, ob quædam quæ præter sancti Benedicti regulam ex præcedentium patrum institutione, in victu et vestitu, pie nobis sunt indulta, multa subsannatione Cistercienses contra nos insultent, quod et ego sæpius audivi, dicere tamen audeo plurimas apud nos esse ordinis austeritates quas nec Benedictus ille, nec alius quilibet antiquus religionis fundator, propter inclementem, ut ita dicam, instituti modum vellet promulgare. Sed de his hactenus (1).

Il n'y a donc pas seulement de la rhétorique dans cet ample commentaire de l'oraison dominicale ; on y trouve aussi d'utiles informations sur la grande prospérité des établissements monastiques durant cette période du moyen âge après laquelle ils n'ont fait que décroître. On doit s'étonner de n'y rien lire sur Clairvaux. Clairvaux fut, à la vérité, fondé quelques années après Tiron ; mais il acquit promp-

(1) Fol. 18.

tement une grande importance. Peut-être, au temps de l'auteur, ignorait-on encore en Normandie quels développements avait pris, en peu d'années, cette abbaye lointaine.

Notre lettré, nous le regrettons, était crédule. Nous empruntons au fol. 3 le récit suivant :

Sicut a veridico narratore didici, ante non multum tempus, quidam satis famosi nominis miles in confinio Flandriæ fuit, uxorem habens speciosam quidem juxta corruptivam carnis hujus pulchritudinem. In domo autem ejus adolescens quidam, nepos ipsius, commanebat, in quem præfata mulier oculos impudice dirigens, secum in adulterii baratrum infeliciter præcipitavit. Sed, quia nil opertum quod non reveletur, nec occultum quod non sciatur, horrendum illud piaculum eidem militi tandem innotuit. Qui, ob illatam sibi injuriam dolore cordis tactus intrinsecus, et ad plectendum tanti facinoris excessum furore promotus non modico, diligenti studio satagere cœpit si quo modo eos sibi invicem colloquentes posset comprehendere, cogitans, absque ullo carnalis conjunctionis intuitu, mortis utrumque mulctare dispendio. In hac igitur observatione aliquantum temporis frustra expensum est, illis hoc ipsum animadvertentibus, nec tamen, cum se opportunitas obtulisset, aliquatenus a sua malitia quiescentibus.

In eadem vero provincia homo quidam erat obsessus a dæmone, qui tantæ irreverentiæ tantæque erat impudentiæ ut quælibet peccata quæ quis in occulto perpetrasset, mirabile dictu, cunctis audientibus proferret in medium. Confluebat illuc populus, rei novitate circumquaque perculsus. Nonnulli etiam quos propriæ conscientiæ reatus aggravabat, confusionem coram tantis testibus pati formidantes, propius non audebant accedere; de præsentibus namque solummodo loqui consueverat. Prædictus vero miles, hujus dæmoniaci famam percipiens, nepotem suum illo statuit perducendum, nullam omnino excusationem tam ex ipso nepote quam ex conjuge sua proponens admittere quin eos statim ultrix pœna sequeretur, si, quod æstimabat, ipsorum flagitium ex ore dicti dæmoniaci cognovisset... Quadam itaque die, specie venandi domum suam egressus, et eumdem nepotem socium habens itineris, ad illud diaboli domicilium quam citius ire festinabat. Cum autem adolescens dominum suum non tam feras investigare quam recto tramite cerneret itinerare, quia jam sæpe dicti dæmoniaci fama nimis excreverat, misericordis Dei pietate respectus, illi se procul-dubio præsentandum intellexit, cumque juxta silvam iter facerent, accito uno de armigeris domini sui qui sibi ceteris erat familiarior, in eamdem silvam quasi ad necessaria naturæ divertit. Utroque vero de equo in terram prosiliente, idem militis nepos alterius vestigiis provolutus, cum fletu amarissimo in hanc vocem erupit : « O mihi semper dilectissime juvenis, obsecro per si qua in te sunt viscera pietatis, per si aliqua communis educationis memoria, quatinus petitionem meam, quam tibi ipso mortis articulo constrictus offero, fideliter adimplere non differas. » Quem ille reverenter, utpote domini sui nepotem, volens erigere, hujusce modi tamen verba amplius quam credi possit admirans, quid sibi vellet dolor tam inopinatus, quid lamentatio tam miserabilis instanter cœpit inquirere. Tunc adolescens reatum suum et omnem illius itineris causam ex ordine pateecit, subjungens : « Deo, inquit, et tibi peccatum illud confiteor, voto me constringens de ipso et de aliis quibus apud Deum reus teneor secundum Ecclesiæ sanctæ statuta satisfacere et illa nunquam ulterius, Deo juvante, repetere. » Moxque fasciculum virgarum, quantum scilicet pugillus potest capere, cuidam detrahens arbori vestemque qua induebatur exuens, dixit : « Has, inquit, virgas accipe et absque ulla miseratione de carne ista misera pœnas exige. Si mihi vis conferre vitam, noli parcere carni. » Qui, licet invitus et multum renitens, virgas arripuit eumque semper cohortantem, semper invitantem, tanta cœde laniavit ut a lateribus ejus et dorso rivi sanguinis ubertim profluerent. Inde, conscensis equis, ad dominum suum perveniunt et cum eo pariter ad famosum illum dæmoniacum pertingunt. Cum vero miles eum in omnibus super quibus scicitabatur veridicum esse comprobasset, propius accedens dixit : « De hoc nepote meo et de conjuge mea quid dicis ? » Et ille, nullam de muliere faciens mentionem : « De hoc, inquit, juvene nihil aliud scio nisi quod dorsum habet rubeum. » Et sic adolescens ille per confessionis suffragium ab insectatione tam periculosa liberatus est.

Il y a des textes plus ou moins différents de toutes ces narrations romanesques. Le fait principal était considéré comme une matière, à laquelle chacun se croyait le droit d'ajouter ou de retrancher, d'apporter, suivant son caprice, tel ou tel changement. Ainsi nous avons, dans un sermon anonyme, l'historiette que nous venons de transcrire ; mais le galant de la dame n'est pas dans ce sermon le neveu du mari, c'est un de ses domestiques, *famulus*, et, quand il s'écarte de son maître dans la forêt, c'est pour aller se confesser à un ermite qui lui donne l'absolution suivant les formes canoniques (1).

Voici une autre anecdote, dont tout n'est pas, comme il semble, une fiction :

Infra Gallici hujus regni monarchiam duo milites erant, nobiles quidem potentesque viri, sed genere pariter et divitiis alter altero longe nobilior longeque potentior. Erant autem possessionum et mansionum vicinitate contigui, et, quia inter hujusmodi homines de facili solet exoriri contentio, quibusdam causis emergentibus, iidem milites ad invicem gravem discordiæ contraxerant pestem. Quod malum utrinque tanto enutritum est studio ut jam nil aliud quam mutuam cogitarent cœdem. Quid plura? Tempore observato, notato loco, superior ab inferiore circumventus occiditur. Remansit parvulus de occiso filius. Qui cum juventutis annos attigisset et fastigio militari de more fuisset insignitus, ab interfectore patris, qui jam vergebat in senium, paterni sanguinis ultionem potenter cœpit exigere.

(1) Bibl. nat., man. lat., 18081, f. 51 v°.

Et primo quidem domos ejus exitiali tradens incendio, ipsum deinde tanta persecutus est instantia ut nullus ei securus esset in patria locus. Quid igitur faceret? Quo se verteret? Tandem in his malis bono reperto consilio, ad sanctorum Dei et præcipue ad apostoli Jacobi confugit intercessionem, ejus limina, licet remotissima, pedes adire non differens. Quod suus audiens persecutor eum cum grandi comitatu subsecutus est, ut videlicet mortem patris in extera regione liberius vindicaret. Factum est autem. Illo post voti solutionem in regressu posito, ecce, quod in illis partibus minime vereri poterat, insidiatorem vitæ suæ adesse sibi videt obviam. Nullum ibi diverticulum, spes salutis nulla, nullum fugæ remedium. Denique respectus desuper saniorem partem elegit, nudatisque pedibus et vestibus excussis, solo tenus prosternitur, et in crucis modum se ipsum extendens, solum, ut putabat, operiebatur interitum. Adversario autem illius pedetentim propius accedente, ipse ut erat humi prostratus, cum planctu lamentabili in hanc vocem erupit : « Licet, inquit, non immerito cervici meæ tuus, o juvenis, immineat gladius, vel ob solam dominicæ crucis memoriam tua circa me flexibilis existat dignatio ! Cum enim vita mea et mors in manibus tuis ad præsens constituta sit, si te cogente moriar hujusmodi factum ab omni prorsus virtute remotum est ; si te donante vivam, ex hoc indoli tuæ testimonium pietatis accedit sempiternum. » Et, his dictis, singultu verba præpędiente, conticuit. Stat immobilis adolescens et interius vario cogitationum tumultu concutitur. Hinc enim recordatio patris ultionem suggerit expetendam, hinc autem hominis tanto necessitatis articulo deprehensi consideratio et præcipue venerandæ crucis typus quem ille jacendo prætendebat cor ejus ad egregium compassionis opus emolliunt. Ecce conflictus Esau et Jacob in utero Rebeccæ, id est duarum voluntatum, sensualis scilicet et rationalis, in humano corde. Quid plura ? Tandem superior facta est ratio, prævaluit benegnitas, vicit pia et sancta discretio. O per omnem temporum successionem juvenilis pectoris memoranda canities ! « Surge, inquit, et post tantum afflictionis incommodum meliora sperare jam incipe. » Quo mox ad felicem verbi hujus auditum erecto, juvenis in illius ruit amplexus et oscula...

Nous ne transcrivons pas la suite. Cette suite ne mérite, en effet, aucune créance. Le goût des romans était général au XIIe siècle. Ceux des clercs se distinguent de ceux des laïques en ce qu'ils sont moraux et tendent à recommander la piété. Mais il n'y a guère plus d'invention dans les uns que dans les autres. Ce sont fables banales.

Au feuillet 41, une très courte paraphrase du Symbole des apôtres.

La seconde de nos pièces principales est une série de dix-sept lettres travaillées avec autant de soin que les sermons, du même style, mais plus intéressantes, parce qu'elles ont toutes pour matière des circonstances, réelles ou supposées, de la vie monastique. Nous croyons bien qu'elles sont réelles ; mais nous ne le garantissons pas ; il est possible que nous ayons encore là, non pas de vraies missives, mais une œuvre littéraire. Quoiqu'il en soit, ces lettres sont à lire. Voici la première :

Epistola ad priorem de Lira.

Transactis aliquantis diebus, quidam de fratribus vestris ad nos hospitandi gratia divertens, quia illius curam tunc egi, aliqua familiarius de domo nostra et vestra mecum est collocutus. Inter nonnulla ergo quæ ad invicem contulimus, dixisse me memini quod, sicut a prædecessóribus nostris didiceram, quidam frater noster, imo postea noster et vester, ordinis vigorem quondam in ecclesia vestra, ut ita dicam, plantavit. Quod ille penitus non audens diffiteri, tamen, quasi injuria accepta, et domum vestram tanquam exhonoratam reputans eo quod ei de nostra boni aliquid accessisset, contumeliose respondit : « Debiliter » ; et statim intulit : « Quis de jure debet laudari, qui dedit utcumque aut qui viriliter receperunt »? Non ignorat prudentia vestra, pater carissime, quod qui dat major est quam qui recipit. Sed quid ille vel ille? Ille nescio quis plantavit; sed neque qui plantat est aliquid, neque qui rigat, sed qui incrementum dat Deus. Ille nescio quis recepit; non autem volentis aut currentis (*sic*) est, sed miserentis Dei. Prædictus vero frater, male parturientem animum non valens continere, subsecutus est, dicens : « In quo, inquit, loco, excepta Lira, Beccenses monachi bonum sunt operati »? Illicoque duas e proximo prætendere cœpit abbatias, ad quarum regimen aliqui de fratribus nostris dudum accersiti pastoris officium nomine tenus exercuerunt. Fateor, obstupui, et ex indignatione pariter et dolore nebula quædam confusionis oculos meos intolerabiliter obtexit. Quis enim tam procacem patienter audiret contumaciam? Verum, quoniam illi fratri sine contentione satisfacere non poteram, et ego contentiones odi, ad horam cedere satius judicavi, responsionem nostram qualemcumque vobis reservans cujus in Dei rebus nomen habetur opinatissimum. Discretioni vestræ pernotissimum esse non dubito quales quantæque domus, tam in Anglia quam in Normannia, magnorum virorum qui de nostra processerunt ecclesia doctrina et conversatione sint exornatæ; quas ad præsens enumerare non arbitror necessarium, tum ne jactantiæ malum incurram, tum vero ne modum epistolarem verbositatis affluentia videar excessisse. Si, ut prius dicta repetam, juxta vestri fratris elogium « monachus ille noster debiliter plantavit et antiquiores vestri viriliter receperunt », utinam sane quod debiliter plantatur viriliter suscipiatur! Sed esto : debiliter plantatum est et viriliter susceptum. Etsi, juxta fratris illius mordacem, imo mendacem exprobrationem, monachi Beccenses apud Liram tantummodo bonum sunt operati, et debiliter, sicut dicit, nonne tamen ob hoc a vobis ecclesiæ nostræ erat deferendum, de qua processit qui bonum illud qualecumque plantaret (1) cui pius Dominus tantum tamque famosum collaturus erat incrementum? Quod si tantillis ecclesiæ nostræ beneficiis estis ingrati, quod absit, Deo saltem

(1) Il faut lire *plantavit* ou *plantarat*.

actiones reddite gratiarum, qui sola sua misericordia debile plantationis illius initium in fructum tam commendabilem coegit excrescere. Vereor autem ne coram sanctitate vestra stultitiæ fortassis arguar eo quod ad vos quem nunquam vidi scriptum dirigere præsumo. Sed, ut vos melius nostis, vera visio non in facie, sed in corde consistit. Fama quidem virtutum vestrarum ad nos usque perlata, personam vestram pro parte scio illa sane notitia quam affectuosius amplector; et, licet fama dicax multoties in contrariam partem se fallaciter ingerat, in vobis tamen veridicam esse necesse est, cui omnium vos cognoscentium consona favet assertio; et quod omnium ore teritur perraro fallere consuevit. Faciem itaque vestram quid velim cognoscere, quam nec vos cognoscitis? Libentissime tamen cognoscerem, et colloquio vestro refoveri non mediocriter affectarem. Dicere tamen non possum quanto semper æstuem desiderio domum vestram videre, quam nescio, conversationem vestram intueri, quam approbo, et, si vestræ placeret sanctitati, pusillitatem meam vestris orationibus commendare, quod præcipue concupisco.

Le fait principal que cette lettre relate est la réforme de l'abbaye de Lire par Raoul, moine du Bec, que les moines de Lire choisirent pour abbé. Cela, dit Mabillon, eut lieu vers l'année 1130 (1). Nos lettres sont donc postérieures à cette date. Ajoutons que l'humble ton de l'écrivain s'adressant à un prieur montre que cet écrivain est un simple moine.

La seconde lettre, *Ad quemdam familiarem suum, de dilectione mutua*, est, comme le titre l'indique l'éloge de l'amitié. Oreste et Pylade devaient être cités ici par cet humaniste; ils le sont en effet, avec Polynice et Tydée. Mais, s'il y a de vrais amis, il y a d'intraitables ennemis, et l'auteur de la lettre se

(1) *Ann. Bened.*, t. V, p. 327.

plaint d'en avoir un, un faux moine qui, par ses flatteries, a gagné le prieur et le fait agir à sa guise.

La troisième, *Ad eumdem consolatoria*, a pour objet de consoler un ami qui voyage en Angleterre. Il doit, lui dit-on, non s'affliger, mais se féliciter d'être dans un pays qui a le renom d'une si grande piété.

Item ad alium consolatoria. On plaint, on console un moine du Bec, exilé dans le prieuré d'Envermeu, aujourd'hui chef-lieu de canton de l'arrondissement de Dieppe. Qu'a-t-il donc fait pour provoquer cette sentence d'exil ? Ce qu'il a fait, dit son consolateur, le voici : il a trop estimé, trop aimé le plus honorable, le plus honoré de ses confrères ; mais ce personnage, si bien vu des moines, n'étant pas agréable au chef de la communauté, celui-ci, méchamment, a séparé les deux amis :

Discessionis causa fuit ille, ille, inquam, cujus laudatissima morum honestas et modestia cunctis ecclesiæ nostræ filiis maximum sanctitatis præbet exemplum. Hunc talem quia diligebas in non diligentis odium incidisti. Diligebas quem semper diligis, diligebas quem diligo, diligebas quem diligunt omnes sui commilitones, et, quod pluris est, diligebas quem diliget Deus...

Cela doit, pensons-nous, ainsi se comprendre : un moine s'étant fait exiler pour s'être montré trop zélé partisan d'un fauteur de cabales, un de ses complices le félicite de sa disgrâce pour l'en consoler. Ces cabales, ces dissensions étaient fréquentes dans les monastères, les moines étant des hommes, et des hommes quelconques, parqués sous le même toit, ne pouvant, on le sait, vivre longtemps en bon accord.

Ad quemdam æmulum suum. Cette cinquième lettre confirme ce qui vient d'être dit touchant les rivalités, les inimitiés monastiques. L'auteur de la lettre se plaint d'être calomnié par un de ses confrères et le somme de couper court à ses méchants propos.

La sixième est plus intéressante. Un évêque s'est fait moine et s'en repent. Il a tort, lui dit-on, de s'en repentir. Voici la lettre :

Coegit me familiaritatis tuæ reverentia scriptum tibi consolationis impendere, quamvis circa te nulla sit justa consolationis necessitas. Utinam siquidem animi tui certius perpendat solertia ex qua radice tuæ pertubationis emergat occasio. In gloria sæculari paulo ante conspicuus eminebas, utpote prælati fungens officio, divitiis abundans quas Dominus in Evangelio spinas vocat, servorum numerositate circumdatus, qui magis rebus tuis quam tibi serviebant, et quocumque procedebas fallacis mundi favoribus excipiebaris. Et modo pauper factus es, quia monachus. Sed jam ditescere cæpisti ; ditior enim est qui nil habere desiderat quam qui multa possidet. Mens autem tua, quæ, ut reipsa cernitur, nequaquam adhuc gravitate claustrali solidata est, ruminando commemorat ubi, quis, qualiter degere consuevisti, et fastigii sæcularis ambitionem, quam usque ad nauseam prius hauseras, ut pace tua loquatur, iterum somniare non desinis. Hæccine est illa per totam fere Normanniam famosissima tui ipsius victoria; hæc spontanæa prioris status dejectio? Vel forte ita puerulus es quod non audisti : Omnis qui se humiliat exaltabitur? Omnimodis omnibus consilium diaboli fugiendum, quod ex decipiendi consuetudine pessimum semper contrahit incrementum. Invidet enim vehementer et ægre nimis tolerat ille fraudis inventor quod, transvadatis procellis, placidum salutis portum attingere cœpisti. Sed dices fortassis : Ergo soli prælati de salute periclitantur. Non dico ; sed certe, ut certa ratione manifestum est, viciniores periculo sunt prælati quam subditi, ob scilicet liberam peccandi potestatem ; et, sicut dicit beatus Hieronymus, tutius est perire non posse quam juxta periculum non periisse. Sed dicis : Monachorum statum aliter me reperturum judicabam. Etsi in aliqua parte minorem bonis efficaciam reperisti, in aliqua forsan majorem quam putabas te contigit invenisse. Non omnia possumus omnes. De bonis autem sumanus exemplum. Superbiat Tarquinius, luxuriet Sardanapalus, invideat Herodes, sordescat Nero, sæviat Domitianus, prævaricetur Judas, dissentiat Arius, quid ad te? Habes humilem Christum, Joannem castum, Petrum fidelem, Martinum pium, Anselmum mitem, Helluinum devotum, Lanfrancum sapientem. Hos imitere, hos tu ipse tibi non cesses attentius proponere. Cesset ergo, frater, cesset, obsecro te per mansuetudinem Christi, cesset, inquam, hujusmodi fluctuatio quam diabolus suggerit, mundus ingerit, vagatio mentis enutrit. Allide cogitatus tuos ad Christum, absconde te in caverna materiæ, in foraminibus petræ de qua dicit apostolus : Petra autem erat Christus; respice ad imaginem crucifixi Christi, et in ea diligenter perpende quam modica retribuas Domino tuo pro omnibus quæ retribuit tibi; attende ad manuum et pedum transfixionem, lateris perforationem, et quam misericorditer amatoribus suis amplectandis manus habeat extensas attentius intuere. Unde quidam satis eleganter dixit :

In amplexus ruite
Dum pendet in stipite;
Mutuis amplexibus
Se parat amantibus,
Brachiis protensis.

O dotale pignus nostri mediatoris, o verum nostræ redemptionis indicium, hæc est salubriter vera et veraciter salubris philosophia, quam si frequentius ad memoriam reduxeris, vel, ut plus dicam, indesinenter in memoria retinueris, de salute tua et inimici dejectione nullatenus poteris dubitare. Hæc est siquidem per quam regem tuum in decore tuo quandoque videbis. Utinam autem ipse Dominus omnium Christus cordi tuo dignetur indicare ex quanto devotionis affectu præsentem schedulam tuæ porrexerim dilectioni! Neque enim oblivisci possum, quando primum de sancto amore tecum agere cœpi, quam promptissime ad nostram condescendisti familiaritatem, quam devotum.

quam hilarem, quam discretum te mihi exhibuisti, devotum siquidem in mente, hilarem in vultu, discretum in sermone. Spero autem te non minus in amoris perseverantia fidelem quam in promissione facilem.

Remarquons d'abord, dans cette lettre, les vers cités. Nous les avons déjà lus dans un des sermons sur l'oraison dominicale (fol. 37 v°), où les précèdent, comme ici, les mots : *Quidam satis eleganter dixit.* Cela nous confirme dans cette opinion, que les sermons et les lettres ont le même auteur. Une autre remarque est à faire sur les qualificatifs joints aux noms d'Anselme et de Lanfranc : *Anselmus mitis, Lanfrancus sapiens. Mitis;* oui, tel était bien l'aimable Anselme, et quand M. de Rémusat loue l'inaltérable douceur de son âme (1), il nous le représente tel que les moines du Bec l'ont connu.

La septième lettre est à l'adresse d'un jeune homme, nommé Richard, que l'auteur de la lettre dit son parent. Ce jeune homme est encore étudiant. On lui conseille de lire quelque psaume dans ses moments de loisir, *post figmenta poetica, post Tullianam facundiam, post altercationem logicæ.* Sur lui-même l'auteur de la lettre nous apprend qu'il est présentement occupé de faire « certain traité » dont on regrette qu'il n'indique pas l'objet.

Ad alium invitatoria ad dilectionem. Cette lettre est banale.

Ad Clementem Anglicum. Un passage de cette lettre est à citer :

(1) *Saint Anselme*, p. 35.

Sermonem magistri Petri Pectavensis, quem de privilegiis beati Joannis evangelistæ in capitulo nostro solemniter edidit, sicut postulasti, transmittere non possum ; tantam enim, ut verum fatear, imbecillitatem capitis assidue patior ut etiam præsentem cedulam dictare levius mihi fuerat quam notare.

Quel est ce maître Pierre de Poitiers ? On connaît trois Pierre, surnommés de Poitiers : un séculier, chancelier de Paris, un chanoine régulier de Saint-Victor et un moine de Cluny, qui fut secrétaire de Pierre le Vénérable. Il ne s'agit ici, comme il semble, ni du chanoine de Saint-Victor, ni du futur chancelier de Paris ; c'est un moine que les moines du Bec ont reçu dans leur chapitre et qui leur a fait en cette occasion ce discours solennel dont on parle et qu'on veut lire même sur l'autre rive de la Manche ; c'est donc le moine lettré, poète en renom, que Pierre le Vénérable prit pour secrétaire et quelquefois pour collaborateur. Si cette conjecture est fondée, nos lettres ne doivent pas être postérieures à l'année 1150 et nous avons montré plus haut qu'elles ne peuvent être antérieures à l'année 1130. Or, entre ces années 1130 et 1150, vivait au Bec un écrivain à divers titres recommandables, Etienne de Rouen. Est-ce l'auteur de nos sermons, de nos lettres anonymes ?

La lettre suivante, au même Clément, n'a que six lignes et n'offre rien à citer. La onzième, *Ad duos necessarios, pro seipso*, est plus intéressante. L'auteur, à son tour exilé, dit ignorer la cause de son exil et prie ses deux amis, Roger et Raoul, de ne pas croire aux propos de ses calomniateurs. Dans la douzième, il recommande son frère, un jeune moine, au religieux chargé de l'instruire et de l'exercer à la pratique de ses devoirs. La treizième, intitulée *Ad quemdam amicum excusatoria*, ne nous apprend rien. La quatorzième, *Ad W., priorem Becci*, est en faveur d'un religieux, qui, après avoir déserté le Bec, voudrait y rentrer. On lit, à la marge, cette note : *An sit Anselmi ?* Cette supposition est à rejeter. Anselme n'a pas écrit des lettres où l'on parle de lui, et qui, nous le répétons, sont postérieures à l'année 1130. La quinzième, à l'adresse d'un reclus, nommé Guerric, est relative à l'élection récente d'un évêque dont les coupables manœuvres, qui n'ont pas d'abord été connues, le sont maintenant et causent un grand scandale. Dans la seizième, l'auteur invite l'archevêque de Rouen à porter son attention sur l'abbaye du Bec, où les bonnes pratiques d'autrefois sont tombées en désuétude. La dernière, *Ad quemdam qui sibi detrahebat*, nous apprend une fois de plus que tous les moines n'étaient pas entre eux réciproquement charitables. Entre eux, disons-nous, pour ne pas contredire La Fontaine.

Aux lettres que nous venons de décrire succèdent deux phrases empruntées à saint Anselme, une courte leçon de morale et le *Liber scintillarum*, attribué souvent au vénérable Bède et publié sous son nom, mais dont on sait maintenant que l'auteur est Defensor, moine de Ligugé. Nous en avons parlé sous le n° 12402 et nous aurons l'occasion d'en parler plus d'une fois encore.

13576

Ce volume est un recueil de pièces. Celle qui s'offre d'abord à nous commence par ces mots : *Invisibilia Dei a creatura mundi per ea quæ facta sunt intellecta conspiciuntur. Creatura mundi homo dicitur.* Nous avons ici les huit premiers chapitres d'un livre considérable, les *Sentences* de Pierre de Poitiers, chancelier de Paris. On lit avant ces chapitres, dans la plupart des copies, une dédicace à l'adresse de Guillaume de Champagne, archevêque de Sens, qui commence par ces mots : *In deserto manna colligentes... — Nobiscum bene agitur si post magnum laborem...* Les âpres censures de Gauthier, chanoine de Saint-Victor, ayant rendu ce livre célèbre, il peut être utile d'en désigner les autres exemplaires dont nous avons, jusqu'à ce jour, fait la rencontre. Il est anonyme dans les n°s 3572 (fol. 236) de la Bibliothèque nationale, 909 de Troyes, 2355 de Vienne. Il est sous le faux nom de certain Anselme, peut-être Anselme de Cantorbery, dans le n° 132 du collège Merton, à Oxford. Il est enfin sous le nom de Pierre de Poitiers dans les 3154 (fol. 32), 13435, 15735 de la Bibliothèque nationale, 1371 de Troyes, et le réquisitoire de Gauthier prouve de reste la vérité de cette attribution.

Il prouve encore une autre chose, digne de remarque. Oudin se trompe lorsqu'il dit que Pierre composa ses *Sentences* dans le temps où il était chancelier (1). Il les a composées avant l'année 1175, puisqu'il les a

(1) Cas. Oudin, *Comm. de Script. eccl.*, t. II, col. 1500.

dédiées à Guillaume de Champagne, archevêque de Sens, qui fut, en cette année, transféré sur le siège de Reims. Or le libelle où Gauthier le traite si mal est de l'année 1180, et c'est environ quatre ans après que le pape le nomma chancelier. Ainsi les mystiques avaient beau crier de toutes leurs forces que la foi venait d'être mise en péril par une méthode nouvelle, et que cette méthode, déjà condamnée sous le nom d'Abélard, devait l'être de nouveau sous les noms de Pierre le Lombard et de Pierre de Poitiers; ces clameurs entendues, le pape nommait Pierre de Poitiers chancelier de l'église de Paris.

Publiées pour la première fois en 1655 par Hugues Mathoud, les *Sentences* de Pierre de Poitiers sont dans le tome CCXI de la *Patrologie*, col. 790.

Suivent de nombreux sermons, tous anonymes, mais dont nous pourrons faire connaître presque tous les auteurs.

Fol. 9. *Gaudete in Domino semper... — Invitat nos apostolus ad quod facti sumus. Factus est homo ut exultet in Domino.* Nous ignorons l'auteur de celui-ci.

Après deux courts fragments sur la justice et la miséricorde divines, un fragment plus étendu commence par ces mots : *Seminemus hominibus exemplum bonum per aperta bona : seminemus angelis gaudium magnum per occulta suspiria.* Au lieu de *bona*, lisons *opera*. Cette meilleure leçon nous est fournie par les derniers éditeurs de ce fragment, qui est tiré du sermon bien connu de saint Bernard pour la fête de saint Benoît.

Ut inhabitet gloria in terra nostra. Misericordia et veritas obviaverunt sibi... — Gloria nostra hæc est.

C'est le premier des sermons de saint Bernard pour la fête de l'Annonciation. Mais notre texte est bien loin d'être conforme au texte imprimé.

Fol. 11. *Necesse est ut loquamur hodie brevius...* Ce sermon est le deuxième de saint Bernard pour le dimanche des Rameaux. Nous remarquons encore d'assez nombreuses différences entre le texte de notre manuscrit et celui de l'édition bénédictine.

His quidem diebus in majori compunctione est mundus. Sermon de saint Bernard, qui, dans l'édition, a pour titre : *In cœna Domini* et commence par : *Hi sunt dies quos observare debemus.*

Fol. 12. *Vicit leo de tribu Juda, radix David, aperire librum... Ubi modo sunt qui dicebant : « Christus, rex Israel, descendat de cruce.* » Une autre copie de ce sermon, pareillement anonyme, est dans le n° 941 de la Mazarine (fol. 49). L'auteur, quel qu'il soit, a pris toute la matière et plus d'une phrase de son sermon au premier de saint Bernard pour le jour de Pâques. Ce plagiaire doit être un religieux cistercien.

Fol. 14. *Sicut in corporum medicina prius purgationes adhibentur, deinde refectiones.* Troisième sermon de saint Bernard pour le jour de Pâques. Voici les autres exemplaires anonymes de ce sermon que nous avons rencontrés jusqu'à ce jour : n°s 2547 (fol. 6), 3563 (fol. 56), 6674 (fol. 27), 10685 (fol. 42), 13586 (p. 124). Nous n'indiquons ici, répétons-le, que des copies anonymes; les autres peuvent être facilement trouvées.

Fol. 15. *Omnia quæ de Salvatore legimus medicamina sunt animarum nostrarum.* De saint Bernard.

C'est, dans l'édition des Bénédictins, le sermon XLIV *De diversis.*

Fili, memorare novissima tua et in æternum non peccabis. Recole primordia, attende media, memorare novissima tua. De saint Bernard; sermon XII *De diversis.* Il y en a deux autres copies anonymes dans les nos 6674 (fol. 48) et 14804 (fol. 26).

Miserere mei, Deus... — Sicut sunt peccata minima, sunt mediocria, sunt et magna. De saint Bernard; sermon XIII *De diversis.* Anonymes : n° 6674 (fol. 49), 12020 (fol. 98).

Fol. 16 *Accepimus ab apostolo habitare Christum per fidem in cordibus nostris.* Deuxième sermon de saint Bernard pour le jour de Pâques. Autre copie anonyme : n° 3563 (fol. 55).

Fol. 17. *Audistis, fratres, modo, in regula lectionem de humilitate; cui ego, quoties legitur, toto animo vos...* Sermon XXVI de saint Bernard *De diversis.* Autres copies anonymes : 6674 (fol. 88), 10695 (fol. 89), 12020 (fol. 99).

Fol. 18. *Qui sedes super cherubin... — Frequentes nobis promissiones scripserat de adventu Salvatoris calamus scribæ.* Ce sermon a été publié, pour la première fois, par Busée, sous le nom de Pierre de Blois : *Opera Petri Bles.*, p. 325. Beaugendre l'a plus tard imprimé sous le nom d'Hildebert : *Hildeb. Op.*, col. 282. Mais il n'est ni de l'un ni de l'autre ; il est du chancelier Pierre Le Mangeur, comme l'attestent un grand nombre de manuscrits que nous avons cités sous le n° 2951 (1).

(1) Tome I, p. 147.

Stetit angelus juxta aram... — Unus est sermo, quem audistis et duo sunt sacramenta. Publié sous le nom de Pierre de Blois, édition de Busée, p. 458; sous le nom d'Hildebert, édition de Beaugendre, col. 1832. Ce sermon est aussi de Pierre Le Mangeur. Nous l'avons mentionné, comme le précédent, sous le n° 2951 (1).

Fol. 19. *Non possumus nos cogitare aliquid a nobis... — Quid enim in hoc vase testeo.* De saint Bernard; sermon XLI *De diversis.*

Fol. 21. *Non habemus hic manentem civitatem... — Sunt multa quotidie in humanæ fragilitatis conditione lamentando consideranda.* Nous ignorons quel est l'auteur de ce sermon. Les autres copies que nous pouvons en citer sont toutes anonymes : n°s 6674 (fol. 106) de la Bibliothèque nationale, 941 (fol. 41) de la Mazarine, 272 (fol. 27) de l'Arsenal, 169 des *Cod. Laud. miscell.,* à la Bodléienne.

Ici finit une première série de sermons, à laquelle succède un opuscule ordinairement intitulé : *De duodecim abusionum gradibus.* Nous en avons parlé sous le n°.12312, où il porte le nom de saint Augustin.

Nous avons ensuite, fol. 24, une de ces thèses ou questions théologiques qui furent si goûtées au XIIe et surtout au XIIIe siècle. En voici les premiers mots : *Quæritur utrum Dominus in cœna corpus suum passibile vel impassibile discipulis suis comedendum dederit.* Ives de Chartres semblait avoir opté pour le corps passible, mais saint Anselme et, dit notre

(1) Tome I, p. 141.

auteur, maître Guillaume, peut-être Guillaume de Champeaux, s'étaient prononcés pour le corps impassible. La conclusion ici déduite est qu'une telle question doit être écartée comme insoluble. On ne pouvait plus sagement conclure, et, comme il faut toujours faire honneur au bon sens, nous citons les dernières lignes de ce morceau :

De quorum sententia præjudicium facere metuentes, dicimus quia tale *(corpus)* dedit quale voluit; tale voluit quale oportuit. Melius enim pie ignorare quam temere diffinire. Quod si sine dispendio salutis nostræ nesciri non potuisset, profecto per tam longa temporum spatia res, præsertim tam necessaria, minime latuisset.

Il n'y a pas beaucoup de maximes plus sages que celle-ci : *Melius pie ignorare quam temere diffinire.* Entendez-vous, théologiens ? Entendez-vous, philosophes ?

Fol. 25. Un sermon, commençant par : *Cum egrederetur Loth de Sodomis... — Novistis, fratres carissimi, quia Loth, nepos Abrahæ.* Ce sermon est anonyme dans les nos 483 (fol. 109), 3830 (fol. 89), 3833 (fol. 77), 16460 (fol. 72). Mais nous en pouvons désigner l'auteur; il est du scolastique d'Angers, Geoffroi Babion. Nous l'avons sous son nom dans les nos 14933 (fol. 144) et 14934 (fol. 163), et il est encore sous le même nom dans le no 39 d'Auxerre (fol. 99). Mais il est imprimé sous le nom d'Hildebert dans l'édition qu'en a donnée Beaugendre: *Hildeb. Opera*, col. 805 (1).

(1) *Not. et extr. des man.*, t. XXXII, deux. part., p. 158.

Terret me vita mea, namque diligenter discussa apparet mihi aut peccatum aut sterilitas. C'est une *Méditation* de saint Anselme, souvent imprimée : *Patrologie*, t. CLVIII, col. 722. Les exemplaires manuscrits en sont très nombreux et ils offrent presque tous le nom de l'auteur véritable. Nous avons pourtant à signaler une indication fausse dans le nº 3769, où cette pièce est intitulée *Devota meditatio ex dictis Hugonis de S. Victore.* Anselme, mort près d'un demi-siècle avant Hugues, n'a pu lui faire aucun emprunt.

Fol. 26. *Ad insinuandam* (ailleurs *instituendam*) *interioris hominis custodiam talem Dominus dat similitudinem.* Dans le nº 1769 (fol. 135) de la Bibliothèque nationale, le nº 56 du collège Marie-Madeleine, à Oxford, et le 94 des *Cod. Laudiani miscell.*, à la Bodléienne, cette pièce est un opuscule moral intitulé *De bona occupatione.* Dans le nº 2027 de Troyes c'est un sermon. C'est, en effet, une sorte de sermon sur ce thème : *Hoc autem scitote, quia si sciret paterfamilias qua hora fur veniret...* Et voici les premiers mots de l'exorde : *Ponit autem Dominus hanc similitudinem ad insinuandam interioris hominis diligentem custodiam.* Le thème se lit après ces mots dans nos nºs 12312 (fol. 197), 16498 (fol. 126); mais il se lit avant dans les nºs 6674 (fol. 9) et 15964 (fol. 138).

Tous les manuscrits de France que nous venons de citer sont anonymes; les trois manuscrits d'Angleterre nomment l'auteur Anselme de Cantorbery; ce que fait aussi Jean de Trittenheim, à qui cette attribution ne semble pas douteuse. Cependant la pièce ne figure pas dans les Œuvres de l'illustre docteur, et n'y doit pas figurer suivant l'*Histoire littéraire* (1). Pourquoi ? Les successeurs de dom Rivet n'en donnent qu'une raison, et elle n'est pas bonne. N'ayant pas connu cette pièce, ils la confondent avec une autre, le *De cura rei familiaris,* attribuée sans plus de raison, disent-ils, à saint Bernard. Nous voulons bien que ce *De cura rei familiaris* ne soit ni de saint Bernard ni de saint Anselme; mais il s'agit ici d'autre chose; il s'agit d'une parabole, d'une fable dramatique dont l'invention et l'exécution sont également littéraires. N'est-elle pas de saint Anselme ? Elle est certes encore moins de Hugues de Saint-Victor, à qui ses confrères l'ont attribuée de leur chef, pour en faire un chapitre du quatrième livre d'un traité *De l'Ame* où rien n'est de lui (2). Ajoutons que leur édition n'est pas bonne. On en pourrait corriger plus d'une phrase avec notre manuscrit. Ce ne serait pas peine perdue, car ce petit drame n'est certainement pas sans mérite et, si nous tenions pour certain qu'il est d'Anselme, nous nous empresserions de lui en faire compliment.

Après divers fragments de saint Jérome, qui portent son nom, une nouvelle série de sermons anonymes. Il nous suffira d'indiquer ceux sur lesquels nous avons à dire quelque chose de particulier.

Fol. 28. *Postquam impleti sunt dies purgationis... — Celebritas tantæ solemnitatis multimoda mysteriorum refulget alacritate.* Autre copie anonyme : n° 857 de l'Arsenal.

(1) *Hist. litt. de la France*, t. IX, p. 450.
(2) *Patrologie*, t. CLXXVII, c. 185.

Fol. 31. *Sapientia ædificavit sibi domum... — Cum multis modis dicatur sapientia, quærendum quæ sapientia ædificavit sibi domum.* De saint Bernard ; sermon LII *De diversis*. Autres copies anonymes : n°s 3730 (fol. 43), 13577 (fol. 56).

Fol. 36. *Non sine causa spiritum sponsi pariter et Dei sui habens Ecclesia.* De saint Bernard ; premier sermon *In ramis palmarum*. Autre exemplaire anonyme : n° 3730 (fol. 125).

Du fol. 37 au fol. 44, dix-huit sermons anonymes, qui sont tous de Pierre Chrysologue, archevêque de Ravenne. Ces dix-huit sermons étant ici rangés en même ordre que dans le tome LII de la *Patrologie*, col. 257-306, il ne peut être utile de mentionner chacun séparément. Il suffira de dire que le premier commence par *Quoties Christus nostra dormit in navi;* le dernier par : *Quanta sit cœlestis philosophiæ magnitudo.*

Fol. 52. *Spiritus oris nostri, Christus Dominus, captus est... — Hæc sunt verba Jeremiæ in Threnis, imo Spiritus sancti.* Les premières phrases de ce sermon sont aussi les premières d'un sermon de Pierre le Lombard publié par Beaugendre sous le nom d'Hildebert : *Hildeb. op.*, col., 712 ; mais, au delà de ces premières phrases, les deux sermons diffèrent complètement.

Fol. 55. *Melior est puer pauper et sapiens... — Sapientia in his verbis corda humilium instruit.* Une autre copie, pareillement anonyme, de ce sermon est dans le n° 3348 (fol. 160).

Cette seconde série de sermons finit au feuillet 56,

au revers duquel on lit des sentences mêlées et le petit poème, d'ailleurs bien connu, qui commence par :

In terra summus rex est hoc tempore nummus.

Ce poème ayant été déjà publié par MM. Schmeller, Wright, Mone, Wackernagel et Novati, nous ne jugeons pas utile d'en donner une édition nouvelle. Nous nous contenterons d'en indiquer plusieurs copies que ne mentionne pas le précieux catalogue de M. Wattenbach (1) : Troyes, 2269 ; Saint-Omer, 115; Alcobaça, 238.

Du fol. 57 au fol. 129, un long traité sur le Tabernacle, qui commence par ces mots : *Decretum Dei intentos debet facere non adversos; nihil enim tam pie terret animam quam sacramentum occultum.* La fin manque dans notre manuscrit.

Au fol. 129, un commentaire étendu sur le symbole de saint Athanase dont voici les premiers mots : *Apud Aristotelem argumentum est ratio faciens fidem.* Ce théologien qui débute en citant Aristote est Simon de Tournai. Son nom se lit à la fin de plusieurs autres copies, notamment dans les n°s 5102 et 14886 de la Bibliothèque nationale. Les moines de Mont-Cassin ont récemment publié ce commentaire, n'en connaissant pas l'auteur, dans le tome IV du catalogue de leurs manuscrits : *Florileg.*, p. 322. On nous en signale une autre copie, mais à laquelle manque le nom de l'auteur, dans un volume de la bibliothèque de Rouen coté I 62.

(1) *Zeitschrift fur deutsch. Alterth.*, 1872 ; p. 487.

Au fol. 140, le traité sur les offices divins qui commence par *Quare septuagesima celebratur*. Si ce traité n'a pas obtenu l'honneur de l'impression, les copies en sont très nombreuses. Il nous suffira de citer les suivantes : n°s 3572 (fol. 107), 11579 (fol. 35), 12312 (fol. 270), 14417 (fol. 313), 14500 (fol. 112), 14808 (fol. 122), 16369 (fol. 34), 18216 (fol. 78) de la Bibliothèque nationale, 91, 149 et 608 de Metz, 1614 de Vienne, 9594 *a* de Munich et 136 d'Alcobaça. Mais tous ces exemplaires sont anonymes, à l'exception de notre n° 16369, qui nomme l'auteur Hugues de Saint-Victor. C'est une attribution purement imaginaire (1). Le P. Fortuné de Saint-Bonaventure a fait une autre conjecture ; ce manuel instructif est peut-être, s'est-il dit, *forsan*, d'Alain de Lille. Mais aucun manuscrit n'autorise une supposition sous tant de rapports invraisemblable. Une note consignée sur le premier feuillet du n° 11579 nous apprend qu'on a quelquefois intitulé ce livre *Liber Quare Symonis*. Est-ce Simon de Tournai ? S'il s'agit de lui, cela nous paraît encore une attribution peu digne de confiance.

L'écrit suivant, fol. 154, qui commence par *De sacramentis ecclesiasticis est tractarem*, est le *Speculum de mysteriis Ecclesiæ* qu'on lit au tome CLXXVII, col. 335, de la *Patrologie*, sous le nom de Hugues de Saint-Victor. Il est en effet l'auteur désigné par quelques manuscrits. Cependant on a constaté que les anonymes sont les plus nombreux et les plus an-

(1) *Les Œuvres de Hugues de St-Victor*, p. 201.

ciens. C'est pourquoi l'on estime que cette attribution peut être considérée comme douteuse (1) Nous avons déjà mentionné, sous le n° 3417, un exemplaire anonyme du même traité.

Le volume se termine par quelques autres sermons.

Fol. 165 : *Chaldæi fecerunt tres turmas...* — *Tempus christianæ militiæ ingressuri, admonemur, fratres, ut caute ambulemus.* Nous n'avons pas une autre copie de ce sermon.

Cor nostrum simile est molendino semper molenti, quod dominus quidam cuidam servo suo custodiendum... Un autre exemplaire, pareillement anonyme, de ce sermon est dans le n° 272 de l'Arsenal (fol. 14).

Fol. 166. *Sapiens præcepta custodit. Non aliter sapiens esse poterit, quoniam in custodiendis illis retributio multa.* Cela ne paraît qu'un fragment de sermon.

Peccavit anima tua, Deus... Habacuc, fortis luctator, Deum in causam trahit. Autre exemplaire anonyme dans le n° 962 de la Mazarine (fol. 83).

Fol. 167. *Dum medium silentium tenerent omnia...* — *Tria sunt silentia : silentium a malo, silentium a bono, silentium ab incommodo.* Autre exemplaire anonyme : Mazarine, n° 941 (fol. 81). Il ne faut pas confondre ce sermon avec la collation sur le verbe incarné qui commence presque de même dans les Œuvres de Hugues de Saint-Victor : *Patrologie,* t. CLXXVII, col. 315.

(1) *Les Œuvres de Hug. de St.-Victor*, p. 200.

Fecit Deus duo luminaria magna... — Luminare majus est Christus quia illuminat; luminare minus est Joannes qui illuminatur. Autre exemplaire anonyme : Mazarine, 962.

Descendi in hortum meum... In campo divini eloquii tres descensus legimus. Ce sermon est sous le nom de Pierre Le Mangeur dans le n° 2950 (fol. 138). Mais cette attribution n'est pas certaine. Le même sermon est sans aucun nom d'auteur dans notre n° 16505 (fol. 42) et dans le n° 941 (fol. 80) de la Mazarine.

13577

Des pièces diverses, et l'on peut dire de toutes mains, ont été réunies dans ce volume, que possédaient autrefois les moines de Saint-Maur. Sur un grand nombre de ces pièces nous pouvons donner des informations suffisantes; mais non sur toutes. La plupart sont des sermons anonymes.

Fol. 1. *Scriptura sacra mentis oculis quasi quoddam speculum opponitur.* Nous avons ici, jusqu'au feuillet 10, un fragment des *Moralia* de saint Grégoire sur Job.

Fol. 10. *Dicite, pusillanimes... — Ante adventum Domini, fratres carissimi, in tanta caligine genus humanum volvebatur...* Ce sermon, dont l'auteur est le scolastique Geoffroy Babion, a été précédemment mentionné sous le n° 12420 (1).

(1) Ci-dessus, p. 100. Aux copies que nous avons mentionnées joignons celle-ci : Chartres, n° 238, fol. 1.

Fol. 18, ligne 20 (1). *Postquam impleti sunt dies purgationis... Consuetudo, fratres carissimi, erat in veteri lege...* C'est encore un sermon de Geoffroy Babion. Nous l'avons cité sous le n° 585 (2). Outre les copies que nous avons précédemment indiquées, citons celle-ci : n° 16460 (fol. 8).

Fol. 11, ligne 36. *Noli æmulari in malignantibus... — Multi sunt in hoc mundo, fratres carissimi...* De Geoffroy Babion. Déjà cité sous le n° 712 (3).

Fol. 12. *Dum complerentur dies Pentecostes... — Congruum satis est, fratres carissimi.* De Geoffroy Babion. Voir sous les n°s 585 et 712 (4). Il faut ajouter aux copies mentionnées celles qui se trouvent dans les n°s 16460 (fol. 66) de la Bibliothèque nationale et 1082 de Troyes. Elles sont l'une et l'autre anonymes.

Fol. 13. *Exite, populus meus, de Babylonia... — Sunt, fratres, in hoc mundo duo regna...* De Geoffroy Babion. Voir sous le n° 585 (5). En outre, n° 16460 (fol. 109). Nous n'avons pas ici la fin de ce sermon.

Du feuillet 22 au feuillet 27, des fragments : c'est-à-dire quelques pages, sans commencement, d'un traité sur les sacrements, un sermon, des exordes d'homélies, des extraits de saint Augustin, de saint Jérôme, de saint Ambroise, etc., etc., cités en réponse aux dires de saint Anselme sur la réversibilité du péché originel.

(1) Nous indiquons la ligne parce qu'aucun intervalle ne sépare les sermons.

(2) Tome I, p. 35.

(3) *Ibid.*, p. 84.

(4) *Ibid.*, p. 38, 85.

(5) *Ibid.*, p. 34.

Fol. 27. *Ibo mihi ad montem myrrhæ... — Sponsus quidam hic loquitur*. C'est le *Libellus de amore sponsi ad sponsam* dont l'auteur est Hugues de Saint-Victor. Nous avons déjà mentionné trois copies de cet opuscule mystique, sous les nos 3833 (1), 12029 (2) et 13442 (3).

Au feuillet 29, une question : *Quæritur de dilectione verbi humanati, quæ nihilominus triplex est. Est enim diligendus Christus dulciter, sapienter, fortiter*. Bien que nous n'en connaissions pas l'auteur, faisons remarquer, pour sa décharge, que ce mot *humanatus* n'est pas de sa fabrique. Papias en avait usé longtemps avant lui.

A la suite, une assez longue série de sermons, qui paraissent tous du XIIe siècle, mais dont nous n'avons pu découvrir tous les auteurs.

Fol. 29. *Verbum abreviatum faciet Dominus... — Verbum de verbo abbreviando, dicit Scriptura; sed, licet fuerit breve verbum Scripturæ...* Une autre copie anonyme est dans le no 3301 C (fol. 9).

Fol. 30. *Faciant filii Israel Phase... — Quia Domini et Redemptoris nostri passionem, fratres, in his diebus maxime frequentamus*. Autres copies anonymes: nos 3570 (fol. 75), 3301 C (fol. 27), 14925 (fol. 172); Arsenal, no 272 (fol. 81). Mais l'auteur nous est indiqué par le no 14937 (fol. 20); c'est Maurice de Sully, évêque de Paris, et ce sermon est inédit.

Fol. 31. *Tulit Moyses virgam... — Murmurave-*

(1) Tome I, p. 250.
(2) Ci-dessus, p. 56.
(3) Ci-dessus, p. 187.

runt filii Israel quod Aaron præ ceteris officio sacerdotis fungeretur. Autre copie anonyme : Bodléienne, *Cod. Laud. misc.*, n° 225.

Fol. 32. *Assumpsi duas virgas... — Hæc est prophetia Zachariæ prophetæ, cujus narratio adeo frequentata est*. Ce sermon a été cité sous le n° 13432 (1). Il est de Pierre Le Mangeur.

Fol. 33. *Fili, si oblita fuerit mater... — Hic pater loquitur ad filium; sed quis pater?* Pareillement cité sous le n° 13432 (2). Il parait aussi de Pierre Le Mangeur.

Fol. 34. *Surge, aquilo et veni, auster... Hortus conclusus*. Nous avons encore cité sous le n° 13432 (3) ce sermon dont l'auteur est ignoré.

Même feuillet : *Numquid cadet laqueus... Ista verba sunt Amos prophetæ, ex quibus sensus talis habetur : numquid laqueus, id est pœna...* Autre copie anonyme : n° 14804 (fol. 122).

Fol. 35. *Eo tempore egressus est Isaac... — Legitur in Genesi quod misit Abraham Eliezer in aram Mesopotamiæ*. Nous ne connaissons pas un autre exemplaire de sermon.

Fol. 36. *Statura tua assimilata est palmæ... — Vox est dilecti ad dilectam, sponsi ad sponsam*. Autre copie anonyme : n° 16331 (fol. 216).

Fol. 37. *In fine, psalmus David pro torcularibus. Orta est fames valida in Judæa in diebus David*. Nous pensons n'avoir ici que la fin d'un sermon.

(1) Ci-dessus, p. 170.
(2) Ci-dessus, p. 171.
(3) Ci-dessus, p. 170.

Fol. 38. *In omnibus requiem quæsivi...* — *Verba quæ dixi, nolo latere, de libro sumpta sunt Sapientiæ.* Cela ne paraît encore qu'un fragment de sermon.

Qui mihi ministrat me sequatur... — *Verbum hoc abbreviatum fecit Dominus super terram, loquens ad ministros suos.* De Pierre Le Mangeur. Nous avons déjà rencontré ce sermon et l'avons cité sous le n° 2951 (1). Il est imprimé.

Fol. 39. *De hac dicit propheta : Domine, quis habitabit in tabernaculis tuis? Id est in ecclesia militanti.* Nous ne connaissons pas l'auteur de ce sermon.

Fol. 41. *Oblatus est quia voluit.* — *Quoties oblatus est Dominus Jesus...* De Pierre Le Mangeur. Déjà cité sous le n° 2651 (2).

Fol. 42. *Jerusalem quæ ædificatur ut civitas...* — *In sacra Scriptura Jerusalem synominum* (ailleurs *homonymum*) *ad tria.* De Pierre Le Mangeur. Voir le n° 2951 (3).

Fol. 43. *Vide, Domine, et considera...* — *Vinea Domini Sabaoth domus Israel est, vinea Domini Sabaoth domus gentium est.* Bien que nous n'ayons aucune copie de ce sermon sous le nom de Pierre Le Mangeur, nous n'hésitons pas à croire qu'il en est l'auteur. C'est ce que nous prouve l'invocation finale : *Nos a malis excipiat, recipiens in æterna tabernacula Jesus Christus, judex noster, cum venturus est judicare vivos et mortuos et sæculum per ignem.*

Fol. 44. *Lætare, Jerusalem... Jerusalem quatuor*

(1) Tome I, p. 140.
(2) *Ibid.*, p. 147.
(3) *Ibid.*, p. 159.

modis dicitur, historice, allegorice, tropologice, anagogice. Nous n'avons pas à citer une autre copie de ce sermon.

Fol. 45. *Fili, sedisti ad mensam divitis...* — *In hac verborum superficie manifeste ostenditur quod pater ad filium loquitur.* Autre copie anonyme : n° 6674 (fol. 101). Sous le nom de Pierre Le Mangeur : n° 2950 (fol. 156). Beaugendre l'a publié sous le nom d'Hildebert, col. 550, d'après un manuscrit anonyme. Persuadé qu'Hildebert avait été, dans sa jeunesse, religieux de Cluni, Beaugendre cite une phrase de ce sermon pour prouver qu'il est d'un moine. Mais c'est une phrase altérée de telle sorte qu'elle est inintelligible. En la lisant corrigée d'après notre manuscrit on verra clairement que le sermon est d'un séculier parlant à des réguliers. Voici le texte amendé :

Revera *vos sedetis* ad mensam divitis, quia *in obedientia estis fratres.* Non immerito *prælati vestri* abbates dicuntur a beato Benedicto ; qui interpretantur patres. Unde clamamus : Abba, pater. Patres utique sunt *vestri;* provident enim *vobis* non solum in administratione temporalium, sed quotidie generant *vos* per doctrinam spiritualium.

Fol. 47. *Fluvius egrediebatur...* — *Verbum Domini est quod audistis per os meum.* De Pierre Le Mangeur. Cité sous le n° 2951 (1).

Fol. 48. *Super tribus sceleribus...* — *Amos Thecuites vir propheta fuit sermonis absconditi.* De Pierre Le Mangeur. Cité sous le n° 2951 (2).

Fol. 49. *Nolite considerare quis ego sum qui loquor*

(1) Tome I, p. 154.
(2) *Ibid.*, p. 155.

vobis, aut vos qui estis quibus loquor. De Pierre Le Mangeur. Cité sous le n° 2951 (1). Nous n'avons ici que la première partie de ce long sermon.

Fol. 50. *Sederunt in terra et conticuerunt...* — *Verbum est Jeremiæ plangentis quod audistis.* De Pierre Le Mangeur. Voir sous le n° 2951 (2).

Fol. 51. *Homo, cum in honore esset...* — *Deus ultionum, Dominus sæpe replicat nobis et reducit ad memoriam ultionis modum in delinquentes.* Ce sermon a plus d'un trait de ressemblance avec celui qu'on lit, sous le nom de Pierre Le Mangeur, dans le tome CXCVIII de la *Patrologie*, col. 1836. Ce sont là néanmoins deux sermons qui ne veulent pas être confondus.

Deum time et mandata ejus... — *Hæc duo sunt, videlicet timor Dei et amor, quæ viam præparant ad cælum.* Autres copies anonymes : nos 13572 (p. 54), 18096 (fol. 64). Voir ce que nous avons dit sur ce sermon, sous le n° 13572.

Fol. 53. *Veni in altitudinem maris...* — *Ecce verus Jonas; loquitur ad nos.* De Pierre Le Mangeur. Nous avons précédemment cité ce sermon sous le n° 585 (3).

Fol. 54. *Osculetur me osculo...* — *Tria sunt oscula, reconciliatorium, remuneratorium, contemplatorium. Primum ad pedes.* Autre copie anonyme : n° 13586 (fol. 257). La matière de ce sermon est prise à celui de saint Bernard qui, dans l'édition bénédictine, a le n° LXXXVII *De diversis.*

(1) Tome I, p. 158.
(2) *Ibid.*, p. 140.
(3) Ibid., p. 32.

Fol. 55. *Sicut portavimus imaginem...* — *Duo homines sunt, vetus et novus : Adam vetus, Christus novus.* Ce court sermon est de saint Bernard ; il est imprimé sous le n° LXIX *De diversis.*

Scuto circumdabit veritas... — *Contra omnia jacula tentationis muniendi sumus scuto divinæ protectionis.* Autres copies anonymes : n°s 3730 (fol. 155), 13586 (p. 251), 15082 (fol. 36). La place que ce fragment occupe dans le n° 15082 fait supposer qu'il est de Richard de Saint-Victor.

Triplici morbo laborat genus humanum : principio, medio et fine, id est nativitate, vita et morte. Nous ignorons quel est l'auteur de ce fragment. Il se trouve aussi dans le n° 11382 (fol. 53).

Fol. 56. *Eodem ordine quo præcessit culpa subsecuta est et culpæ medicina.* Ce fragment est le sermon LXVI de saint Bernard *De diversis.*

Suivent, du feuillet 56 au feuillet 62, des pensées diverses, des explications d'allégories, des paraphrases mystiques tirées des sermons de saint Bernard, et formant un ensemble où la distinction des parties n'est pas toujours facile. Nous allons indiquer celles de ces parties dont nous avons, non sans peine, reconnu la provenance.

Fol. 56. *Et vocabitur nomen ejus..* : n° LIII *De diversis,* — *Quid est ergo quod Maria portat* : n° LI du même recueil. — *Sapientia ædificavit...* : n° LII. Ce fragment est encore anonyme dans les n°s 3730 (fol. 43) et 13576 (fol. 31).

Fol. 57. *Duo sunt in quibus consistit nostra salus..* : *De diversis,* n° CV. Autre copie anonyme : n° 13586

(p. 249). — *Ecce vicit leo*...: n° LVII. — *Quid est quod post mortem*..: n° LVIII. Autre copie anonyme : n° 13586 (p. 50). — *Quis ascendet in montem*...: n° LXI. Autres exemplaires anonymes : n°s 10695 (fol. 94), 13586 (p. 250). — *Qui non abiit*... : Fragment du sermon LXXII. — *Corrupti sunt et abominabiles* : n° LXXIV. Ce sermon n'est pas complet dans l'édition bénédictine ; la fin manque. Autre copie anonyme : n° 13586 (p. 253).

Fol. 58. *Emissiones tuæ*...: n° XCI. Autres exemplaires anonymes : n°s 13586 (p. 254), 14517 (fol. 222), 14804 (fol. 30), 14925 (fol. 214), 18096 (fol. 18). — *Nemo ascendit in cœlum*...: n° LX. Autres copies anonymes : n°s 3570 (fol. 93), 6674 (fol. 62), 10695 (fol. 93).

Fol. 59. *Populus quem non cognovi*...: n° LXXVII. Autres copies anonymes : n°s 585 (fol. 123) (1), 6674 (fol. 61); 13586 (p. 249). — *Veni in hortum meum*...: n° XCII. Autre copie anonyme : n° 6674 (fol. 61). — *Qui mihi ministrat*...: n° LXII. Autre copie anonyme : n° 6674 (fol. 61). — *Quatuor sunt quæ impediunt*..: n° CIV. Autres copies anonymes : n°s 6674 (fol. 69), 13586 (p. 249), 14517 (fol. 220), 14925 (fol. 213). — *Intravit Jesus in quoddam castellum*... Le même sermon est encore anonyme dans les n°s 2547 (fol. 61), 6674 (fol. 146), 13586 (p. 277), 18096 (fol. 33) ; mais il est sous le nom de saint Bernard dans nos n°s 2546 (fol. 98), 9578 (fol. 135) et dans le n° 121 (fol. 48) de Grenoble. On le peut lire dans la *Patrologie*,

(1) Tome I, p. 33.

t. CLXXXIV, col. 1002, parmi les sermons dont saint Bernard n'a pas été considéré par Mabillon comme l'auteur certain.

Fol. 61. *Duo sunt inferna.* Nous ne retrouvons pas ce fragment dans les sermons de saint Bernard. Une autre copie sans nom d'auteur est dans le n° 13586 (p. 244). — *Pretiosa in conspectu Domini mors sanctorum;* pareillement anonyme dans le n° 13586 (p. 245). Extrait du sermon LXIV *De diversis.* — *Omni custodia serva cor...*: n° LXXXII.

Fol. 62. *Ecce quam bonum...*: n° LXXX. — *Beatus vir qui non abiit...* Commencement du sermon LXXII, dont la fin se lit au feuillet 57. Nous pouvons mentionner plusieurs copies anonymes de ce sermon : n°s 6674 (fol. 52), 13586 (p. 255), 14517 (fol. 130), 18096 (fol. 18); Mazarine, 307; Arsenal, 268. — *Qui vult venire post me...*: n° LXIII. Autres copies anonymes : n°s 13586 (p. 245), 14804 (fol. 33). — *Intravit Jesus in quoddam castellum...* n° XLVIII. Autre copie anonyme : n° 14804 (fol. 33).

A de courts extraits, dont la provenance serait vainement recherchée, succède, fol. 63, une paraphrase d'un verset du cantique. Elle commence par ces mots : *De uberibus et unguentis sponsæ videamus*, et paraît finir au fol. 65.

Du fol. 65 au fol. 73, un opuscule mystique dont tels sont les premiers mots : *Tres sunt ascensiones Christi.* Nous ne l'avons pas ailleurs rencontré. Est-ce bien, d'ailleurs, un opuscule? Ne sont-ce pas plutôt des fragments de traités divers? Au feuillet 73 les sermons recommencent.

Audi, filia et vide... — Tres legimus esse divini verbi auditores. Autres copies anonymes : n° 3301 C (fol. 75), 6674 (fol. 12). Ce sermon a été donné par Beaugendre sous le nom d'Hildebert, col. 832; mais il doit être de Pierre Le Mangeur, puisque Busée l'a publié sous le nom de Pierre de Blois. Il est en effet depuis longtemps reconnu que tous les sermons insérés par Busée dans les Œuvres de Pierre de Blois sont de Pierre Le Mangeur. Beaugendre l'avait d'ailleurs mis au compte d'Hildebert par simple conjecture. Une autre copie du même sermon est au fol. 82 de notre volume, anonyme comme la première.

Ensuite d'autres fragments, et, au revers du feuillet 74, un sermon, dont nous ignorons l'auteur, commençant par : *Deus Hebræorum vocavit nos ut eamus viam trium dierum in solitudine.*

Fol. 76. *Factum est verbum Domini ad Ezechielem... — Vos, fratres, estis pastores.* Ce sermon est de Geoffroy Babion. Nous l'avons précédemment cité sous le n° 3833 (1). Il est inédit.

Fol. 77. *Vincenti dabo edere de ligno... — Audistis promissionem et cui facta est promissio.* Autres copies anonymes : n°s 3301 C (fol. 58), 6674 (fol. 90) Avec le nom de Pierre Le Mangeur : n°s 2950 (fol. 113), 14934 (fol. 5). Après avoir été publié par Busée sous le nom de Pierre de Blois, ce sermon l'a depuis été sous le nom de l'auteur véritable; *Patrol.*, t. CXVIII, col. 1741. Nous remarquons de fréquentes différences entre notre texte et celui des éditions.

(1) Tome I, p. 244.

Fol. 78. *Vidit Jacob in sommis scalam...* — *Triplex est visio : visio noctis, visio diei, visio lucis.* Autres copies anonymes : nos 568 (fol. 188), 3733 (fol. 120), 6674 (fol. 11), 14590 (fol. 68), 14925 (fol. 114), 14948 (fol. 62), 14957 (fol. 131), 16461 (fol. 88); Mazarine, 358 (fol. 128). Nous n'en connaissons aucune avec le nom de l'auteur.

Fol. 79. *Homo quidam descendebat...* — *Qui ideo vulneratus est quia descendebat a Jerusalem in Jericho. Si enim de Jericho in Jerusalem...* Tout ce que nous pouvons dire de ce long sermon, dont nous avons une autre copie, pareillement anonyme, dans le n° 13582 (fol. 86), c'est qu'il a plus trait à la liturgie qu'à la morale. C'est bien un sermon du XIIe siècle.

Au feuillet 82, le sermon de Pierre le Mangeur que nous avons déjà rencontré au feuillet 73 : *Audi, filia, et vide.*

Du feuillet 83 au feuillet 99, une liasse de sermons anonymes dont nous n'avons ailleurs rencontré qu'un très petit nombre. Voici les seuls dont nous pouvons indiquer d'autres copies :

Fol. 92: *Convertimini ad me...* — *Qui longam viam confecturus est vix quærit expensas.* Ce sermon sans nom d'auteur, comme ici, dans le n° 272 de l'Arsenal, fol. 136.

Fol. 94. *Hodie, dilectissimi, gemit superbia quia despicitur, hodie dolet vana gloria quia calcatur.* Même n° de l'Arsenal, fol. 101.

Fol. 98. *Egredere de terra et de cognatione...* — *Hæc sunt verba Spiritus sancti ad patriarcham Abraham, cui repromissio facta est.* Dans notre n° 3348 (fol. 161).

Du fol. 99 au fol. 103, une série de questions. La première commence par : *Quæritur utrum deitas sit Deus. Alteram partem muniunt naturales rationes.* Discutée selon la méthode des logiciens, cette questions puérile devient très obscure. On croit néanmoins comprendre que, selon notre docteur, ces deux termes, Dieu, déité, désignent une seule et même essence; que Dieu conséquemment est Dieu par lui-même, non par un autre; *sicut album est album, non tamen alio est album, et tamen nomine et re est album.* Cette décision est nominaliste; mais il n'était pas nécessaire de faire tant de détours pour arriver là.

Les questions qui viennent à la suite sont encore plus oiseuses. En deux mots elles pouvaient être résolues. Mais il fallait d'abord les embrouiller, pour s'infliger ensuite la torture de les débrouiller.

Au fol. 105, un bref commentaire sur les cinq premiers chapitres de Jérémie. Il est sans intérêt. A la suite, d'autres sermons :

Fol. 107. *Veni de Libano, sponsa... — Florente urbe Roma, ex totius orbis dominio consuetudo erat in magnis solemnitatibus...* Nous ne trouvons pas ailleurs ce long sermon.

Fol. 110. *Cum ascendisset Dominus Jesus in cœlum post resurrectionem suam, peractis cum discipulis suis quadraginta diebus...* Nous ne sommes en mesures de rien ajouter à cette simple mention.

Fol. 111. *Qui manet in me et ego in eo... — Dominus Jesus Christus de verbis suis propriis demonstrat dilectoribus.* Nous ne connaissons pas non plus un autre exemplaire, même anonyme, de ce sermon.

Fol. 113. *Apparuit benignitas et humanitas... — Gratias Deo per quem sic abundat consolatio nostra.* C'est le premier sermon de saint Bernard pour le jour de l'Épiphanie. Autre exemplaire anonyme : n° 6674 (fol. 179).

Viennent ensuite quelques définitions de mots grecs, commençant par : *Symbolum græce, collatio latine, vel judicium, quia ibi judicatur fides sanctæ Trinitatis.* Un autre exemplaire est dans le n° 3696 B (fol. 30).

Fol. 115. *De Virga Jesse devenimus ad virgam crucis et principium redemptionis nostræ concludimus.* Autres copies anonymes : Arsenal, n° 272 (fol. 43); Chartres, 126 ; Munich, 9517. Ce sermon est de Pierre Damien et il est imprimé sous son nom; *Patrol.*, t. CXLIV, col. 761.

Fol. 117. *Assumptionem matris Virginis non debent celebrare nisi assumpti.* Ce sermon, qui termine le volume, est incomplet.

13578

Sur la feuille de garde de ce volume, autrefois possédé par les moines de Saint-Maur-des-Fossés, on lit : *Hic sunt diversi sermones. Item Liber expositionis veteris et novi Testamenti.* Ce titre est, comme on va le voir, insuffisant.

Le volume commence, en effet, par des sermons ou

des fragments de sermons anonymes dont voici le détail :

Fol. 1. *Integra et perfecta moralitas in duobus præcipue consistit.* Ce fragment anonyme est de saint Bernard. Mabillon l'a donné sous son nom : *Sermones de diversis,* n° LXXI. Au revers du même feuillet, autre fragment anonyme, commençant par : *Erat fames in terra... — Fames in terra, penuria verbi Dei.* Pareillement de saint Bernard; *De diversis,* n° XCV.

Fol. 2. *Timuit Elias Jezabel et surgens... — Per Eliam quippe, qui interpretatur dominus, vel dominus fortis...* Sermon XCIV de saint Bernard *De diversis.*

A ces trois sermons succèdent divers fragments anonymes dont les premiers réclament seuls une mention particulière.

Le premier, fol. 3, commence par : *Quatuor sunt judicia : secundum præscientiam, secundum causam, secundum operationem, secundum retributionem.* Hugues de Saint-Victor est l'auteur de ce premier fragment, extrait de son *Dialogus de sacramentis legis naturalis et scriptæ* (*Patrologie*, t. CLXXVI, col. 31). Il en existe d'autres copies dans le n° 18096 (fol. 27) de la Bibliothèque nationale, ainsi que dans les n°s 277 et 334 des *Cod. Laud. miscell.* à la Bodléienne et dans un volume de la Laurentienne décrit par Bandini (*Cat. bibl. Laurent.*, t. IV, col. 611). Au revers du même feuillet : *Mors animæ oblivio ; de qua morte suscitatur hoc modo ...* Ce fragment n'est qu'une courte phrase. Nous pouvons néanmoins indiquer à qui cette phrase appartient. Elle est aussi du sententieux mystique Hugues de Saint-Victor (*Patrol.*, t. CLXXVII, col. 799), et tout ce qui suit jusqu'au feuillet 21 est du même auteur. Ce sont des titres ou articles divers des *Miscellanea* publiés sous son nom. Ces articles ne sont pas ici rangés en même ordre, ou, si l'on veut, en même désordre, que dans d'autres manuscrits et dans les éditions. Mais il ne faut pas s'en étonner. Hugues n'a pas plus composé ses *Mélanges* que Pascal ses *Pensées*. Ils ont laissé l'un et l'autre un pêle-mêle de sentences ingénieuses ou profondes, qu'ils avaient pris soin de marquer fortement au coin de leur génie particulier, durant les heures qu'ils avaient pu consacrer à la méditation solitaire, et ce sont des mains amies qui plus tard ont, bien ou mal, ordonné tout cela.

Au milieu de la première page du feuillet 21, recommence une série de sermons anonymes dont nous allons faire connaître la plupart des auteurs.

Le premier débute ainsi : *Minuendi sanguinis duplex est causa. Interdum qualitas, interdum quantitas obest.* C'est le sermon CVIII de saint Bernard *De diversis*. Au revers du même feuillet : *Paratum cor meum...* — *Via regia, fratres, nec ad dexteram declinat nec ad sinistram.* Sermon LXXIX du même recueil.

Au fol. 22 : *Triplicem nobis commendat gradum parabola triplex.* Même recueil, sermon LXV. Au verso : *Usque hodie in civibus Babylonis aquarum effusio, id est confusio cogitationum.* Nous ne doutons pas que ce fragment soit de saint Bernard ; mais nous l'avons en vain recherché dans l'édition de ses Œuvres.

Au fol. 23 : *Tria sunt : tabernacula, atria, domus.*

De saint Bernard : sermon LXXVIII *De diversis*. Au revers : *Filius Dei apparuit ut nos adjuvaret et erudiret.* Du même auteur et du même recueil ; n° LIV.

Au fol. 24 : *Non est speciosa laus in ore peccatoris.* — *Etiam quæ est in ore peccatoris pænitentis.* Même recueil, sermon LXXXI. Au bas de la page : *Mel invenisti?..* — *Potest non incongrue hoc loco mellis nomine favor humanæ laudis intelligi.* Même recueil, sermon LXXXIII.

Au fol. 25 : *Qui gloriatur in Domino...* — *Noverat apostolus gloriam propriam esse creatoris.* Même recueil, sermon VII.

Au fol. 27 : *Ab illuminandas cæcitatis humanæ tenebras tres radios præmisit.* Nous ignorons à qui ce fragment appartient.

Fol. 28 : *Oleum aliud effusionis, aliud puritatis, aliud exultationis.* Ce fragment n'est pas de saint Bernard ; l'auteur est Hugues de Saint-Victor : *Miscell.* livr. IV, titre 132.

Fol. 29 : *Converti me ad viam sanctuarii portæ...* — *Sustinet hic Ezechiel personam humani generis.* Ici nous avons un sermon complet, dont l'auteur est bien connu ; c'est le chancelier Pierre Le Mangeur. Nous avons déjà cité sous le n° 2951 (1) ce sermon imprimé dans les œuvres d'Hildebert.

Fol. 31 : *Onus Duma ad me clamat...* — *Loquitur propheta sicut fieri solet noctu ad vigiles qui pernoctant in excubiis.* Un autre exemplaire anonyme de ce sermon est dans le n° 529 (fol. 113). Celui que nous

(1) Tome I, p. 145.

avons ici n'est pas complet. Nous n'en connaissons pas l'auteur.

Fol. 33 : *Beati pauperes spiritu... — Sermo iste affectu desiderabilis et experientia dulcis.* Nous avons cité ce sermon sous le n° 13432 (fol. 17) (1). Il est de Gébouin, archidiacre de Troyes.

Fol. 36 : *Beati mites, quia ipsi possidebunt... Mansuetudo, inter cetera virtutum insignia, quasi solaris est.* Ce sermon, du même style que le précédent, et que nous a transmis le même copiste, est-il aussi de Gébouin ? Nous ne l'avons pas ailleurs sous son nom.

Fol. 39 : *Præsens vita multiplicatis doloribus et ærumnis plena est. Urget dæmonum infestatio.* Nous ignorons aussi quel est l'auteur de ce sermon.

Fol. 43 : *Egredimini, filiæ Sion... — Delicatis et infirmis animabus pia et salutaris exhortatio per Spiritum sanctum proponitur.* Encore un sermon dont l'auteur nous est inconnu. Autres copies anonymes : nos 3730 (fol. 221), 13586 (p. 337), 18096 (fol. 58).

Au fol. 49 commence le *Liber expositionis veteris et novi Testamenti* que mentionne la note écrite sur la feuille de garde. Ce sont les *Allégories* sur l'un et l'autre Testament, attribuées à divers écrivains, mais dont l'auteur le plus vraisemblable est, selon nous, Hugues de Saint-Victor (2). Elles ont été plus d'une fois publiées sous son nom.

Dans ce manuscrit, comme dans plusieurs autres, on lit, à la fin des *Allégories* sur l'ancien Testament, trois

(2) Ci-dessus, p. 165.

(1) *Les Œuvres de Hugues de St-Vict.*, p. 44.

fragments qui ne s'y rapportent en aucune façon et qui sont peut-être néanmoins du même auteur. Ils lui sont évidemment donnés par les copistes. Cependant les éditeurs les ont laissés de côté. Voici le premier de ces fragments :

Beatus Remigius, Remensis archiepiscopus, Clodoveum regem Francorum gentilem, prædicatione sua convertit. Iste primus rex Francorum fuisse dicitur christianus. Die præfixo, cum jam nudatus vellet intrare fontes, contigit quod non potuit haberi ampulla chrismatis. Rex vero, propter adstantes erubescens, voluit ut differeretur. Beatus vero Remigius, vir devotus, timens ne pœniteret, oravit Dominum, et, nondum completa oratione, descendit columba de sublimi, ferens ampullam in ore cristallinam, perlucidam, unguento plenam, sed nescitur quo, et ita in instanti baptizatus rex et multi cum eo eadem ampulla. Non major est nuce parvula et adhuc est in monasterio beati Remigii extra muros civitatis, et semper plena nunquam evacuatur. Reges Francorum, quando primo coronantur, illo unguento inunguntur in Remensi tantum civitate, manentes in eisdem indumentis per unam septimanam. Monachi sancti Remigii deferunt ampullam cum magna processione ad sedem archiepiscopalem, et cum armata multitudine, et, facta unctione, statim redeunt cum eadem. In hoc sunt privilegiati reges Francorum, quia soli cœlesti unguento unguntur. Archiepiscopus ea die facit regi omnes expensas et quandoque expendit DCC vel DCCC marcas et plus. Postea potest coronari ubi vult; de more apud Sanctum Dionysium, vel alibi cum expedit.

Le deuxième fragment, commençant par *Mulier, quando vult parare cibum,* est intitulé, dans le n° 48 du collège *Corpus Christi,* à Oxford : *Hugo de Sancto Victore, de cibo animæ.* Le troisième commence par : *Nota quod tres hostes habemus, carnem, mundum et diabolum*. Il n'occupe que quelques lignes. Nous ne l'avons pas trouvé dans les Œuvres du Victorin.

Au revers du feuillet 104, deux sermons, dont le second est peut-être inachevé. Le premier a pour début : *Quoniam, fratres carissimi, ad dedicationem hujus ecclesiæ, vos devota mente venisse credimus.* Nous en avons un autre exemplaire anonyme dans le n° 3563 (fol 31) ; mais le nom de l'auteur nous est fourni par le n° 13586 (p. 70). C'est Geoffroy de Troyes Du même auteur est le second sermon, commençant par : *Celebritas hodiernæ festivitatis admonet, dilectissimi fratres*... Il est anonyme dans le n° 3563 (fol. 27) ; mais il est sous le nom de Geoffroy de Troyes, dans le n° 13586 (p. 60).

Au fol. 105, d'une autre main, une autre liasse de sermons, tous anonymes, dont chacun doit être particulièrement indiqué.

1° *Quærite Dominum dum inveniri potest. — Commune et usitatum, fratres mei, proponimus vobis.* Ce sermon est pareillement anonyme dans le n° 14594 (fol. 23).

2° *Habemus altare de quo non habent edere... — Fratres mei, ejus verba non vacua sunt qui nihil reliquit vacuum.* Autre copie anonyme : n° 14594 (fol. 31).

3° *Jacob post luctam accepit ab angelo benedictionem. Singulæ syllabæ cœlestia spirant sacramenta.* Anonyme : n° 14954 (fol. 34).

4° *Militia est vita hominis... — Oportet, fratres carissimi, strenuum Christi militem fortissimam civi-*

tatem Ninivem in se subvertere. Un autre exemplaire anonyme de ce sermon est dans le n° 941 (fol. 40) de la Mazarine. Beaugendre l'a publié sous le nom d'Hildebert, *Hild. Op.*, col. 791, mais d'après un manuscrit d'Angers où l'auteur n'était pas désigné.

5° *Quare in vulva non mortuus... — Corporales escæ, fratres carissimi, quibus corpus vegetatur, interius acceptæ si non bene digerantur...* Autre exemplaire anonyme : Mazarine, n° 941 (fol. 38.)

6° *Si dormiatis inter medios cleros... — Fecimus. fratres carissimi, conventum vel synodum corporum.* Autre exemplaire anonyme: Mazarine, n° 941 (fol.42).

7° *Assumpsit me spiritus et audivi... Vir iste propheticus Ezechiel, spiritu Dei roboratus, gratiam...* Autre exemplaire anonyme : Mazarine, n° 941 (fol. 84).

8° *Aspiciebam ego in visione noctis... Cœlestibus Daniel flagrans desideriis.* Ce sermon incomplet est de Pierre le Lombard. Nous l'avons déjà cité sous le n° 3539 (1).

9° *Ave, inquit angelus, Maria gratia plena... — O nova, o cœlesti nectare delibuta, o multum officiosa salutatio.* Autre exemplaire anonyme: Arsenal, n° 272 (fol 7).

10° *Intravit Jesus in quoddam castellum... — Castellum ad quod Jesus ingreditur est voluntaria paupertas.* Le sermon XLVIII de saint Bernard *De diversis* commence de même que celui-ci ; mais, après ce mot *paupertas,* les deux sermons n'ont plus rien de semblable.

(1) Tome I, p. 217.

11° *Carissimi, polluta habeo labia ut loquar justis et incircumcisa ut doceam prudentes.* Autre exemplaire anonyme : Arsenal, n° 272 (fol. 8).

12° *Verba sunt Sapientiæ : Ego quasi vitis... — Quisquis vitiorum innatat gurgitibus non valet infatuato gutture...* Nous n'avons à mentionner aucune autre copie de ce sermon.

Le volume finit par une apologie de la vie contemplative dont la fin manque. Les premiers mots sont : *In hujus mundi republica, quam habenis misericordiæ et veritatis Deus auriga gubernat.* L'auteur nous est inconnu.

13579

Les deux premières pages de ce volume sont occupées par un fragment de calendrier où nous ne remarquons rien qu'il soit utile de signaler. A la suite, nous avons deux recueils de sermons inédits, l'un pour les dimanches, l'autre pour les fêtes. Le premier est anonyme. En tête du second, au fol. 186, on lit : *Biardi de festis.* Il s'agit du dominicain Nicolas Biart, des Biards ou de Biard, qui n'a pas obtenu, dans l'*Histoire littéraire*, une notice suffisante (1). Quant au premier recueil, tous les sermons qui le composent sont, sous le même nom, joints à ceux qui concernent les fêtes, dans le n° 1693 de Troyes. En outre, un plus ou moins grand nombre des mêmes sermons sont pareillement attribués à Nicolas de Biard dans les nos 15383, 15951, 15953, 15954,

(1) *Hist. litt. de la France*, t. XVIII, p. 530.

15959, 15964, 15965, 15971, 16471, 16488, 16498, 16505, 16507 de la Bibliothèque nationale. L'attribution n'est donc pas contestable. Ainsi nous avons dans notre n° 13579, non pas, il est vrai, sans lacunes, ces deux séries de sermons de frère Nicolas qui, très goûtées encore dans les premières années du XIVe siècle, figurent l'une et l'autre, en 1303, au catalogue du libraire Eudes de Sens (1).

Le succès de cette œuvre parénétique nous est, en outre, attesté par un grand nombre de copies anonymes : copies soit de l'œuvre entière, soit de sermons choisis. Comme elles sont anonymes, les tables des catalogues ne donnent pas le moyen d'en constater la présence dans les manuscrits où elles sont dispersées. C'est pourquoi quelqu'un nous saura peut-être gré de faire connaître celles que nous avons jusqu'à ce jour rencontrées. Le texte contenu dans le n° 13519 n'est pas, en effet, généralement bon, et les autres copies nous ont aidé souvent à le comprendre. Rappelons, pour ce qui regarde les sermons dominicaux, que nous en avons une collection plus complète dans le volume ci-dessus décrit sous le n° 12419 (2).

Parmi les sermons de Biard réunis dans ce n° 13579, les uns pour les dimanches, les autres pour les fêtes, ceux qui se trouvent sans le nom de l'auteur en divers manuscrits de la Bibliothèque nationale pourront être recherchés dans les numéros suivants :

N° 3556, fol. 1, 2, 3, 4, 5, r° et v°, 21, 25, 28, 29, 39, 42. — N° 3565, fol 166. — N° 12419, fol. 60, 61,

(1) Ch. Jourdain, *Index chronol.*, p. 76, 77.
(2) Ci-dessus, p. 84.

63, 64, 65, 66, 68, 69, 70, 71, 72, 74, 75, 76, 77, 78, 80, 81, 83, 85, 86, 88, 90, 93, 94, 95, 97, 99, 107, 108, 111, 113, 115, 116, 132, 142, 144. — N° 12421, fol· 7. — N° 14799, fol. 214. — N° 14952, fol. 218. — N° 14966, fol. 123 de la deuxième série. — N° 15951, fol. 29. — N° 15955, fol. 72, 270, 328, 382, 389, 424. — N° 15959, fol. 18, 40, 42, 67, 92, 97, 138, 179, 256, 275, 318, 337, 355, 359, 412, 457, 459, 489, 553. — N° 15964, fol. 31, 49, 86, 176, 192, 211, 292. — N° 16471, fol. 273, 339, 344, — N° 16488, fol. 204, 372, 391, 416, 441. — N° 16498, fol. 4, 8, 19. — N° 16499, fol. 126, 279. — N° 16500, fol. 145. — N° 16504, fol. 13, 16, 18, 21, 25. — N° 16505, fol. 228. — N° 16507, fol 13, 228, 245, 246, 249, 330. — N° 18081, fol, 37, 38, 39, 41, 42, 44, 45, 47, 49, 50, 52, 54, 55, 56, 59, 60, 62, 64, 65, 66, 67, 69, 70, 74, 78, 81, 83, 87, 89, 94, 100, 102, 104, 108, 109, 111, 113, 114, 119, 122, 125, 126, 127, 138, 139, 145, 150, 154, 165, 166, 169, 171, 194, 175, 177.

D'autres copies, pareillement anonymes, nous sont signalées sous les n°s 1528 de Troyes, 297 de Laon, 133 d'Avranches et 121 de Grenoble.

On s'explique, d'ailleurs, aisément le succès qu'eurent les sermons de Nicolas de Biard. Ils ne sont pas d'un pédant ; rien n'y sent, plus ou moins, le pédantisme, soit théologique, soit philosophique, soit littéraire ; ils paraissent écrits facilement, au courant de la plume, par un homme d'assez bonne humeur, qui n'avait aucune prétention à briller. Nous avons son jugement sur les prédicateurs plus jaloux que lui de se faire applaudir : *Aranea de vis-*

ceribus suis facit telam ad capiendum muscas. Sic quidam eviscerant se ad faciendum sermonem et multum circa hoc laborant, et hoc faciunt ut muscam inanis gloriæ vel commodi temporalis accipiant. Tales veniunt in nomine suo, non in nomine Dei (1). Quant à lui, sa méthode est d'enseigner simplement, sur le ton familier, quels sont les préceptes de la saine morale, quels sont les devoirs d'un fidèle chrétien. C'est là, dit-il, l'objet des sermons. A quoi bon prêcher, si ce n'est pour corriger les mœurs ? Et certainement de bons sermons les corrigent. Les gens qui les viennent entendre avec le plus d'indifférence, même les grands pécheurs, en tirent toujours quelque profit : *Non est lupus adeo incarnatus in ove quin fugiat si pastores continuent clamare :* Ha ! ha ! *Unde bonum est frequentare sermones* (2).

Le genre familier a, comme tous les genres, son écueil, qui est la trivialité. Nicolas de Biard est quelquefois trivial ; mais il ne l'est pas habituellement. Beaucoup de ses contemporains ont en cela péché bien plus gravement que lui. Il se conforme à la mode de son temps, mais sans être de ceux qui l'exagèrent. Souvent il cite des proverbes français, qu'il commente ensuite dans un latin plus ou moins macaronique. Cette manière d'égayer un sermon était alors d'un usage commun ; saint Thomas lui-même n'a pas dédaigné d'y recourir. On n'était pas, d'ailleurs,

(1) Fol. 18, col. 1. Le texte du n° 13579 est, nous le répétons, très défectueux. Aussi corrigerons-nous souvent sur d'autres manuscrits les phrases que nous aurons à citer.

(2) *Distinct.* Nic. de Biard ; man. lat. de la Bibl. nat., n° 13474, fol. 58 v°.

embarrassé de trouver ces dictons ; il en existait de copieux recueils, formés pour venir en aide aux prédicateurs. Nous avons notamment deux de ces recueils dans les nos 14955, fol. 119, et 18184, fol. 143. Aux proverbes français, rangés habituellement suivant l'ordre alphabétique, succèdent plusieurs sentences latines, tirées de l'Écriture, qui s'y rapportent plus ou moins. Nicolas de Biard avait certainement en sa possession un manuel semblable, et il en a très largement usé; même abusé, nous n'hésitons pas à le reconnaître. Mais les curieux ne le lui reprocheront pas. C'est pourquoi nous avons pris soin de recueillir pour eux dans ce volume, comme nous l'avons fait dans le n° 12419, tous les proverbes, dictons, jeux de mots français dont il a farci son latin. En voici la transcription :

Fol. 3, col. 1 : « Qui est garniz si n'est honiz (1). »

Fol. 5, col. 3 : « De sage home sage demande. »

Fol. 7, col. 5 : « Tantes viles tantes guises; » en latin, dans le n° 18081, fol. 126 : *Tot civitates quot consuetudines.* Quelques copies ont : « Tantes viles tantes estres. »

Fol. 8, col. 2 : « A columb saoul cerises amères. »

Fol. 9, col. 4 : « D'un pain manger s'enuie l'en; » en latin, n° 18081, fol. 127, col. 4 : *De uno pane comedere fastidit homo.*

Fol. 11, col. 1 : *Dicitur de re bona et optima :* « El ne fait de mal oeil a vaer. »

Fol. 11, col. 2 : « Mout enuie à qui atent. »

(1) Dans un autre sermon de Biard, n° 12419, fol. 136 : « Qui est garniz ne est sorpriz. »

Fol. 15, col. 2 : « Parole, puis que rois l'a dite, ne doit pas être contredite. »

Fol. 22, col. 1 : « Au semblant conoist l'en l'oume; » *Vix est tristitia vel gaudium in corde, quin aliquod signum appareat in facie.*

Fol. 24, col. 2 : « A sage seignor sage mesnie. »

Fol. 37, col. 2 : « Qui ne peche si encort. » Dans le n° 18081, fol. 49, col. 1 : « Tel ne peche qui encort; » dans le n° 15959, fol. 179 : « Qui ne peche si encort la paine. » Et voici le commentaire : *Contingit enim quandoque quod pater redimit pignus quod filius obligavit et solvit pretium vini quod filius bibit.* Citons enfin ces vers :

Il advint souvent à cort;
Tel ne peche qui encort (1).

Fol. 49, col. 1 : *Multi faciunt* « de autri cuir large corroye », *alios ad castitatem et patientiam et pœnitentiam admonendo, et in se nihil ex hoc exsequendo.*

Fol. 49, col. 3 : « Qui gaignier ne veut perte li viengne ; » en latin, dans le n° 18081, fol. 53, col. 1 : *Qui lucrari non vult perditio veniat ei.*

Fol. 54, col, 2 : « Qui s'aquite ne s'encombre. »

Fol. 58, col. 2 : « Mieux vaut engins que force. » Le même proverbe nous est offert avec cette variante : « Meauz vaut sens que force. »

Fol. 59, col. 3 : « Pains et vins c'est viande à pelerin. »

Fol. 66, col. 2 : « Honi seit li prestres ki blame ses reliques. »

(1) Man. lat. de la Bibl. nat., n° 16499, fol. 172, col. 4.

Fol. 68, col. 1 : « Qui de bon est se recent; » n° 18081, fol. 62, col. 1 : « Qui de boens est soues ault; » n° 12419, fol. 90 : « Qui de boens est de boens li muet; » *Sæpe enim fit quod filii, probitatem et largitatem antecessorum attendentes, ad simile provocantur.* Citons enfin, d'après notre n° 18184, cette autre leçon du même proverbe : « Qui de bon ist soef y aut. »

Fol. 77, col. 3 : Qui en jeu entre jeu consente. »

Fol. 81, col. 1 : « Besoing fait vielle troter. »

Fol. 86, col. 4 : « Quel que pain nule faim ; *Nullus enim adeo est delicatus qui, si diu jejunaverit, panem respuat qualemcumque.*

Fol. 86, col. 4 : « Qui mieuz aime autri que sei au molin fu mort de sei ; » *Videtur enim quod quis alium plus quam se amat qui alios admonitionibus et correctionibus pascit et seipsum non emendat.*

Fol. 89, col. 1 : « N'a fol baer, n'a fol tensier. »

Fol. 98, col. 4 : « Petite plue abat grant vent. »

Fol. 109, col. 1 : *Dicitur vulgariter : Satis emit qui petit;* « Asés achate qui demande. »

Fol. 125, col. 2 : « Quant l'on vait le quir l'on demande corroyes. » Nous lisons dans le n° 18184 : « Quant fox voit taillier cuir si demande corroies. »

Fol. 128, col. 1 : *Vana bursa et vacua dicitur :* « Ce est borse de vent. »

Fol. 128, col. 3 : *Tardius se reddit cum sentit domum suam omnibus necessariis garnitam et bene plenam. Dicitur enim :* « Home saüleis ne rent chastel. »

Fol. 131, col. 2 : « Il n'est feste ki ne se departe, fors la feste de paradis. »

Fol. 131, col. 3 : « Tous jors a en grant table un mavais chief. »

Fol. 137, col, 2 : « Qui plus prent et plus coste. » *In omni curia et in omni loco consuetudo est approbata quod qui plura beneficia habet plus obligatur.*

Fol. 139, col. 3 : « Prent cheval en denteüre, Si veut tenir les jors que deure. »

Fol. 141, col. 3 : « Ki bien fait bien aura; non pas ki bien dit. »

Fol. 144, col. 3 : « Voisin seit tot. » On disait encore : « Qui a mal voesin si a mal matin. »

Fol. 147, col. 4 : « Que oil ne voit cuer ne deut. » Dans le n° 18184 : « Que iaux ne voit a cuer ne diaut. »

Fol. 150, col. 1 : « A la curt le roy checun por say. » Dans le n° 18184 : « A la cort le roi chascuns i est pour soi. » Ce proverbe est un des plus souvent cités dans les sermons. Robert de Sorbon le donne en vers (n° 15971, v°) :

A la cort del roy
Chascun est por soy.

Il était donc proverbial qu'il n'y a pas lieu de compter sur la protection des courtisans, uniquement occupés de leurs propres affaires. Et pourtant, dit encore Robert de Sorbon, on ne peut à la cour, sans leur appui, rien obtenir :

A cort mal besonhiera
Qui nul ami n'i aura (1).

(1) Ms. lat. 15971, fol. 118.

Fol. 152, col. 3 : « Ren ne faut si bien num. »

Fol. 160, col. 4 : « Chescune velle son duel plaint. » Dans le n° 18184 : « Chascune vieille... »

Fol. 166, col. 3 : « Ki ben est ne se moeve; *Qui bene est non se moveat.*

Fol. 170, col. 2 : « Mieux vaut amis en voie ke deniers en corroie (1). »

Fol. 173, col. 4 : « Cuer ne poit mentir. »

Fol. 176, col. 1 : « Cil est vilain qui dechet. »

Fol. 176, col. 2 : « Un jor de terme cent solz vaut. »

Fol. 183, col. 1 : « Chevaler ne vet soul; » *Non enim decet magnum et nobilem solum esse.*

Fol. 187, col. 3 : « Selon le segnor la mesnie. » Dans le n° 18184 : « Selon le seignor menie duite. » Nous avons cité plus haut, d'après le fol. 24, une autre forme du même dicton.

Fol. 189, col. 2 : « Bele chiere vaut un mes. » En latin, dans le n° 18081, fol. 175, col. 4 : *Pulchra facies valet unum ferculum.*

Fol. 190, col. 2 : « Viel chen est mal à metre en lien; » *Sic qui usque ad senectutem expectat pœnitentiam facere.*

Fol. 206, col. 1 : « Ki bien voit et mal prent à bon dreit s'en repent. » Le même proverbe se lit en tête d'un autre sermon de Nicolas qui manque ici. Ce sermon, pour la fête de saint Étienne, est au fol. 44 du n° 16507. Nous lisons dans le n° 14955, fol. 121 : « Qui le bien voit et le mal prent il se dechoit à escient. »

(1) En latin, dans le n° 12419, fol. 112 : *Melius valet amicus in via quam denarius in corrigia.*

Fol. 208, col. 1 : « Bontés altre garde et colée sa per. » Dans le n° 15951, fol. 29 : « Une bontés autre requiert et colée sa per. » Ce proverbe est aussi très souvent cité. Dans un sermon anonyme, n° 18193, fol. 34, col. 4 : « L'une bonté l'autre requiert et colée sa per. » Dans le n° 12419 : « L'une bonté requiert l'autre. »

Fol. 210, col. 2 : *Omnes sutores de mundo non facerent* « de vielle savate bon souler. »

Fol. 219, col. 4 : *Carpentator in primo ictu dicit :* « Or i soit Dex; » *barbitonsor dicit :* « Or i ait Dex part. »

Fol. 222, col. 2 : « A cui Diex veut aider nuls ne li poet nuire. »

Fol. 222, col. 4 : « Les vielles voies doit l'en tenir; en latin, dans le n° 18081, fol. 165, col. 2 : *Antiquæ viæ sunt meliores.*

Fol. 226, col. 2 : « Compaignie Deus la fist. » Ce proverbe est incomplet. Un autre sermonnaire le cite ainsi : « Bone compaignie Dex la fist et deable la desfit; » n° 18193, fol. 23, col. 4.

Fol. 243, col. 4 : « A bon demandeur sage escondiseur. » C'est le proverbe que cite saint Thomas. On disait aussi : « A fol demandeur sage escondiseur. »

Quelques-uns de ces proverbes ou dictons n'ont pas encore été publiés. Pour ceux que divers éditeurs ont déjà fait connaître, les manuscrits par nous cités offrent des leçons qui seront, croyons-nous, quelquefois jugées préférables.

Nous n'avons pas beaucoup d'autres emprunts à

faire aux sermons de frère Nicolas qui sont ici. Ce religieux admoneste les gens avec une charitable mansuétude. Le nombre est grand des prédicateurs, ses contemporains, qui, sous ce rapport, ne lui ressemblent pas. A tout propos ils s'enflamment et sont injurieux, soit par excès de zèle, soit par défaut de tenue. Il n'avait pas, lui, cette ardeur ou cette grossièreté. C'est pourquoi les traits de mœurs ne sont pas communs dans ses sermons. En fait, il ne parle assez mal que de certains évêques et de certains baillis ou prévôts, leur reprochant la même convoitise du bien d'autrui. Voici le passage le plus dur contre ces évêques : *Dicitur quod, apertis thesauris suis, obtulerunt magi aurum, thus et myrrham. Aurum non offerunt, sed auferunt, qui pauperibus non dant eleemosynas, sed student a subditis, per nefas et simoniam, pecuniam extorquere* (1). Et contre ces baillis, ces prévôts : *Bedelli et baillivi qui habent terras* « en ballie », *cum attendunt ballivias sua cito finiendas, graviores exigunt exactiones* (2). Ou bien encore : *Sicut lupus vel lupa circuit vel explorat quomodo oves possit rapere et ad pullos suos portare, sic bedelli, præpositi et hujusmodi circumeunt et explorant quomodo occasionem inveniant quomodo non sua possint rapere* (3). Or il faut noter que, dans tout un volume de sermons, un gros volume, nous n'avons rien lu d'aussi vif contre aucune autre classe de gens. Ajoutons que, lorsque l'occasion s'offre à lui, sans qu'il la

(1) Fol. 10, col. 3.
(2) Fol. 15, col. 2.
(3) Fol. 87, col. 4.

cherche, de parler des vieux moines et des clercs séculiers, à qui beaucoup de ses confrères ont adressé tant d'invectives, il se contente habituellement de les railler sur le ton badin. Nous lisons au fol. 133, col. 4 : *Certe, campana sonante, monachi ad cyphum vini veniunt et etiam pulli ad micam panis.* Au fol. 106, col. 1 : *Ovis quæ concepit agnum non parit lupum, et multi concipiunt monachum, id est propositum religionis, et pariunt per effectum canonicum sæcularem, accipiendo canonicam cum offertur.* Au fol. 48, col. 1 : *Sæpe pater ebriosus retrahit filium a taberna, et mater luxuriosa hortatur filiæ castitatem, et medicus servo abstinentiam...; et multi sacerdotes pœnitentias graves subditis injungunt, qui tamen, cum multo plus peccaverunt, nihil agunt.* Ce ne sont pas là des propos bien méchants.

Les allusions aux usages du temps ne sont pas non plus fréquentes. Au fol. 203, col. 4 : *Solent sponsi in firmalibus seu sponsalibus sponsas visitare et eis in signum dilectionis ornamenta et jocalia conferre.* Cela s'est fait dans tous les temps. Mais nous citons cette phrase parce que le mot *firmalia* s'y trouve employé comme synonyme du mot *sponsalia.* Du Cange ne donne aucun exemple de cette synonymie. Voici d'autres informations sur les épousailles. En certains lieux, les amis de l'époux faisaient les frais de la noce : *Fit alicubi quod amici sponsi veniunt ad nuptias ejus ut expensas agant* (1). Ailleurs, et, comme il paraît, le plus souvent, l'époux se mettait en grande dépense

(1) Fol. 49, col. 3.

au profit de ses amis, leur donnant pour la cérémonie des vêtements neufs : *Solent sponsi amicis suis venientibus ad nuptias dare vestes novas* (1). Nous avons encore vu, dans les campagnes, offrir aux invités, non des habits, mais des gants. Cet autre usage s'est aussi maintenu : *Divites noviter maritati non solent ad domum suam redire quin viellatores et tympanisatores et hujusmodi præcedant, qui adventum sponsi prænuntient* (2). Mais ce ne sont plus les riches qui se font maintenant annoncer de la sorte, et le violon a remplacé la vielle et le tambour.

Quelques phrases peuvent être encore citées comme offrant plus ou moins d'intérêt. Les histrions étaient, comme on le sait, d'impertinents censeurs, toujours en quête d'informations, de nouvelles, pour dresser ensuite, sur un fondement quelconque, l'échafaudage de leurs médisances et de leurs calomnies : *Histriones*, dit frère Nicolas, *semper sunt in domibus aliorum, eorum conscientias et peccata inquirendo, de suis parum vel nihil cogitantes* (3). Mais cela n'est pas encore très dur. D'autres prédicateurs traitent bien plus mal ces histrions ; Guillaume de Bar, par exemple, les compare à des pourceaux (4). Ce qui les rendait particulièrement odieux aux prédicateurs, c'est que le dimanche, durant l'office divin, ils venaient effrontément s'établir devant le porche des églises, conviant la foule et se faisant un nombreux

(1) Fol. 51, col. 1.
(2) Fol. 203, col. 2.
(3) Fol. 167, col. 4.
(4) Ms. lat. 16476, fol. 131, col. 1.

auditoire de gens à qui leurs farces semblaient plus gaies qu'un sermon. Nicolas se plaint aussi de ne voir pas, quand il prêche, assez de monde autour de sa chaire : *Multi non veniunt ad prædicationem, sed exeunt de ecclesia cum vident prædicatores* (1). Ce n'est pas qu'on fit alors, devant le peuple, de longs sermons ; on ne sermnonait longuement que devant les clercs, en synode. Mais, si bref qu'il fût, un sermon latin, comme ceux de maître Nicolas, ne pouvait que fatiguer l'oreille des laïques ; ils fuyaient moins sans doute les prédicateurs qui daignaient leur parler en français.

Les entrepreneurs de maçonnerie étaient déjà des élégants et faisaient les personnages : *Magistri cæmentariorum, virgam et cyrothecas in manibus habentes aliis dicunt :* « Parci le me talle (2) ; » *et nihil laborant, et tamen majorem merceden accipiunt ; quod faciunt multi moderni prælati.* Les habitants de la Marche avaient le renom d'être très inconstants : *Multi, cum audiunt monitiones et prædicatorum correctiones, proponunt bene vivere, qui contrarium faciunt cum tentantur, sicut homines de Marchia et gallus super pinnaculum* (3). Voilà, pour ce qui regarde les mœurs, tout ce que nous avons à citer.

Il y aurait peut-être plus à tirer des mêmes ser-

(1) Fol. 40, col. 1.

(2) Voir les exemples de cette locution proverbiale cités par M. Paul Meyer dans un article de la *Romania*, tome VI, page 498, et par M. Gaston Paris, même recueil, t. XVIII, p. 288. L'origine en est clairement montrée dans ce passage. « Taille-le-moi par ici ; » c'est un ordre donné par un maître maçon.

(3) Fol. 48, col. 3.

mons si l'on jugeait utile d'exposer les sentiments, les opinions de l'auteur sur divers points de théologie morale. Il n'est pas philosophe ; il n'a rien retenu des leçons de la rue Garlande et n'invoque jamais l'autorité d'Aristote. Mais il a néanmoins des principes très arrêtés sur tout ce qui concerne les droits et les devoirs sociaux, et, quand l'occasion s'offre à lui de les déclarer, il n'hésite pas à le faire. Pour fournir un exemple de cette franchise, il nous suffira de citer ce passage, que nous avons ailleurs essayé de traduire (1) :

Qui omnes ejusdem conditionis sumus, superbire unus contra alterum non debet... Vasa quæ ab eodem figulo et de eadem massa et ad idem officium formantur non habent rationem superbiendi. Vel quod unum fieret ab angelo, alterum ab homine, vel unum de auro, alterum de luto, vel unum ad serviendum regi, aliud garcioni, posset habere occasionem alterum super alterum elevari; sed omnes ab eodem sumus formati, scilicet a Deo... Item de eadem materia sumus omnes... Item ad idem facti sumus, quia ad serviendum Deo, non ad divitias, honores et delicias acquirendas (2).

Ici, qu'on le remarque, pas un mot qui trahisse quelque mauvais sentiment, soit de haine, soit d'envie. On dit simplement aux nobles, aux riches : il ne faut pas faire les superbes; vous n'en avez aucun droit. Mais avec quelle fermeté cette leçon de conduite leur est donnée !

L'usage était alors d'introduire dans les sermons plus ou moins d'anecdotes plaisantes ou tragiques.

(1) *Journal des Savants*, 1887, p. 120.
(2) Fol. 153.

C'est un artifice auquel Nicolas de Biard n'a pas habituellement recours. Assez souvent il fait allusion à telle ou telle histoire connue ; mais il ne la raconte pas. Voici pourtant deux de ses récits qu'il nous a paru bon de transcrire. Tel est le premier :

Exemplum hic ponitur de puero regis tradito a patre moriente villico sapienti et fideli, licet pauperi, qui eum verberavit egregie cum debuit coronari ; qui iratus contra eum voluit eum propter hoc exheredare. Cui tunc dixit quod hoc fecerat ut sciret melius in qua angustia sunt patientes injuriam et rerum suarum amissionem, ut melius compateretur eis (1).

Et tel est le second :

In quadam bona villa fuit quidam avarus qui multa male acquisierat, crudelis pauperibus. Tempore cujusdam caristiæ, pauperes de circumstantibus villis confluebant ad illam bonam villam ; et cum circuissent totam villam illam, in domo illius divitis nil potuerunt habere, nec tunc nec alias. Quadam die, dum, ante horam petendi eleemosynam, juxta murum ad solem sederent pauperes, exquirentes suas vestes pro vermibus et pediculis, quærebat unus ab alio meliores eleemosynarios. Nominavit unus domum illius divitis, et dixit : « Scio quod non est aliquis qui possit ab eo aliquid impetrare, » asserens se esse unum de melioribus trutannis et petentibus quos invenerat, nec tamen aliquid ab eo unquam potuerat impetrare. Alius dixit quod poneret omnes pecias panis quas habebat contra pecias illius quod ab eo aliquid impetraret. Quo facto, ivit ad januam divitis, et inveniens clausam post portatores pastæ ad furnum, cum redirent intravit cum illis. Quem videns dives vocavit eum latronem iratus, nec inveniens prope se petram nec baculum, accepit panem unum in cophino et jecit post caput pauperis ; quem panem accipiens pauper et fugiens probavit se lucratum esse pecias panis socii sui (2).

(1) Fol. 207, col. 4.
(2) Fol. 221, col. 3.

L'ensemble de ces sermons est, pensons-nous, une œuvre littéraire; mais l'auteur en a sans doute prononcé quelques-uns. La langue n'en est pas bonne, et cependant on ne peut dire qu'elle soit négligée. C'est la langue du XIIIe siècle, beaucoup moins pure que celle du XIIe. Tels quels, il est constant qu'ils furent plus d'une fois servilement imités. Ils l'ont été par le Mineur Eustache, dont nous avons, dans le n° 14952, fol. 146 et 153, deux sermons calqués sur deux autres sermons qui se lisent aux fol. 141 et 150 de notre recueil. Il y a plus : dans les n°s 15939 (fol. 19) et 16477 (fol. 18), nous trouvons, parmi les œuvres de Jean de La Rochelle, un long sermon dont la première moitié est la reproduction littérale de celui qui commence, dans notre n° 13579, à la quatrième colonne du fol. 56. Qui s'est, en ce cas, approprié le bien d'autrui? L'auteur du larcin nous paraît être Jean de La Rochelle, plus jeune que Nicolas, et mort, croit-on, après lui.

Ce volume ne contient pas, nous l'avons dit, tous les sermons de Nicolas de Biard. Mais, outre ceux que nous avons cités sous le n° 12419 comme n'étant pas ici, deux autres lui sont attribués, aux fol. 47 et 51 du n° 15954, et sont, en effet, composés, rédigés suivant sa méthode, son style. Mais ces deux sermons font partie, dans le n° 18193, d'une somme sur le commun des saints que le n° 1839 de Troyes rapporte à certain frère Pierre, de l'ordre des Mineurs, et dans le catalogue des livres taxés vers l'année 1303 (1), la

(1) Ch. Jourdain, *Index chart.*, p. 76.

même somme en suit immédiatement deux autres dont l'auteur est nommé Pierre de Saint-Benoît. Le copiste du n° 15954 n'a-t-il pas été trompé par d'incontestables analogies? Quoi qu'il en soit, ces deux sermons écartés, d'autres, qui ne figurent pas dans notre volume, se lisent sous le nom de Nicolas de Biard dans les n°s 15383, 15951, 15954, 15959, 15964, 15965, 16507, 16488, 16498, 16501 et se trouvent encore, mais sans aucun nom, en d'autres manuscrits, notamment dans le n° 3556. Il faut aussi mettre à son compte trois sermons qui, dans le n° 15971, sont dits de « frère Nicolas », car un d'eux (fol. 82) se lit dans notre n° 13579 (fol. 17), et peut-être cinq dont l'auteur est indiqué, dans le n° 16482, par le nom corrompu d'*Abriart*.

13581

Le premier feuillet de ce volume nous offre un petit poème sur les sept péchés capitaux. Sur chaque péché, une strophe de sept vers hexamètres ou pentamètres. La première, qui concerne la gourmandise, commence par :

Sermo sit Veneri quod honestis nolo teneri.

Les autres vers valent celui-là. On n'en connaît pas l'auteur et l'on n'en peut indiquer une autre copie.

Nous avons ensuite, jusqu'à la fin du volume, des sermons anonymes, des fragments de sermons, et des maximes de toute sorte, propres à figurer en des sermons plus ou moins graves. Les sermons complets sont presque tous du cardinal de Sainte-Sabine, Hugues de Saint-Cher. On les retrouve sous son nom en divers manuscrits, notamment dans le n° 16473. Ils ont été imprimés à Zwoll, en 1479.

Les manuscrits, dit l'*Histoire littéraire*, n'en sont pas nombreux (1). Cette assertion n'est pas exacte. Il est vrai qu'on ne les rencontre pas très souvent avec le nom de l'auteur; mais nous en pouvons indiquer beaucoup de copies anonymes.

Le premier que nous avons ici, commençant par : *Dicite, filiæ Sion. — O vos prophetæ, id est prædicatores*, est encore anonyme dans notre n° 14527 (fol. 82) et dans les n°s 172, 506 des *Cod. Laud. misc.*, à la Bodléienne.

Le deuxième, commençant par : *Cum appropinquasset... — Notandum quod evangelium istud deservit duobus dominicis*, n'offre pas non plus le nom de l'auteur dans les n°s 3498 (fol. 1), 14956 (fol. 137), 16502 (fol. 197).

Le troisième, commençant par : *Erunt signa in sole... — Moraliter per solem vir justus intelligitur*, est pareillement sans aucun nom dans les n°s 3498 (fol. 2), 3728 (fol. 6), 14527 (fol. 82), 14956 (fol. 139), 16502, (fol. 197).

Ainsi des autres. Le cardinal de Sainte-Sabine étant un homme de grand poids, ses sermons devaient être recherchés. On lit sur la feuille de garde de notre volume : *Concessimus priori de Turnomio usum istius libri, quandiu vixerit.* Il s'agit du prieur

(1) *Hist. litt. de la Fr.*, t. XIX, p. 47.

de Tournan, dans l'arrondissement de Melun, et la concession doit avoir été faite par l'abbé de Saint-Maur-des-Fossés, puisque le volume appartenait anciennement aux religieux de cette maison. Se demande-t-on pourquoi le prieur se l'était fait prêter à si long terme ? Sans doute pour en faire un usage alors permis, pour y butiner.

13582

Ce volume commence par un corps de sermons, ou plutôt d'homélies, pour tous les dimanches de l'année, avec un prologue dont voici les premiers mots : *Quam jucunde videbit æternum Dei tabernaculum qui aliquid ibi de suo recognoverit.* On nous signale les mêmes sermons dans les n^os^ A 349 de Rouen, 49 d'Évreux, 52 de Châlons-sur-Marne, 504 de Douai, 149 d'Alençon; mais dans tous ces manuscrits ils sont, comme dans le nôtre, anonymes. Cependant on croit en connaître l'auteur. Ce n'est pas, à la vérité, Chrétien, abbé de Saint-Père, dont le nom se lit dans le catalogue des manuscrits d'Evreux ; notre n° 12413 contient, sous le nom de Chrétien, de tout autres sermons. Il faut l'écarter. Il faut écarter aussi certain Odon, archevêque de Cantorbéry, à qui le n° 38 du collège Balliol attribue le premier des sermons qui succède au prologue et les vingt-huit suivants. Cet archevêque est-il Odon, surnommé *Severus,* qui vécut au Xe siècle ? Les bibliographes ne disent pas qu'il ait laissé des sermons. Le prologue n'est pas, d'ailleurs, d'un clerc séculier ; il est d'un moine s'adressant à son abbé, qu'il appelle *pater et magister illustris*. Un troisième auteur nous est indiqué par le n° 316 de l'Arsenal, où le deuxième de nos sermons est sous le nom de saint Bernard. Mais, quand il s'agit de saint Bernard, le témoignage d'un seul copiste est sans valeur. L'auteur véritable paraît être Guillaume de Merleraut, *de Merula*, moine de Saint-Évroult, que désigne l'*Histoire littéraire*, et l'illustre abbé, dont le nom manque dans le prologue, serait alors l'abbé Meinier (1).

Au fol. 71, un fragment anonyme sur la pénitence, commençant par : *Pœnitentia alia interior, alia exterior. Interior est contritio, quæ in quatuor consistit.* Nous en ignorons l'auteur.

Au fol. 74, une exposition anonyme de l'oraison dominicale que nous avons déjà rencontrée dans le n° 3417 (2). Elle est, avons-nous dit, de Hugnes de Saint-Victor et a été publiée sous son nom.

A la suite, fol. 80, quelques sermons anonymes qui sont de Pierre Le Mangeur. Les six premiers sont décrits, dans l'ordre où nous les avons ici, sous le n° 2951 (3). Le septième, sur ce thème *Fluvius egrediebatur*, est au fol. 42 du même volume (4). Le huitième, *Jerusalem quæ ædificatur*, au fol. 55 (5).

Fol. 86, *Homo quidam descendebat... — Qui ideo vulneratus est quia descendebat a Jerusalem in Jericho.*

(1) *Hist. litt. de la Fr.*, t. VII, p. 603.
(2) Tome I, p. 210.
(3) *Ibid.*, p. 138-140.
(4) *Ibid.*, p. 154.
(5) *Ibid.*, p. 159,

Si enim de Jericho... Un autre exemplaire anonyme est dans le n° 13577 (fol. 79).

Au fol. 87, la légende communément intitulée *Visio S. Pauli*, ou *Descensus S. Pauli ad inferos*. Nous en pouvons citer d'autres copies dans nos n°s 3529 A (fol. 121), 10729 (fol. 1), 16246 (fol. 133), ainsi que dans les n°s 876 de Vienne et 228 du collège Balliol. Elle est partout anonyme. Est-il besoin de le dire ? Quand on fait de tels contes on ne s'en vante pas.

Nous avons ensuite, jusqu'au feuillet 160, une longue série de sermons anonymes. Il suffira de mentionner ceux dont nous avons reconnu les auteurs, ou sur lesquels nous avons à présenter quelques remarques particulières.

Fol. 103. *Postquam consummati sunt dies octo... Audivimus, fratres dilectissimi, paucis expressum magnum pietatis sacramentum*. Ces mots appartiennent au premier sermon de saint Bernard sur la Circoncision, et du même sermon de saint Bernard est tirée presque toute la suite du nôtre. Mais, dans cette suite, il y a des changements et des additions. Ces additions prouvent que nous avons ici l'œuvre d'un plagiaire, et nous le signalons comme un des plus audacieux que nous ayons encore rencontrés.

Au fol. 106, avant un sermon sur ce thème *Fac tibi arcam*, une digression sur l'arche matérielle et l'arche morale. Hugues de Saint-Victor (*De arca Noe morali*, lib. II, cap. VI) a fourni presque tout ce qu'on lit dans cette digression.

Fol 120. *Beata illa et sempiterna Trinitas, Pater et*

Filius et Spiritus sanctus, unus Deus, scilicet summa potentia, summa sapientia, summa benignitas. Nous avons encore ici les premiers mots d'un sermon de saint Bernard ; n° XLV *De diversis.* Mais la conformité ne va guère plus loin.

Au même feuillet : *Fluvius agrediebatur... Verbum Domini est.* C'est le sermon de Pierre Le Mangeur qui se lit plus haut, au fol. 85.

Fol. 123. *Dentes tui sicut grex... Spiritus sanctus, de cujus secretiori fonte canticorum flumen emanat.* De saint Bernard ; serm. XCIII *De diversis.* Autres exemplaires anonymes : 3570 (fol. 144), 3751 A (fol. 20), 14517 (fol. 224), 14925 (fol. 216).

A la suite, sous ce titre *Flores Clarævallensis,* trois autres sermons de saint Bernard. Le premier, *Non hic stamus tota die,* est le sermon IV *De diversis.* Le second, *Immisit Dominus soporem in Adam,* est, presque entier, le deuxième sermon pour la Septuagésime. Le troisième, *Solet apostolus Paulus in verbis esse brevis,* et le sermon XIX *De diversis.* La fin manque.

Fol. 125. *Qui sedes super Cherubin... — Frequentes scripserat nobis promissiones.* L'auteur est ici Pierre Le Mangeur. Nous avons cité, sous le n° 2951, de nombreuses copies de ce sermon (1).

Adhuc escæ eorum erant... — Ad litteram exprobrat propheta Judæis. De Pierre Le Mangeur. Ce sermon est aussi mentionné sous le n° 2951 (2)

Fol. 144. *Fili, memorare... — Filius prodigus jam in*

(1) Tome I, p. 147.
(2) *Ibid.*, p. 153.

regionem dissimilitudinis ire proposuerat et ex abundantia cordis. Nous avons cité ce sermon sous le n° 3705. Les copies qu'on en a conservé sont nombreuses, mais presque toutes anonymes, et celles qui ne le sont pas l'attribuent, les unes à Pierre Le Mangeur, les autres à l'archidiacre Gébouin. Gébouin nous semble l'auteur le plus probable (1).

Fol. 146. *Vidit Jacob in somnis scalam... — Triplex est visio.* Nous avons déjà rencontré ce sermon sous le n° 568 (2), et nous le rencontrerons plus d'une fois encore. Il paraît être d'un Victorin. Son nom ne nous est pas indiqué.

Fol. 148. *Homo quidam descendebat... — Homo iste primus parens vel quilibet peccator intelligi potest.* Ce sermon, qui n'occupe pas moins de vingt-quatre colonnes, est un vrai traité sur la pénitence. Certainement il n'a pas été prononcé devant des laïques. Achard en a fait de semblables, mais pour les lire en chapitre à ses confrères, des clercs lettrés.

Notre n° 3570 contient un assez grand nombre des sermons que nous avons ici. Mais les auteurs n'y sont pas non plus indiqués.

Au revers du feuillet 160, quelques définitions de termes plus ou moins obscurs. Ils ne sont rangés ni suivant l'ordre alphabétique ni suivant l'ordre méthodique.

A la suite des vers moraux, de Stace, Lucain, Virgile, Horace, Claudien, Prudence, Tibulle et Ovide. C'est un choix fait sans doute à l'usage des prédicateurs.

(1) Tome I, p. 227.
(2) *Ibid.*, p. 28.

Du feuillet 168 au feuillet 182, d'autres sermons, généralement courts, et qui paraissent tous du même auteur, quelque moine ignoré.

Au feuillet 182, le seul sermon de ce volume dont l'auteur soit nommé : *Sermo mag. Huld. — Nemo accendit lucernam. — Moyses noster, dominica præsentia prægravatus, et creatoris incomprehensibilem sapientiam expavescens, linguæ impeditioris efficitur.* Si nous comprenons bien l'exorde de ce sermon, *Moyses noster* veut dire notre abbé, et ce qui suit signifie qu'empêché de faire le sermon du jour par un motif qui n'est pas clairement expliqué, notre abbé s'est déchargé de cette besogne sur un de ses moines, maître Ulrich. Quel est ce maître Ulrich ? Nous le rencontrons ici pour la première fois. Il n'a pas, du reste, longtemps occupé la chaire où son abbé l'avait en ce jour appelé. Son sermon est bref et banal.

Au revers du même feuillet, une seconde copie d'un sermon de Pierre Le Mangeur transcrit plus haut, au fol. 80 : *Erudimini qui judicatis... — Nolite arbitrari.* Nous l'avons déjà cité sous le n° 2951 (1).

Le volume finit par une amplification oratoire du Cantique des cantiques. Ce qu'il y a de meilleur est pris littéralement à saint Bernard.

13583

Tous les sermons anonymes que nous avons ici sont, jusqu'au feuillet 241, du frère Mineur Jean de La Rochelle. Les cinq derniers feuillets sont occupés

(1) Tome I, p. 138.

par des fragments de sermons dont nous ne connaissons pas les auteurs

13586

Au premier feuillet commence une série de sermons, sous ce titre : *Sermones magistri Gaufridi Trecensis.* Ce Geoffroy de Troyes n'a de notice ni dans Fabricius ni dans notre *Histoire littéraire*. Personne, avant M. l'abbé Bourgain (1), ne l'avait cité. Le fait est certainement extraordinaire. Il l'est d'autant plus que l'auteur de ces sermons paraît avoir vécu dans le XIIe siècle, et que le volume où nous les trouvons était chez les Bénédictins, à Saint-Germain-des-Prés, quand la recherche et l'étude des écrivains du XIIe siècle était une de leurs occupations principales. S'ils ont recueilli le nom de celui-ci, qu'ils ont dû recueillir, ils l'ont ensuite oublié. Voici la liste des sermons qui sont, dans notre volume, sous son nom, avec l'indication des autres copies que nous en avons jusqu'à ce jour rencontrées.

Deum time. — Rex Salomon, quem præ regibus et optimatibus universis insignivit Dominus. Autres copies anonymes : n°s 3563 (fol. 1), 16463 (fol. 12) ; Arsenal, 272 (fol. 20), 854 (fol. 68). Le nombre de ces copies montre que les contemporains de Geoffroy faisaient cas de ses sermons.

Induite vos armaturam... — Militia est, fratres, vita hominis super terram. Quandiu hic vivimus, bellum est præ manibus. Autres copies anonymes :

(1) *La Chaire franç. au* XIIe *siècle*, p. 53.

n°s 3563 (fol. 2), 14804 (fol. 55), 14954 (fol. 21) ; Mazarine, 962 (fol. 89) ; Valenciennes, 218 ; Archives du Jura, 29. Notre n° 18172 (fol. 2) attribue ce sermon à l'Anglais Alain, mort, en 1201, abbé de Thewkesbury. Mais nous avons déjà fait remarquer que le copiste de ce n° 18172 donne au même Alain des sermons dont les auteurs certains sont Geoffroy Babion, Pierre le Mangeur et autres (1). Cela fait assez voir qu'on ne peut placer aucune confiance dans son témoignage.

Quandiu hic sumus peregrinamur... — Ecce quid dicit, ecce quid plangit vas electionis. Autre copie, sans nom d'auteur : n° 3563 (fol. 4). Avec le nom d'Alain l'Anglais, 18172 (fol. 4).

Legitur in Exodo quod oppressit Pharao filios Israel et publica taxatione opus latericium ab eis exegit. Anonyme : n° 3563 (fol. 6).

Neptalim cervus emissus... — Quis audivit cervum alicubi dicentem ? Tropica est hæc locutio. Anonyme : n° 3563 (fol. 6).

Serpentem esse aiunt, non curo utrum... Anonyme : n° 3563 (fol. 7).

Tous les sermons de Geoffroy sont inédits ; on ne sait donc pas comment il prêchait, sur quel ton, dans quelle manière. C'est ce que nous nous proposons de faire connaître en transcrivant ce sermon (2) :

Serpentem esse aiunt, non curo utrum aspis an alio nomine vocetur, cujus in capite coalescit lapis pretiosus carbunculus, quem ex hoc dracontidem appellant. Hic in

(1) Tome I, p. 152, 248.

(2) Nous établissons le texte en faisant usage des deux manuscrits.

cavernis et abditis cuniculis delitescit,ne gemma qua fronte insignitur spoliari possit. Naturaliter vero mulcedine cantus trahitur, ut a specu suo, velit nolit, extrahatur. Porro indigenæ, cum lustra bestiæ deprehendunt, cum tympanis et cytharis et diverso genere musicorum eo conveniunt, ex latibulo suo eam abducturi. Quæ, dulcem melodiam musicorum audiens, ad os speluncæ illico progreditur. Illi vero pedetentim recedentes, ex industria et se et sonum elongant ut levius audiatur, serpens nihilominus sequatur abeuntes; cumque longius a cuniculo suo ductus (est) ad publicum, parati sunt a tergo eum occupantes et cum reti hujusmodi venationi congruo eum operiunt, lapidem tollunt, et vivam abire bestiam permittunt ut iterum renascatur gemma quam tollere debeant. Quæ cum processu temporis coaluerit redintegrata, eam incolæ comperiunt,nam ex nocturno fulgore quem emittit in modum faculæ potest deprehendi. Rursum insidias concinant veteres, et econtra draco novas invenit fraudes; verens enim pretium perdere, et sonum audire quem non potest non sequi cum audierit, declinatur in latus, et, alteram aurium terræ conjungens, alteram cauda obturat, ne fallacia qua prius melodiæ etiam nolens abducatur. Rei veritatem non procaciter defendo; sed, sive in his quæ de cervo seu de serpente audierim et scripserim non tam verum ita sit, quæ quomodo nobis conveniant inquiro. Dicit ipse Dominus : *Estote prudentes sicut serpentes* (1) etc. Serpens ergo, cui innascitur carbunculus, unumquemque justum exprimit, qui etiam in cavea delitescit cum hunc remotior locus et infrequens a sæculari cohabitatione dividit, quem solitudo non tam corporis quam cordis ab amore carnali per contemplationem abscondit. In serpentis cerebro gemma nascitur cum in justi sapientia quæcumque virtus nutritur. Insuper non uno tantum, sed tot carbunculis radiat quot virtutibus coruscat. Unde Dominus : *Luceat,* inquit, *lux vestra coram hominibus* et cet. (2). *Et lucernæ ardentes in manibus vestris* (3). Inimici vero, qui gemmam nostram nobis invident, tollere

(1) *Evang.* Matthæi, X, 16.
(2) *Ibid.*, V, 16.
(3) *Evang.* Lucæ, XII, 35.

eam moliuntur; sed intrare nostram cavernam timent. Adhibent ergo omne genus musicorum, id est omnia oblectamenta vitiorum. Dat tubalem fragorem superbia, tibiæ mulcedinem exhibet inanis gloria, gracili et fracta voce sistrum insibilat luxuria; tot ante cuniculum justi voces resonant quot incentiva pulsant. Si opilaverit ne audiat aures suas, immobilis servat et fixus latibulum; si autem mulcentem adfectat melodiam, procedit ad publicum. Dicit autem beatus Gregorius : Deprædari desiderat qui thesaurum publice in via portat. Dum ergo serpens audit cantilenam, deserit latebræ securitatem, sicut et justus, cum inhianter appetit suggestionem illecebrosam quæ placet, contemplationem rejicit quæ cubiculum fovet, et quanto longius, non pedibus corporis, sed affectibus cordis, a quiete sua recesserit, tanto se efficacius spoliandum hostibus exponit. Porro a tergo aggredientis expanditur super eum rete, id est implicatio sæcularis, quæ subministrat occasionem amittendæ virtutis : dum enim cupido forinsecus intenditur, aut fulgurans castitas vitiatur, aut humilitas in superbiam degenerat, aut caritatem odium extirpat. Ecce amissio carbunculi. Sed numquid spes veniæ residet? Numquid qui dormit non adjiciet ut resurgat? Noli timere; serpentem imitare; abstulerunt lapidem, non extinxerunt rationem. Vivus dimittitur serpens, redit ad nota latibula; repete et tu quam omiseras quietem; ingredere in petram, id est in duritiam mentis tuæ; absconde fossam humo, id est ejecta terrena cupiditate; sicque fit ut redintegretur gemma quam perdideras, si vita tua absconditur cum Christo in cœlo et in hac absconsione inflexibiliter perseveras. Sed non deerunt rursus insidiæ; ad rediviva bella accinguntur hostes; caveto ne male mulcentes sibilos audias, obtura aures ne audias, sicut serpens, ne delectatus cogaris exire. Quomodo? alteram aurem terræ deprime, alteram cauda obtura. Qua, inquies, ratione? Recordare incessanter mortalitatis tuæ; habeto præ oculis tui cordis sententiam pœnalem : terra es et in terram ibis. Ecce obturatio auris a terra. In cauda vero finis est corporis; per caudam ergo finem intellige sæculi, ubi imminet generalis dies judicii, quod tantum formidandum est. Ut Scriptura dicit, nescit homo utrum amore an odio dignus sit; sed omnia in futurum reservantur incerta. Ecce obstruis aurem per caudam cum attenderis judicii horrendam diem. Non mediocriter quippe muniunt isti duo timores contra omnes illecebras, id est timor mortis suspectæ quæ ubique imminet, et timor pœnæ quæ reprobos in futuro manet. A terra autem aurem oppilas cum cogitas tuæ mortis, et quia terra es et in terram ibis ; a cauda aurem obstruis cum proponis metum ultimæ sententiæ judicialis. Si absque oblivione mens hæc tua meditatur, nullis a specu suo cantilenis foras abducetur, et, quantumcumque bonum tuum occultius agis, tanto cautius carbunculum tuum, id est virtutem tuam, custodis. Vel alio modo cauda aurem obstrue, ut, ea quæ retro sunt obliviscens, in anteriora te extendas ; a terra vero (1) si, præsentibus non delectatus, omnino ad terrenas voluptates obsurdescas. Si rerum natura ita est, teneatur comparatio ; sin autem, veritatis non omittatur significatio.

Voilà certes un étrange sermon ; étrange quant au fond et quant à la forme. Mais le fond en est une leçon de morale ; la forme en est, quoique peu correcte, très consciencieusement travaillée. C'est bien un sermon du XIIe siècle.

Salvatorem expectamus... — Sacrosancti dies, quos, ex antiqua canonum et patrum auctoritate, in psalmis, hymmis et jejuniis... Autres copies anonymes : n°s 3563 (fol. 7), 14470 (fol. 163), 14593 (fol. 57).

Urbs fortitudinis nostræ... — Hic loquuntur vasa misericordiæ cum gratiarum actione. Anonyme : n° 3563 (fol. 9). M. l'abbé Bourgain a fait de Geoffroy, par conjecture, un doyen de Troyes. Ce sermon, prononcé devant des religieux, est une si vive apologie de la vie monastique qu'on ne le croit pas d'un clerc séculier.

(1) Un mot semble manquer.

Sobrie et juste et pie vivamus. — Series hujus contextionis, licet in verbis compendiosa, tamen quia doctrinalis... Ici l'orateur fait une véhémente sortie contre les excès de la table, très communs, dit-il, de son temps :

Voluptas gutturis, quæ tanti hodie reputatur, vix duorum obtinet latitudinem digitorum. Hujus vero tam modicæ partis tam exigua delectatio quanta paritur sollicitudine! Quantam demum molestiam parit! Sunt plures jumentini homines quorum deus venter est, diem expendentes in crapula, noctem stertendo perdentes. Sunt alii quorum prandia ducuntur usque ad noctem; cœnas lucifer videt; stare non possunt cum jejuni videntur, quorum sensus graves et quodam modo jam sepulti; inter quos certa bibendi lege contenditur, ut qui potuerit vincere laudem mereatur ex crimine.

Nascetur nobis parvulus. — Tria quædam in serie ista concurrunt festiva de Christi futura incarnatione. Anonyme : n° 3563 (fol. 13).

Hæc dies quam fecit Dominus. — David, plenus gratia et benedictione cœlesti, prægustans odoratu delicatissimo... Anonyme : n° 3563 (fol. 14). Un fragment de ce sermon a été publié par M. l'abbé Bourgain (1).

Cantemus Domino gloriose... — Celebritas hujus diei, fratres, summe pretiosa, sed valde gratiosa. Anonyme : n° 3563 (fol. 15).

Cœli distillaverunt... — Hodiernæ diei celebritas inter ceteras, imo præ ceteris festivitatibus singulari præcellit eminentia. Anonyme : n° 3563 (fol. 17).

Petrus apostolus et Paulus doctor gentium... Gloriosa nobis solemnitas illuxit, quam præclari martyres,

(1) *La Chaire fr. au* XIIe *siècle*, p. 53.

martyrum duces, apostolorum principes... Anonyme : n° 3563 (fol. 18).

Oleum effusum nomen tuum... — *Os nostrum patet ad vos, sermo noster ad vos, virgines.* Anonyme : n° 3563 (fol. 20). Sous le nom d'Alain l'Anglais : 18172 (fol. 15). Ce sermon, prononcé devant des religieuses, est un des meilleurs de Geoffroy. Mais combien d'entre elles ont pu le comprendre ?

Pastoralis officii credita nobis dispensatio dictat et monet nostræ parvitatis inertiam quatenus vel pauca proferamus in medium. Anonyme : n° 3563 (fol. 21). Sous le nom d'Alain l'Anglais : 18172 (fol. 17), Ce sermon est adressé, comme le précédent, à des religieuses, et l'orateur se dit leur pasteur. Cela fait supposer qu'il était abbé.

Venite et videte opera Domini... — *Magna sunt et exquisita valde universa opera Domini; magna, inquam, sed præ ceteris*... Anonyme : n° 3563 (fol. 22).

In verbis istis loquitur spiritus consilii, voce suavi et terribili. Anonyme : n° 3563 (fol. 24). Le thême doit manquer ; un sermon ne peut commencer par ces mots : *in verbis istis*.

Docent nos, fratres, Actus apostolorum quod beatus Petrus circa horam sextam ascendit in cœnaculum. Anonyme : n° 3563 (fol. 26). Ce sermon et la plupart des suivants sont très courts.

In beato Petro apostolo, fratres carissimi, qui est columna et firmamentum ecclesiæ, ratum firmumque exemplum habemus. Anonyme : n° 3563 (fol. 27).

Quoties, fratres carissimi, sanctorum martyrum

solemnia colimus, debemus imitari quod colimus. Anonyme : n° 3563 (fol. 27).

Celebritas hodiernæ festivitatis admonet, dilectissimi fratres, ut in laudibus perpetuæ Virginis. Nous avons déjà cité ce sermon sous le n° 13578, où il est anonyme, fol. 104 (1). Il est encore sans nom d'auteur dans le n° 3563 (fol. 27).

Beati archangeli Michaelis merito veneranda solemnitas annua revolutione recurrit. Anonyme : n° 3563 (fol. 28).

Caritati vestræ, fratres dilectissimi, intimare statuimus qua de causa omnium sanctorum merita... Anonyme : n° 3563 (fol. 28).

Creator et reparator humanæ naturæ Dominus Jesus Christus, fratres dilectissimi, cupiens humanum genus de potestate diaboli liberare... Anonyme : n° 3563 (fol. 28).

Quantam et quam multiplicem gratiam sancti apostoli a Domino Christo meruerunt... Anonyme : n° 3563 (fol. 28).

Festivitatem beatissimi N. celebrantes, spiritali jocunditate, summa devotione mentis repleti... Anonyme : n° 3563 (fol. 30).

Dulce quidem lumen est, ut ait Ecclesiastes, et delectabile oculis videre solem. Anonyme : n° 3563 (fol. 30).

Sicut cœlum diversis ornatur sideribus, sic sancta Ecclesia per anni circulum variis illustratur festivitatibus. Anonyme : n° 3563 (fol. 31).

(1) Ci-dessus, p. 273.

Quoniam, fratres carissimi, ad dedicationem hujus ecclesiæ devota mente... De ce sermon, déjà cité sous le n° 13578 (fol. 104) (1) nous avons encore un exemplaire anonyme dans le n° 3563 (fol. 31).

Mysteria illa, fratres carissimi, quæ antiquis patribus sub velamine litteræ fuerunt præmonstrata... Anonyme : n° 3563 (fol. 31).

Cum apostolus dicat Quæcumque scripta sunt ad nostram doctrinam scripta sunt... Anonyme : n° 3563 (fol. 32).

Emitte agnum, Domine...— Verbum hoc propheticum est verbum prophetæ. Semel locutus est Deus. Anonyme : n° 3563 (fol. 32). Sous le nom d'Alain l'Anglais : 18172 (fol. 70). Un passage de ce sermon est à lire. Voici comment les théologiens, ainsi que les peintres du moyen âge, se représentaient Jésus faisant les fonctions de président au jugement dernier :

Sequitur quartus adventus ad judicium, qui erit per ignem. Veniet itaque, veniet senex et antiquus dierum, cano capite et pedibus metallinis, cujus caput candidum velut alba lana, veniet ad judicium cum senioribus populi, ut judicet orbem terræ in æquitate et reddat unicuique secundum opera sua.

A la vérité, Michel Ange l'a mis sous nos yeux jeune et sans barbe, estimant que Dieu n'est pas soumis à la loi du changement et qu'il doit par conséquent jouir d'une perpétuelle jeunesse. Mais cette opinion est celle d'un peintre italien du XVIe siècle, qui avait eu commerce avec plus d'un philosophe.

(1) Ci-dessus, p. 273.

Ici prennent fin, pensons-nous, les sermons de Geoffroy. Ce qui suit ne se rapporte en rien à ce qui précède. Il est même invraisemblable que ce qui suit immédiatement soit un sermon. Les premiers mots de cette pièce, qu'on lit aussi dans le n° 3563 (fol. 33) ; sont : *Paulus dicit : Omnes non unum sumus...* — *Jocunda multum et gratiosa verba*. Et sur ce thème *unum sumus* nous avons un long discours sur toutes les parties du corps social, sur toutes les dignités, ecclésiastiques et civiles, sur les devoirs des évêques, des rois, de leurs ministres, sur les gens de toute condition, même les plus humbles. Il y a dans ce discours de très vives censures; les évêques y sont particulièrement maltraités. Or Geoffroy ne s'exprime jamais ainsi sur le compte des personnes. Si nous ne nous trompons pas, ce discours est de quelque Victorin déclamateur. D'un Victorin est certainement le fragment anonyme qui vient après, page 87, et qui commence par ces mots : *Tria sunt loca: Ægyptus, desertum, terra promissionis*. L'auteur de ce fragment est, en effet, Hugues de Saint-Victor. On le peut lire dans l'édition de ses Œuvres, au titre 95 du premier livre des *Miscellanea*. Nous en avons d'autres copies anonymes dans les n°s 3563 (fol. 37) et 18171 (fol. 73). Le nom de l'auteur manque aussi dans le n° 300 de la bibliothèque Palatine. A la suite, un sermon anonyme, commençant par : *Erue nos in mirabilibus...* — *Tria sunt quæ nos trahunt ad mortem, superfluus amor nostri, assiduitas peccandi...* Nous n'en connaissons pas l'auteur. Après ce sermon, trois pages d'autres fragments. Un de ces fragments, page 91, commençant par *Tria sunt bona*, est pareillement sans nom d'auteur dans le n° 529 (fol. 107).

De la page 93 à la page 127, une série de sermons anonymes que des notes modernes donnent tous à saint Bernard. Cette note est exacte ; et, en effet, tous les sermons ici copiés sont imprimés dans l'édition bénédictine. Mais on n'y trouve pas le suivant, commençant par : *Si dormiatis inter medios cleros... — Dilectissimi, considerate diligenter quæ vobis apponuntur*. Les sermons qui suivent étant de saint Bernard, évidemment le copiste a cru celui-ci du même auteur, et nous hésitons à dire qu'il se soit trompé.

Les notes plus haut citées n'ont pas mis au compte de l'abbé de Clairvaux les sermons que nous allons maintenant indiquer :

Page 134. *Legimus in Evangelio, hodie, quoniam videns Jesus turbas ascendit in montem*. Nous avons ici la plus grande partie du premier sermon de saint Bernard pour la fête de Toussaint.

Page 139. *Festiva* (et non, comme dans le manuscrit, *festivitas*) *nobis est hæc dies et inter præcipuas solemnitates*. Cinquième sermon du même pour la même fête. Les auteurs des suivants ne nous sont pas connus.

Page 143. *Terra vestra dabit fructum... — Vox exultationis et salutis quæ resonat in tabernaculis justorum*. Nous ne saurions indiquer une autre copie.

Page 147. *Sedisti ad mensam divitis... — Dei sapientia, quæ attingit a fine usque ad finem...* Autre copie anonyme : n° 14868 (fol. 87). C'est le sermon d'un régulier, qui non seulement dédaigne, mais encore répudie comme suspecte d'hérésie toute science séculière. N'est-ce pas un Victorin?

Page 152. *Vinum non habent. — Gloriosa Dei genitrix Virgo, filium in nuptiis alloquens, quantum ad litteram in tribus suo nos exemplo instruit*. Nous n'avons pas à citer une autre copie de ce sermon qui nous semble du même auteur que le précédent.

Page 160. *Si qua in Christo nova creatura, vetera transierunt... — In die dominicæ resurrectionis, in hac die nostra spes*. Ici nous avons, à n'en pas douter, le sermon d'un Victorin, le fougueux Gauthier, le détracteur passionné d'Abélard, de Gilbert de La Porrée, de tous les théologiens plus ou moins philosophes. Ce sermon, anonyme dans le n° 3563 (fol. 69), est, dans le n° 2950 (fol. 19), sous le nom de Pierre Le Mangeur; mais cette attribution n'est pas admissible. Dans les nos 14590 (fol. 42), 14948 (fol. 38), 16461 (fol. 53), l'auteur est indiqué par la lettre G., et nous sommes avertis par un ancien annotateur du n° 14590, venu de Saint-Victor, qu'il faut interpréter ce G. par *Galterus*.

Commentant les mots *facta sunt nova*, Gauthier nous apprend qu'il n'était plus jeune lorsqu'il fit ce sermon :

Decens quidem esset novum aliquem novo populo novum proferre sermonem, ut omnes innovati et vino novo inebriati canticum novum concreparent ipsi auctori novitatis. Ego quidem, ut verum fatear, parum aut nitril habeo novitatis, multum vero vetustatis ; unde non sum idoneus ad loquendum de novitate, nec etiam de ipsa vetustate in hoc quia vetus.

Page 163. *Universæ viæ Domini misericordia...* — *David propheta, per Spiritum sanctum prævidens quæ ventura erant...* Ce sermon est au nom de Pierre Le Mangeur dans le n° 2950 (fol. 22). Nous tenons l'attribution pour douteuse. Déclarons même que nous la croyons fausse. Quoi qu'il en soit, ce sermon est inédit.

Le revers de la page 64 est occupé par diverses maximes, empruntées, pour la plupart, à Cicéron. Ensuite, jusqu'à la page 206, le traité du prieur de Saint-Laurent, Hugues de Fouilloi, *De duodecim abusionibus claustri,* déjà cité sous le n° 712 (1). Ici, du moins, cet écrit moral, mais, diffus, banal, et, n'hésitons pas à le dire, insipide, n'est pas attribué, comme il l'est souvent ailleurs, à Hugues de Saint-Victor. A la fin l'auteur est nommé *Hugo de Foliere*.

A la page 206, des vers. La première pièce, en l'honneur du Saint-Esprit, commence par :

Sanctus, principium non de principio.

La suivante est plus connue. Nous l'avons déjà rencontrée dans le n° 3705 (2), et nous en avons signalé d'autres copies. Il suffit d'en citer la première strophe :

Viri venerabiles, viri litterati,
Hostes injustitiæ, legibus armati,
Vestri non sufficio sarcinæ mandati.
Nec adire grandia licet novitati...

Ce mandat était d'exposer en vers rythmiques les

(1) Tome 1er, p. 88.
(2) *Ibid.*, p. 232.

principaux dogmes de la foi chrétienne. Nous ne pouvons dire que le jeune poète s'en soit bien acquitté. Mais il faut plaindre les gens que l'on oblige à faire de pareils tours de force.

A la page 208, *Brevis expositio super testamentum duodecim prophetarum*. Cette exposition, très brève en effet, du testament apocryphe des douze patriarches doit être postérieure à la traduction du texte grec par Robert Greathead, évêque de Lincoln. Une note moderne, en tête du volume, identifie le commentateur et le traducteur. Il n'importe guère que cette note soit fausse ou vraie, le commentaire étant dépourvu d'intérêt.

Après deux fragments de sermons, nous avons une courte dissertation sur quelques noms propres, noms de personnes et noms de choses, qui se lisent dans l'ancien Testament. Cette dissertation commence par : *Abraham genuit Isaac. Matthæus evangelista 42 patres, quibus usque ad generationem Christi pervenitur, ad similitudinem 42 mansionum*... Le n° 18096 (fol. 31) contient la même pièce, et le nom de l'auteur y manque comme il manque ici.

A la suite, pêle mêle, des sermons anonymes, quelques sermons inconnus d'auteurs indiqués, et des extraits divers, pour la plupart du genre mystique. Il nous faut particulièrement mentionner presque toutes ces pièces.

Page 222. *Intravit Jesus in quoddam castellum*... — *Quid ad gloriosam virginem, Dei genitricem, lectio ista pertineat*. C'est une homélie de saint Anselme, jadis célèbre, qu'on l'a prié plusieurs fois de réciter ou de lire en chaire, et dont on a conservé de nombreux exemplaires, avec ou sans le nom de l'auteur. Il suffit de citer ceux que renferment notre n° 529 (fol. 129) et les n°s 939 de la Mazarine, 131 de Soissons, 37 d'Évreux, 12 de Châlons-sur-Marne, 44 de Vendôme, 149 d'Alençon. Elle a été, pour la dernière fois, imprimée dans le tome CLVIII de la *Patrologie*, col. 644.

Page 224, anonyme, le *Libellus sponsi ad sponsam*, déjà cité sous les n°s 3833 (1), 12029 (2), 13442 (3) et 13577, (4) dont Hugues de Saint-Victor est l'auteur certain. C'est un des morceaux de style que le moyen âge a le plus goûtés.

Page 226, quelques lignes sur Elisée, que suit, page 227, un sermon commençant par : *Ecce quam bonum et quam jucundum... — Notate, fratres, notate, carissimi, verba prophetæ.* Nous n'en connaissons pas l'auteur, ni les auteurs des fragments qu'on lit après jusqu'à la page 231. A cette page se trouve l'extrait d'un sermon de Geoffroy Babion, commençant par : *Dum egrederetur Loth de Sodomis*, sermon que nous avons cité sous le n° 13576 (5).

A la page 234, une dissertation théologique de quelque étendue dont tels sont les premiers mots : *Tres distinguuntur in sacro canone principales actiones, quibus quasi tria deserviunt altaria.* Cela ne semble pourtant pas complet.

A la page 239, un sermon : *Ibimus viam trium die-*

(1) Tome I, p. 250.
(2) Tome II, p. 56.
(3) *Ibid.*, p. 187.
(4) *Ibid.*, p. 256.
(5) *Ibid.*, p. 247.

rum... — Prophetarum maximus Moyses et fidelis in omni domo Domini, qui cum Domino facie ad faciem... Nous avons un autre exemplaire anonyme de ce sermon dans le n° 14950 (fol. 62).

De la page 244 à la page 258, de nouveaux fragments. *Duo sunt inferna*. Déjà cité sous le n° 13577 (1). — *Pretiosa in conspectu Domini mors sanctorum*. Dans le même volume, au même feuillet. C'est, nous l'avons dit, un extrait du sermon LXIV de saint Bernard, *De diversis*. — *Qui vult venire post me*. Aussi dans le n° 13577 (2). De saint Bernard : *De diversis*, LXIII. — *Christus factus est nobis a Deo sapientia docens prudentiam*. De même anonyme dans le n° 13577 (fol. 62).

A la page 249, *Quatuor sunt quæ impediunt confessionem*. Sermon CIV *De diversis ;* plus haut cité sous le n° 13577 (3). — *Duo sunt in quibus consistit nostra salus*. Sermon CV *De diversis*. Autre copie : n° 13577 (4). — *Quid est quod post mortem Dei tres illæ mulieres*. Autre copie : n° 13577 (5). *De diversis*, LVIII. — *Quis ascendet in montem*. Autres copies : n°s 10695 (6) (fol. 94) 13577. Sermon LXI *De diversis*.

A la page 251, *Scuto circumdabit te veritas*. Voir le n° 13577 (7). — *Dominus et salvator noster Jesus Christus, volens nos docere quomodo in cœlum ascendemus*. De saint Bernard ; sermon LX *De diversis*.

(1) Tome II, p. 263.
(2) *Ibid.*
(3) *Ibid.*, p. 262.
(4) *Ibid.*, p. 261.
(5) *Ibid.*, p. 262.
(6) *Ibid.*
(7) *Ibid.*, p. 261.

A la page 253, *Corrupti sunt et abominabiles facti. De diversis*, n° LXXIV. Autre copie : n° 13577 (1). — *Emissiones tuæ. De diversis*, n° XCI. Voir le n° 13577 (2).

A la page 255, *Beatus vir qui non abiit. De diversis*, n° LXXII. Voir le n° 13577 (3). — *Osculetur me osculo*. Voir le même volume, fol. 54 (4). Ici finissent les simples extraits ou les serviles imitations de saint Bernard.

Page 258. *Ite in castellum*... — *Fratres carissimi, merito quidem recolitur hodie hac ipsa die facta processio*. Nous n'avons pas à citer une autre copie de ce sermon anonyme.

Page 260. *Ad me clamat ex Seyr*... — *Verba sunt Isaiæ, verba libri signati. Propheta iste vir nobilis*. Pas d'autre copie.

Page 260. *Sint lumbi vestri præcincti*... — *Propositum dilectionis vestræ auribus captum eo majori devotione et mentis*... Pas d'autre copie.

Page 270. *Audite verbum Domini*... — *Osæe propheta, fratres carissimi, dum Deum iratum nostra culpa videret*. Ce sermon est de Geoffroy Babion. Nous l'avons déjà plusieurs fois rencontré. Voir notre notice sur le n° 585 (5).

Page 271. *Væ pastoribus qui dispergunt*... — *Dicit Dominus ad pastores qui pascuntur populum suum : Vos dispersistis*... *Audite, fratres carissimi, super vos Domini sententiam*. Ce sermon est encore anonyme

(1) Tome II, p. 262.
(2) *Ibid*.
(3) *Ibid*., p. 263.
(4) *Ibid*., p. 260.
(5) Tome I, p. 39.

dans le n° 3833 (fol. 58) et il est imprimé comme étant d'un auteur inconnu dans le tome CXLVII de la *Patrologie*, col. 223. Mais notre n° 14954 (fol. 191) le donne à Geoffroy Babion.

Page 274. *Factum est verbum Domini ad Ezechielem* .. — *Vos, fratres, estis pastores Israel, quia fideles in Ecclesia Dei*... C'est encore un sermon de Babion, que nous avons cité sous les n°s 3833 (1) et 13577 (2). Aux copies déjà mentionnées ajoutons celle-ci : n° 16460 (fol. 94).

Page 277. *Intravit Jesus in quoddam castellum*... — *Quod Salvator noster in uno loco fecit tunc temporis visibiliter*... Ce sermon est cité sous le n° 13577 (3), où il est dit que des manuscrits l'attribuent à saint Bernard, mais que Mabillon n'a pas eu pleine confiance dans cette attribution.

Page 281. *Filius accrescens Joseph*... — *Audi fabulam et non fabulam, sed rem gestam*. Nous ne connaissons pas une autre copie de ce sermon.

Page 283. *Erudimini qui*... — *Deus, justus judex, omne judicium dabit filio*. Ici l'auteur est indiqué : *Sermo mag. Petri Comestoris;* mais cette indication n'est pas tout à fait exacte. En effet nous n'avons pas ici la fidèle transcription du sermon sur le même thème qui se lit dans un grand nombre de manuscrits (4) et dans le tome CXCVIII de la *Patrologie*, col. 1813 ; nous n'en avons que l'abrégé.

Page 286. *Melior est canis vivus*... La même

(1) Tome I, p. 244.
(2) Ci-dessus, p. 264.
(3) Ci-dessus, p. 262.
(4) *Ibid.*, p. 138.

remarque est à faire sur ce sermon. Il est intitulé, comme le précédent, *M. Petri Comestoris;* mais le texte n'en est pas littéralement celui du sermon sur le même thème que nous avons précédemment cité (1). Ici nous avons l'œuvre libre d'un abréviateur, sinon l'état primitif d'un sermon plus tard modifié, développé par l'auteur.

Page 288. *Sermo Mauricii, episc., in Adventu Domini.* En voici les premiers mots : *Ecce nomen Domini... — Propinqui sumus, gratia Dei, festivitati Domini. Capite custodiam.* Cet évêque du nom de Maurice est, à n'en pas douter, Maurice de Sully. Il existe, sous le nom de Maurice, plusieurs sortes de sermons latins (nous ne parlons pas ici des français). Les uns, formant un recueil *De tempore, per totum anni circulum*, sont une œuvre littéraire dont on a conservé de nombreux manuscrits et dont on cite plusieurs éditions. Les autres, qui n'ont été jamais imprimés, sont des sermons d'un ton plus libre, faits, non pour des lecteurs, mais pour des auditeurs, et qui furent prononcés en diverses églises de Paris. De cette dernière sorte est le sermon que nous avons ici. Mais, quelle qu'ait été la renommée du prédicateur, ce sermon doit avoir été rarement copié; nous n'en connaissons pas, en effet, un autre exemplaire.

Page 291. *Simile est regnum cœlorum homini patrifamilias... — Quadraginta diebus circiter, qui nuper elapsi sunt, cum puero...* Ici le nom de l'auteur n'est pas indiqué ; il ne l'est pas non plus dans les n°s 1252

(1) Tome I, p. 143.

(fol. 149), 3733 (fol. 47) et 16463 (fol. 102). Mais le n° 15935 (fol. 11) nous l'apprend ; c'est Étienne, abbé de Sainte-Geneviève, puis évêque de Tournai.

Page 297. *In Ascensione Domini. Mauricii, episcopi Parisiensis.* Tel est, dans notre manuscrit, le titre de ce sermon, dont les premiers mots sont : *Vocavi ab oriente avem... — Adest præsentis diei solemnitas gloriosa, piis fidelium mentibus tam grata.* Il est, comme le précédent, inédit.

Page 302. *Induimini Dominum Jesum... — Bene scitis quod Adventus Domini nostri, Dei gratia, intravit.* L'auteur nous est inconnu. Nous le regrettons, car ce n'est pas un orateur banal ; il y a dans son sermon, outre une bonne leçon de morale, plus d'un trait d'esprit. Voici, par exemple, comment il paraphrase son thème, dont il prend, à la vérité, le contre-sens :

Sed dicet aliquis stultus in corde suo : « Tu dicis mihi ut induam Christum. Sed ubi inveniam eum ? Ipse in cœlo est; in cœlum ascendere non possum. Si volo ei facere pallium, aut capam, aut tunicam, non novi quantitatem corporis ipsius et formam vestis adinvenire nescio quæ ei sit apta; vel nimis ampla erit vestis vel nimis stricta. » Stultus est qui hæc cogitat. Coram nobis est Christus; quotidie Christus in terra ; in paupere nudo vestitur Christus ; omnis generis vestes libenter recipit ; varium vel grisium si non potes, libenter accipit pallium de chirogryllis (1). Si illud non habes, bonam tunicam de burello da ei. Si illam non potes, da ei veterem et tritam tunicam. Nil respuit, totum accipit et de omnibus grates agit, et totum et centuplum reddit.

Ce style n'est plus celui de Babion ni celui de saint

(1) Peau de hérisson.

Bernard. Voilà le sermon familier dont la mode commence, pour devenir presque générale, à Paris, vers le milieu du XIIIe siècle.

Page 307. *Statue tibi speculam... — Fratres, non mihi proprium, sed aliunde mendicatum, proposui sermonis exordium, verbum scilicet abbreviatum.* Nous n'avons à citer aucune autre copie de ce sermon, qui paraît du même auteur que le précédent.

Page 310. *In cœna Domini. — Præsens hebdomada, sicut gravis suppliciis, sic et gravida sacramentis.* Ce sermon est anonyme, comme ici, dans les nos 1252 (fol. 161), 3733 (fol. 72), 14932 (fol. 255), 16463 (fol. 2); mais il est dans le n° 14935 (fol. 17) sous le nom d'Étienne, évêque de Tournai, et cette attribution n'est pas contestable. C'est encore un sermon inédit.

Page 311. *Adorna thalamum tuum... — Fratres mei, turbatur in me sensualitas, turbatur in me ratio. Nec mirum.* Ce sermon est d'un régulier et fut prononcé devant des réguliers. Mais nous ignorons le nom de l'auteur.

Page 314. *Surge, aquilo et veni, auster... — Unus duobus imperat; duorum nomina exprimuntur, unius tacetur.* Ce n'est pas un sermon complet; ce sont des extraits d'un sermon inédit de Pierre Le Mangeur dont nous avons cité quelques phrases sous le n° 2951 (1)

Page 316. *Ego vos elegi. — Exiit edictum hoc a Christo. Ut bonus pastor pastoribus loquitur.* Un sermon sur ce thème, publié par Beaugendre sous le nom d'Hildebert (*Opera Hild.*, col. 673), est de Pierre

(1) Tome I, p. 161.

Le Mangeur (1). Mais c'est un sermon où manque l'originalité. Hugues de Saint-Victor (*Miscell.* V, 50) en a fourni les divisions et plus encore; le chancelier, qui le tenait à bon droit pour un maître, s'est permis de lui prendre un grand nombre de phrases presque entières. De même, dans le sermon qui renferme notre manuscrit, nous trouvons beaucoup d'emprunts faits à Pierre Le Mangeur. Ces pilleries, nous le répétons, étaient passées en coutume.

Page 322. *Exulta satis, filia Sion... — Zacharias, præco regis æterni, paranymphus sponsi.* L'auteur est ici nommé Pierre Le Mangeur; mais ce n'est pas la reproduction fidèle d'un de ses sermons.

Page 323. *Beati pauperes spiritu... — Quinque sunt spiritus mundi : qui diligit vana carnis...* Pierre Le Mangeur est aussi l'auteur désigné par la rubrique de ce sermon. Mais faut-il s'y fier? Aucune autre copie ne confirme ce témoignage.

Suivent, jusqu'au revers de la page 330, des extraits très librement écourtés de divers sermons, qui sont en effet, ceux-ci, de Pierre Le Mangeur.

Page 330. *Sancti per fidem vicerunt... — Certo certius est quod sancti omnia regna mundi vicerunt.* Ce sermon est anonyme, comme il l'est ici, dans notre n° 3563 (fol. 114) et dans le n° 269 des *Cod. Laud. misc.*, à la Bodléienne; mais nous le trouvons avec le nom de l'auteur dans notre n° 14593 (fol. 289); c'est le chancelier Pierre de Poitiers.

Page 335. *Intravit Jesus in quoddam castellum...*

(1) Tome I, p. 139.

Sicut hic recitatum est sic revera fuit factum. C'est la seule copie de ce sermon que nous ayons rencontrée.

Page 337. *Egredimini, filiæ Jerusalem... — Adhuc infirmis et delicatis ista salutaris exhortatio proponitur.* Autres copies anonymes : n°s 3730 (fol. 221), 13578 (fol. 43), 18096 (fol. 58). Il y a des différences entre les copies.

Page 339. *Quis dabit mihi pennas... — Ecce alter Petrus qui periclitatur in mari; ecce Jonas qui naufragus...* Autre copie anonyme : Mazarine, n° 941 (fol. 57).

Page 341. *Auferte Deos alienos... — Si non ad vos verbum sæpius faceremus* (sic), *non ignoramus tamen vobis expedire.* Pas d'autre copie.

Page 343. *Vigilate, quia nescitis... — Sunt vigiliæ vanitatis, iniquitatis, necessitatis et sunt vigiliæ devotionis.* Pas d'autre copie.

Page 344. *Memor ero tui... — Verbum breve et abbreviatum fecit Dominus super terram, in quo triplicis ascensionis suæ...* Une note marginale attribue ce sermon au chancelier Prévostin.

Page 349. *Pax vobis. — Gloriosum est pacis præconium, viri fratres; quod inde constat quia omnia naturaliter...* Pas d'autre copie.

Page 351. *O, o, o, fugite de terra aquilonis... dicit Dominus. — Fratres carissimi, ad nos loquitur Deus; nos carceratos monet exire.* Autre copie anonyme : n° 3803 (fol. 18).

Page 355. *Tres sunt qui testimonium dant... — Sicut diversæ solemnitates diversis sigillatim adscribuntur personis.* Autre copie anonyme : n° 3818 (fol. 1).

Page 359. *Non proprium, sed aliunde mendicatum, fratres dilectissimi, proponens sermonis exordium, fronte demissa sedulos vos precor auditores.* Pas d'autre copie. Les premiers mots de ce cermon sont presque les mêmes que ceux d'un autre, plus haut cité, qu'on lit à la page 307 de ce volume.

13587

Trois séries de sermons anonymes occupent presque tout ce manuscrit du XIIIe siècle.

Nous ne connaissons pas l'auteur de la première, qui finit au fol. 73. C'est un régulier qui, parlant à des réguliers, leur recommande constamment le mépris du siècle. Les sermons sont courts et le ton en est simple.

La seconde série commence, au fol. 73, par un sermon dont voici les premiers mots : *Vado ad eum qui me misit... — Naturale est inter homines, dilectissimi, quod quando aliquis qui amatur...*; et elle finit au fol. 86. L'auteur est l'évêque de Paris, Maurice de Sully. Nous avons déjà rencontré ces sermons dans le n° 568 (1). Ils sont encore dans les nos 711, 2949, 3831, 13574, 14937, 16463.

Du fol. 86 au fol. 115, divers fragments ascétiques dont les auteurs sont incertains ou ignorés. Le premier, commençant par *Multi multa sciunt* est ici, de même que dans un grand nombre d'autres manuscrits, sous le nom de saint Bernard. Mabillon ne l'a voulu néanmoins publier que parmi les œuvres suppo-

(1) Tome I, p. 25.

sées de l'illustre abbé. Il est encore moins vraisemblable que cette déclamation d'un style pompeux soit de Hugues de Saint-Victor, à qui ses confrères l'ont attribuée. Au revers du feuillet 102, un court fragment dont tel est le début : *Perfectissima atque plenissima justitia est Deum toto corde amare.* D'autres copies sont dans nos n°s 3762 (fol. 20) 13594 (fol. 1) et dans les n°s 268 de l'Arsenal et 396 de Tours. Au feuillet 103, une apologie de la pauvreté monastique, commençant par : *Secundum beatum Bernardum, si quis vult venire post me...* Nous n'en connaissons pas d'autres copies. Au feuillet 109, *Obsecro vos tanquam advenas... — Vita christiani comparatur peregrinationi.* Autre copie : N° 15955 (fol. 314). C'est peut-être l'extrait d'un sermon. De même les deux petites pièces qui suivent. Une autre serie de sermons complets commence au fol. 115.

Le premier débute par : *Erat Joannes vestitus pilis... — In evangelio hodierno, fratres, proponitur nobis forma et exemplum vivendi.*

Ces sermons sont encore d'un régulier. Pour le faire voir il suffit d'en citer les phrases suivantes (fol. 116) :

> Per hæc tria, solem, stellas et lunam, intelliguntur tria genera hominum... Per solem religiosi, per lunam clerici sæculares et prælati, per stellas vero quilibet christiani. Sol enim, ut dicit Philosophus, lunæ et stellis omnibus lumen præbet ; unde sol quasi solus lucens vocatur. Sic religiosus quilibet lucet per bona opera ut omnes ab ipso accipiant lumen et exemplum bene vivendi.

L'exemple que donne ici notre religieux n'est certes

pas un exemple de modestie. Il n'enseigne pas davantage la charité, lorsqu'il qualifie dans les termes les plus durs, les plus méprisants, quiconque n'observe pas avec une ponctualité rigoureuse toutes les prescriptions de la règle monastique. Ces sermons, où saint Bernard est plusieurs fois cité (fol. 120, 153), semblent être des premières années du XIIIe siècle.

Le volume finit par des maximes, des fables, des anecdotes, pour la plupart édifiantes. Nous en citerons quelques-unes :

Fol. 186. Dicitur quod milites mortui in præliando vel torneamento, postquam mortui sunt, unus adversus alterum contendit et pugnat, et ignem jactant inter se, et tales vulgariter vocantur familia Helliquini. Ita possumus dicere quod quidam sunt religiosi mundo mortui qui, postquam mortui sunt, unus adversus alterum contendit et ignem invidiæ inter se jactant, et tales recte possunt dici familia Hellequini.

Nota de presbytero illo qui omnia quæ habuit prædicationis causa vendidit, et emit sibi asinum causa humilitatis, quem alligavit exterius in ostio cujusdam monasterii; et ibi dimisit eum extra, et ingrediens oravit coram altare, et orando dicebat : « Pater noster » et cet. Et ait intra se : « Jam furantur latrones asinum meum » ; et, sic in corde suo revolvens hoc et recogitans, ita impediebatur quod nec unicam potuit devotionem ut prius solebat habere. Cum ergo egrederetur reperit asinum et statim vendidit eum, dicens : « Tu fecisti me cantare Pater noster asini ». Quod nunquam de cetero hoc faceret firmiter proposuit et juravit, et postea ivit pedes ad prædicandum quiete.

Nota de imagine quæ est apud Luque, quam Nichodemus fecit, quæ, si aspiciatur a longe, ita terribilis videtur quod non audetur intueri; si de prope, ita mitis et dulcis quod mirum est. Ita est de peccatoribus, quod, quanto magis se elongant a Deo, ita magis eis videtur terribilis Deus, et, quanto magis homo justus est, tanto magis est ei dulcis et pius.

Nota quod quidam erat qui non credebat habere animam et animo peccabat, et qui sæpius dicebat rationem illis cum quibus fabulabatur; et dum quadam die diceret cum quodam fideli et sapiente, corripiebat illum ne amplius talia diceret quæ non erant verba christiani boni, sed male credentis, ille e contrario magis affirmabat nihil esse animam post mortem; et sapiens dicebat animam suam plus valere quam totum mundum, pro qua Dominus Jesus mortuus fuerat. Et ille : « Si tantum valet, compara eam, faciam tibi ex ea bonum forum ». Cui ille : « Pro quotis dabis mihi ? » — « Pro quinque solidis et decem denariis ad bibendum. » — « Et ego libenter tibi dabo tantum ». Et dum biberent vinum de foro, miser convocabat omnes transeuntes ut venirent bibere de mirabili et stulto foro. Inter multos affuit unus, qui habebat comam crispatam et capellum de rosis in capite et optime et pulchre erat indutus, qui dicit bibentibus : « De quo foro est vinum quod bibetis tam læte ? » Cui ille qui emerat animam : « De anima istius, quam emi quinque solidis et duodecim denariis ad bibendum ». Cui ille : « Vis mihi vendere ? » Cui ille : « Libenter. » — « Dabo tibi quadruplum. » Et, foro facto et hausto vino, petiit animam illius; et cum ille nollet aliquid facere quia nihil erat, indicatum fuit ei quod esset servus ejus, et, cum ille duceret illum quem emerat secum extra villam, videntibus multis qui hoc viderunt, intravit in quamdam foveam, et tam cito terra cooperti de cetero non apparuerunt. Unde multi dixerunt quod emptor fuit diabolus, qui se multotiens transfigurat, ut possit homines decipere et defraudare. Et hoc verum fuit, ut dixit quidam de Cordellis, quod est factum in patria sua.

Dives quidam fuit apud Carnotum qui pro sollicitudine divitiarum nunquam gaudebat, nec unquam solatium familiæ exhibebat, semper cogitabat de curis hujus mundi. Iste dives pauperem habebat vicinum qui nihil habebat præter tres denarios vel quatuor, quod lucrabat quotidie de brachiis suis. In nocte, quando redibat cum uxore et pueris, ita lætus erat quod distribuendo ea quæ habebat cantabat, et ita quotidie faciebat. Quod audiebat dives vicinus, et dicebat uxori et familiæ quod meliorem vitam habebat quam ipse. Sed cogitavit quod auferret ei cantum suum, et, surgens mane, dives accepit bursam plenam denariorum et posuit ante ostium pauperis vicini ; qui, surgens mane sicut solebat, invenit bursam plenam, et, rediens in domum, noluit revelare uxori suæ, sed finxit se infirmum esse multum et non posse laborare. Ad quem mulier : « Quid faciemus miseri, quid comedemus » ? At ille, caute duos solidos accipiens in bursa, dedit uxori suæ, dicens : « Tene duos istos solidos et eme quæ nobis necessaria, quia a longe reservavi eos », nolens ei revelare nummos inventos. Cui uxor : « Unde habuisti nummos istos ; certe non credebam quod haberes obolum. » At ille, cogitans quid faceret de pecunia, non respondit, et cum comederet non cantavit. Quod cum audiens (1) dives vicinus, dixit : « Quid est quod vicinus noster non cantat sicut solet ? » Ad quem mulier sua ait quia infirmatus erat. Cui dominus : « Non permittam eum mori pro angustia ; ego curabo ipsum ; » et accessit ad ipsum et dixit ei : « Frater, redde mihi bursam meam cum nummis, quam invenisti hesterna die, mane, ad introitum ostii tui. » Et, cum ille vellet negare, dixit : « Tu non potes, quia ille et ille vidit, sed, si quid accepisti, ego dimittam. » Et ille pauper recognovit totam veritatem, et dixit ei quod duos solidos acceperat in bursa, nec poterat dormire cogitando quid faceret de residuo, et restituit ei bursam inventam ; et cum dives vellet ei dare viginti solidos, noluit accipere, dicens : « Vestra sit pecunia, nostra sit non curo. Ex quo inveni ipsam non habui gaudium, nec cantavi, imo semper cogitabam quid facerem de ea. »

Nota de episcopo qui nepotes nutriebat et diligebat, qui habebat hortum juxta thalamum suum in quo arbor quædam onerata valde pulcherrimis pomis vel piris, et, ne comederentur ab aliquo se nesciente, accepit clavem horti. Cui unus ex nepotibus suis, quem plus diligebat, ait : « Domine, præbe mihi clavem ; ego peroptime illam custodiam ; hoc sciatis. » Ad quem episcopus : « Certe, lecator, non faciam, quia comederes et dissipares. » Et cum hæc diceret nepoti, et nollet committere clavem arboris, ecce quidam nuntius qui nuntiavit ei quemdam archidiaconum

(1) Il faut lire sans doute : *Quem non audiens.*

suum esse mortuum, et, vocato nepote cui noluit tradere custodiam horti, dedit ei præbendam cum cura animarum, et commisit ei curam animarum cui noluit horti sui custodiam commendare.

Ces histoires sont mal contées par un clerc qui n'avait pas assez de littérature. Mais il s'entendait à mettre en scène les personnages. Il avait, du moins, l'esprit vif, s'il l'avait peu cultivé.

13602

L'aspect de ce petit volume le recommande peu. Le papier en est de bonne fabrique; mais c'est du papier. L'écriture en est soignée; mais elle ne paraît pas antérieure au xve siècle. Cependant il peut être utile de le décrire, toutes les pièces qu'il contient étant anonymes ou pseudonymes.

Nous y trouvons d'abord, sous ce titre : *Admonitiones ad spiritualem vitam valde utiles*, un fragment de l'ouvrage célèbre que toutes les traductions modernes intitulent *L'Imitation de Jésus-Christ*. Ce fragment contient le premier livre, moins le premier chapitre, et une partie du second livre. Voilà, comme il nous semble, une des plus anciennes copies de cet ouvrage. Il importe d'autant plus de la signaler que le titre en est banal. Le xive siècle nous a laissé bien d'autres instructions du même genre et auxquelles ce titre peut convenir.

Au folio 33 commence le récit d'une apparition, intitulé *Disputatio inter quemdam priorem ordinis Prædicatorum et spiritum Guidonis*. Ce récit est connu ; on a conservé d'assez nombreux manuscrits du texte latin et de plusieurs versions françaises. Le texte latin a même été plusieurs fois imprimé. Mais, on ne l'a pas encore remarqué, de notables différences existent tant entre les manuscrits qu'entre les éditions. Ainsi débute l'opuscule dans notre n° 13602 :

Augustinus, in libro De Fide ad Petrum, dicit : Miraculum est quidquid arduum vel insolitum super facultatem hominis admirantis ad fidei roborationem fit. Et hujusmodi miraculum ad memoriam et ædificationem nostram scripturæ est inserendum... Hoc prævidens omnium secretorum cognitor Dominus noster J. C., volens fidem suam ad majorem futuræ vitæ certitudinem inter christianos firmiter roborare, sua ineffabili dispositione tale miraculum dignatus est ostendere. Anno incarnationis suæ millesimo CCCXLI, decimo septimo die mensis decembris, in civitate Alesti, quæ jam Verona vocatur, quæ distat a curia Romana per triginta leucas, obiit quidam civis, nomine Guido de Torno. Per octo dies spiritus ejus post sepulturam corporis in voce apparuit uxori suæ ; unde illa fuit nimis perterrita, adeo quod ipsa inde conquesta est vicinis et amicis suis. Qui, audita hujusmodi voce, consilium invenerunt (1) super hunc casum, et, in die sancti Joannis evangelistæ infra natale Domini, pergentes ad domum fratrum Prædicatorum cum vidua, revelantes casum priori et conventui, petieruntque consilium quid super hoc foret faciendum. Prior autem dictæ domus, nomine Johannes Gobi,...

Citons maintenant d'autres manuscrits. Il y en a trois dans la Bibliothèque royale de Belgique, qui paraissent être de la fin du xve siècle. Notre confrère, M. Meyer, en ayant bien voulu transcrire pour nous

(1) Il faut lire *inierunt*.

quelques passages, nous allons reproduire les phrases qui nous importent. Dans le n° 1521, on lit :

Anno suæ incarnationis MCCCXIIII, sexta decima die mensis decembris, in civitatate Alesti, quæ nunc Barona vocatur, quæ distat a civitate Romana per triginta leucas, obiit quidam civis, nomine Guido de Torno.

Dans le n° 4361 :

Anno dominicæ incarnationis millesimo, trecentesimo et quarto, 16 die mensis decembris, in civitate Alesti, quæ jam Barona vocatur, quæ distat a curia Romana per 31 leucas, obiit quidam civis nomine de Corvo.

Enfin, dans le n° 8769 :

Anno MCCC vicesimo, tertio,... in civitate Alesti, quæ jam Barona sive Barena vocatur, quæ distat a curia apostolica per triginta milliaria, obiit quidam civis ejusdem civitatis Alesti, nomine Guido, cujus spiritus...

Ces trois textes nous offrent déjà quelques leçons dissemblables. S'étant mis obligeamment à la poursuite d'autres variantes, M. Meyer a recueilli celles que nous allons maintenant reproduire, dans trois manuscrits du Musée britannique. Le plus ancien de ces manuscrits fait partie de la collection Cottonnienne (Vesp. E, n° 1). On lit au fol. 219 v° :

Anno suæ incarnationis MCCCXXIII, ad majorem certitudinem de vita futura obtinenda, infallibili sua dispositione tale evidens mirabile dignatus fuit ostendere hominibus. In civitate Alestiæ, quæ distat a curia apostolica, quæ Aveniona vocatur, per viginti quatuor milliaria, XVI cal decembris, obiit quidam civis civitatis Alestiæ, nomine Guydo, cujus spiritus...

Dans la même collection (Vesp. A, n° 6), un manuscrit du xve siècle contient, au folio 134, le même texte, du moins pour ce passage. Mais, dans le n° 2379 du fonds Harleien (fol. 73), ce texte est ainsi corrompu :

Anno suæ incarnationis MCCCXXIII, ad majorem certitudinem de vita futura obtinendam, sua insaciabili (*sic*) dispositione tale mirabile dignatus fuit ostendere. In civitate Ayfestey, quæ distat a curia apostolica, quæ Ancona vocatur, per viginti quatuor milliaria, XVI cal. decembris, obiit quidam civis ejusdem civitatis Alestey, nomine Guido, cujus spiritus...

Nous avons enfin, sur d'autres manuscrits, quelques renseignements fournis par des catalogues. M. Coxe nous en signale deux : l'un dans le n° 218 du collège *Corpus Christi*, avec ce titre : *Narratio de Guidone, Alesti mortuo;* l'autre, dans le n° 13 du collège Merton, intitulé *Narratio de apparitione Guidonis de Corvo.* Enfin, dans le récent catalogue de la bibliothèque Palatine, sous le n° 397, nous lisons : *Bona et utilis conjuratio cujusdam spiritus, Guidonis cognomine; scriptum anno 1439. Inc. : Anno incarnationis dominicæ MCCCXXIV, die... decembris, in civitate Alesti, quæ jam Verona vocatur.* Ici la narration est abrégée, n'occupant que cinq feuillets.

Déjà, comme on vient de le voir, les manuscrits ne sont pas d'accord en ce qui regarde le nom du revenant et la date de l'aventure. Voyons ensuite les éditions. Celle qui paraît la plus ancienne est de l'année 1486. On y lit, après le préambule :

Dominus noster Jesus Christus, noster Salvator, volens fidem suam de vitæ futuræ certitudine inter christianos firmius roborare, sua ineffabili dispositione tale miraculum dignatus fuit ostendere. Anno incarnationis suæ 1324, 16 die decembris, in civitate Alesti, quæ jam Baiana vocatur, et distet a curia Romana per viginta quatuor milliaria, obiit quidam civis ejusdem civitatis Alesti, nomine Guido de Corvo, et per dies octo spiritus ejus, post sepulturam corporis, sine forma visibili, apparuit in voce propriæ uxori, eam graviter affligens; unde illa fuit nimis perterrita, adeo quod fuit inde conquesta vicinis et amicis suis. Tertia vero die post nativitatem Salvatoris nostri, scilicet die sancti Joannis evangelistæ, vidua cum vicinis perrexit ad domum fratrum Prædicatorum in eadem civitate commorantium, et petens consilium quid super hoc foret faciendum et enarrans omnia per ordinem quæ sibi acciderant per spiritum proprii mariti postquam fuerat mortuus. Prior autem dictæ domus, nomine Johannes Gobi,..

Ce texte a été reproduit en 1496, à la suite du traité de Jacques Junterbuck (*Jacobus de Clusa*) qui a pour titre : *Tractatus de Apparitionibus et receptaculis animarum exutarum corporibus*. Il suffit d'indiquer cette reproduction.

Un autre texte se rencontre dans une édition sans date de la *Disputatio*, édition que l'auteur du *Repertorium bibliographicum* n'a pas connue, mais que possède la Bibliothèque nationale. En voici le passage qui correspond aux extraits qui précèdent :

Jesus Christus, Salvator noster, volens infirmos roborare homines de vitæ futuræ certitudine, anno suæ incarnationis 1423, ad majorem certitudinem de vita futura obtinendam, sua ineffabili dispositione tale evidens miraculum ostendere dignatus fuit. In civitate Allecti, quæ distat a curia apostolica, quæ jam Bononia vocatur, per triginta milliaria, undecimo cal. Decembris, obiit quidam civis civitatis Allecti, nomine Guido, cujus spiritus...

Voyons maintenant les traductions françaises.

M. Langlois nous en signale une dans le n° 1389 de la Reine, au Vatican, où la date est l'an 1324 (1). Une autre, qui nous est indiquée par M. Paul Meyer dans le n° 2680 de l'Arsenal, débute ainsi :

Monseignour saint Augustin dist, ou livre de la Foy, que miracle ou cose miraculeuse est toute chose non en usaige et non acoustumée estre faite, qui naturellement est impossible et est à l'entendement de la personne estrange, laquelle se fait à la coroboracion, enforchement et confirmation de la foy chrestienne... En l'an de l'incarnation nostre Seigneur mil CCCXXIIII, le XVIe jour du mois de décembre, en la cité de Alesse, qui maintenant est appelée Vizonne, qui est à trente lieues de Romme, trespassa ung cytoien, homme notable, de bonne vie, de bonne renommée, que on appelloit Guy de Turno. Après son trespas VIII jours, son corps mis en terre et en sépulture, comme il est de coustume, son esperit s'apparut et magnifesta tant seullement en voix à sa femme estant et demourant en sa maison, où elle s'estoit tenue simplement depuis le trespas de son mari ; dont elle fut moult espantée et esbahie, et tant que, pour le grant paour et grant doubte qu'elle eult, elle manda et assambla ses amis et parens avec aultres en se complaignant de che qu'elle avoit oy... (2).

Ainsi les éditions et la traduction française ne nous tirent pas d'embarras ; elles ajoutent, au contraire, quelque chose, les unes et les autres, aux discordances déjà signalées.

Le revenant s'appelait-il Guy *de Torno*, *de Turno* ou *de Corvo* ? Il y a bien peu de différences entre ces trois mots dans les manuscrits du XIVe et du XVe siècle ; le *c* et le *t*, l'*n* et l'*u* peuvent être facilement

(1) *Notices et extraits des man.*, t. XXXII, 2e partie, p. 145.

(2) Si nous ne citons pas la version française contenue dans le n° 15217 des manuscrits français à la Bibliothèque nationale, c'est que le premier feuillet manque dans ce manuscrit.

confondus. Il est permis de croire qu'il avait nom, en français, Guy du Tour. Si pourtant on préfère le nommer Guy du Corbeau, nous ne nous y opposons pas.

Quant à la ville où le miracle a lieu, c'est bien certainement la ville d'Alais, dans le Gard, en latin *Alestum,* quoique Baudrand l'appelle par méprise *Alesia.* Elle est située, disent la version et le n° 1521 des manuscrits belges, à 30 lieues de Rome; mais les autres textes latins disent soit à 30 lieues, soit à 24, soit à 30 milles de la cour romaine, dont le siège était alors la ville d'Avignon. Le compte des milles n'est pas beaucoup plus exact que celui des lieues; mais il n'importe guère. Alais n'a jamais, à la vérité, changé son nom pour ceux de *Verona, Barona, Barena, Baiana, Bononia.* Mais on a corrigé facilement et remis à sa place, à la place qu'il occupe dans le plus ancien des manuscrits d'Angleterre, le nom que les divers copistes ont si diversement altéré.

Enfin, pour ce qui regarde la date de l'événement, nous avons à faire un choix entre les années 1304, 1323, 1324, 1334, 1341 et 1423. L'année 1423 doit être immédiatement écartée pour plusieurs raisons. La principale est la présence et l'intervention du prieur Jean Gobi. Ce Jean Gobi vivait certainement au XIVe siècle. Mais, entre les années 1323, 1324, 1334, 1341, l'hésitation est permise. Échard mentionne, parmi les religieux de son ordre, deux Jean Gobi : l'oncle et le neveu, l'un et l'autre originaires d'Alais. L'oncle, sous-recteur au couvent de Sisteron dès l'année 1273, mourut, croit-on, en 1328. Mais son *cursus honorum*, que nous croyons avoir tout entier (1), nous le montre prieur d'Avignon, de Montpellier, de Saint-Maximin, non d'Alais. Quant au neveu Jean Gobi surnommé *le Jeune,* on ne dit pas non plus qu'il ait été prieur d'Alais; mais, après l'avoir fait naître dans cette ville, on ne l'en fait pas sortir. Il est donc vraisemblable qu'il s'agit ici de lui. On le connaît d'autre part. Il est auteur d'une compilation intitulée *Scali cœli,* dont une copie, conservée dans le 3506 de la Bibliothèque nationale, est datée de l'année 1301. Si ce livre sans mérite est une œuvre de sa jeunesse, il peut avoir vécu, comme Échard le suppose, jusque vers l'année 1350 (2). Mais, quand Échard aurait conjecturalement trop prolongé sa vie, il n'est pourtant pas prouvé qu'il soit mort avant l'année 1341. Voilà ce qui nous fait hésiter entre plusieurs des dates assignées à l'événement. Disons cependant que l'une d'elles nous paraît plus digne de confiance que toutes les autres, en tant que fournie par le plus ancien manuscrit. Cette date est le 15 novembre 1323.

Donc le 15 novembre 1323, dans la ville d'Alais, meurt un citadin nommé Guy du Tour ou Guy du Corbeau. Il était depuis sept ou huit jours enseveli, quand sa voix se fait entendre à sa veuve et lui cause la plus grande terreur. La veuve avertit ses voisins, puis avec eux se rend au couvent des Prêcheurs. Ils vont demander conseil. Le couvent d'Alais avait alors pour prieur un savant homme nommé Jean Gobi, qui,

(1) Albanès, *Hist. du couv. de S.-Maximin,* p. 60. — Douais, *Les frères Prêch. en Gasc.*, p. 438.

(2) Quétif et Échard, *Script. ord. Præd.*, t. I, p. 633.

après avoir reçu les déclarations de la veuve, va trouver le gouverneur de la ville, le priant de vouloir bien désigner quelques personnes dignes de toute confiance, en la présence desquelles le miracle sera contrôlé. Ces personnes désignées se munissent, à tout événement, de bonnes armes, se confessent et se mettent à la suite du prieur. On se rend à la maison de la veuve. Après en avoir fait visiter tous les recoins, le prieur et ses compagnons s'assoient sur un banc, récitent plusieurs Psaumes, avec d'autres prières, et attendent l'esprit. Vers minuit, un léger bruit leur annonce quelque chose. « Le voilà ! le voilà ! » dit la veuve épouvantée. Comme elle, tout le monde tremble plus ou moins. Cependant on ne voit rien. Il faut donc interroger l'esprit, pour qu'il atteste en répondant, s'il répond, qu'il est présent. C'est la veuve qu'on charge de ce premier interrogatoire. A la question succède aussitôt la réponse; l'esprit est bien là. Mais, s'il y a des esprits bons, il y en a de malins, et le prieur, qui connaît les artifices du démon, éprouve le besoin d'être plus éclairé sur l'identité de la voix faible et douce qu'il vient d'entendre. Il fait donc à son tour plusieurs questions, auxquelles l'esprit répond avec la plus grande aisance. Guy du Tour avait-il donc, quoique laïque, très fructueusement étudié, de son vivant, tant la philosophie que la théologie ? Cela paraît peu vraisemblable. Quoi qu'il en soit, vainement le prieur tend mille pièges à la logique de son esprit ; à tous les arguments cet esprit subtil en oppose d'irréfutables et contraint le prieur à reconnaître qu'il est véritablement ce qu'il dit être. Le colloque change alors de caractère; ce n'est plus un conflit de sophismes, c'est un amical entretien. Le prieur, qui voudrait, dit-il, avoir de sûres informations sur l'autre monde, demande comment les choses se comportent dans le paradis et dans l'enfer. — L'enfer? répond l'esprit, je n'y ai pas été. Le paradis? Je n'y suis pas encore; mais, quant au purgatoire, où présentement je séjourne, je vous en parlerai, s'il vous plaît. Comme dit le poète :

E cantero di quel secondo regno,
Ove l'umano spirito se purga,
E di salire al ciel diventa degno (1).

Bien que ce colloque ait été, ainsi que nous l'avons dit, plusieurs fois imprimé, nous allons en transcrire un fragment, tant pour corriger quelques phrases vicieuses des éditions que pour faire apprécier dans quel dessein l'auteur de cet écrit l'a composé. Notre citation commence avec la cinquième question :

Quinto quæsivit Prior : « Ubi tu es? » — « In purgatorio. » Cui Prior : « Ergo sequitur quod hic est purgatorium animarum. Qua ratione tu es hic purgandus eadem ratione aliæ animæ hic potuerunt purgari, et ille locus ubi animæ purgantur vocatur purgatorium animarum. » Respondit Spiritus : « Duplex est locus purgatorii animarum, scilicet communis et particularis. » Cui prior : « Nulla animarum simul et semel in eodem tempore et in eadem hora in duobus diversis locis esse potest. » Respondit Spiritus : « Ego de die in communi purgatorio cum aliis punior; de nocte in hoc particulari purgatorio. »

Sexto Prior quæsivit ubi esset commune purgatorium, Respondit Spiritus : « In centro terræ. » Cui Prior :

(1) Dante, *Purgat.*, chant 1, str. 2.

« Quomodo posset purgatorium, locus spiritualis, et terra, locus corporalis, esse in eodem loco. » Respondit Spiritus : « Sicut anima est tota in toto corpore, ita locus spiritualis est unitus loco corporali. »

Septimo Prior quæsivit : « Quare fueris hic punitus? » Respondit Spiritus : « Quia hic commisi aliquid pro quo non satisfeci in vita mea. »

Octavo Prior quæsivit : « Quid plus gravat homines in moriendo? » Respondit Spiritus : « Concursus dæmonum, qui simul tunc adunantur et congregantur ad eruendum hominem extra fidem et propriam memoriam per stridorem dentium et horribilem aspectum, qui objiciunt hominibus actus suos malos. »

Nono Prior quæsivit : « Quid plus confortat hominem in moriendo? » Respondit Spiritus : « Meritum passionis Christi, beneficium beatæ Mariæ Virginis et intercessio sanctorum. » Cui Prior : « Indica nobis hoc quare plus confortant hominem in morte. » Respondit Spiritus : « Libenter; et nunc ausculta. Si quis moriatur in peccato mortali absque contritione cordis et confessione oris, passio Christi in ejus morte recitatur a suo bono angelo ad concludendum illum hominem esse ingratum Deo, et hoc quod noluit, dum potuit, confiteri de peccatis suis, sed contempsit et despexit sacramenta Ecclesiæ, quæ sacramenta per virtutem passionis Christi mundant peccatores a culpa et reducunt eos ad statum gloriæ et gratiæ. Et, his dictis, arripient eum dæmones, dicentes ei : « O ingrate homo erga « Deum, veni nobiscum ad infernum; ibi omnes ingrati « Deo hereditantur. » Si quis vero confessus descendit, licet non satisfecerit pro peccatis confessis, tunc angeli boni confortant eum contra concursum dæmonum, dicentes dæmonibus : « Nullam partem habetis de hoc homine, « quia meritum passionis Christi est scutum et medium « sibi inter eum et vos. » Sed Spiritus maligni dicent : « Hic homo per omnia membra corporis sui peccavit, et sic « per omnes potestates animæ suæ peccavit; ergo aliquid « juris habemus in hunc hominem. » Respondent boni angeli : « Adhuc verum est quod istis modis peccavit, « sed de omnibus his est confessus, vel saltem contritus; « propter quod meritum passionis Christi est sibi medium

« inter eum et vos ; manus enim Christi perforatæ pro « isto homine mediant modo inter eum et manus vestras ; « oculi Christi sunt medii inter eum et oculos vestros, ita « etiam quod amplius non veniatis ad tenendum eum ; « membra Christi pro eo passa abluunt peccata sua quæ « per membra corporis peccavit, et totum corpus Christi « pro eo appensum in cruce erit sibi scutum contra falla- « cias vestras quibus fecisti eum sic et sic peccare ; « similiter anima Christi, quam dedit pro isto homine « purgat animam ejus ab omnibus peccatis quæ ipse « fecit ita quod in isto homine non remanet pœna « æterna, sed pœna purgatorii transitoria. » Et sic me- rita Christi juvant homines in morte sua. Beneficium B. Mariæ Virginis similiter juvat homines hoc modo. Si enim aliquis moriatur debite confessus, statim adest B. Ma- ria, alloquens dæmones hoc modo : « Ego autem sum dicta « mater Christi, regina cœli, domina mundi, imperatrix « inferni. In quantum mater Christi sum dicta, rogabo filium « meum ut anima salvetur per meritum passionis suæ huma- « nitatis quam cepit de matre sua. In quantum sum regina « cœli vocata, per filium meum huic animæ providebo « locum in cœlo. In quantum sum domina mundi « vocata, cum voluntate filii mei volo quod orationes, « eleemosynæ et omnia beneficia quæ fiunt in universo « mundo ab universis fidelibus vivis sint huic animæ in « remedium et remissionem peccatorum suorum. In quan- « tum ego imperatrix inferni sum dicta, ex parte filii mei « Jesu Christi vobis dæmonibus impero ut hanc animam « amplius non vexetis, sed dimittatis. » Et, hoc dicto, assu- munt (1) angeli Dei et maxime illi sancti quos homo cele- bravit dum vixit, rogantes pro anima et dicentes : « Domine, « qui descendisti de cœlo peccatores salvos facere, pro « amore matris tuæ Virginis Mariæ miserere huic animæ « fratris nostri aut sororis nostræ ! » Quibus peractis, anima deducitur per angelum suum bonum ad purgatorium, et statim angelus suus malus et alii angeli mali ab ea rece- dunt quasi confuse dolentes de ejus salvatione. Et hoc modo meritum passionis Christi et beneficium B. Mariæ

(1) Il faut lire, comme plus loin, *assunt*, c'est-à-dire *adsunt*.

Virginis, cum intercessione sanctorum, confortant et juvant eum. »

Decimo Prior quæsivit utrum homo in morte sua potest videre Dominum suum et B. Virginem Mariam et ceteros angelos et sanctos Dei sub forma propria eorum. Respondit Spiritus quod non, nisi esset tam sanctus homo quod non esset purgandus in purgatorio. Cui Prior : « Mihi videtur quod non sunt omnia vera quæ dixisti. Innuisti per verba tua quod omnes sancti isti assunt in morte hominis et maxime illi sancti quos superstes jam celebravit. » Respondit Spiritus : « Quamvis assunt in morte, tamen propter hoc moriens non debet eos videre sub forma eorum ; quia si sic, cum non sit alia beatitudo quam videre Christum in propria persona suæ (formæ) essentialis, tunc sequitur quod homo moriens tum in morte sua foret beatus ; quod falsum est. »

Undecimo Prior quæsivit utrum spiritus scirent facta hominum et amicorum suorum postquam exuti fuerint a corpore. Respondit Spiritus quod sic...

Duodecimo Prior quæsivit pro quot hominibus et animabus unus sacerdos poterit celebrare ita quod omnes æque participent de effectu. Respondit Spiritus quod unus sacerdos simul et semel potest celebrare pro omnibus animabus vivis et defunctis fidelibus, et quilibet eorum habet integram missam ; nam virtus sacramenti corporis Christi extendit se ad omnes, quia, sicut Christus, qui est Deus et homo, semel levatus in cruce, se obtulit Deo patri pro salute totius generis humani, sic in missa cujuscumque sacerdotis offertur Christus totus in sacramento altaris pro salute omnium fidelium. Unde adeo bene potest sacerdos celebrare pro omnibus defunctis simul sicut pro duobus ; et melius, nam hæc est differentia inter bonum spirituale et bonum temporale : bonum autem temporale quanto plus partitur pluribus tanto minus est in se... ; sed re vera bonum spirituale quanto magis partitur tanto magis augmentatur in se... Cui Prior : « Quomodo est ergo quod Scriptura dicit quod animæ amicorum possunt liberari per missas et orationes et eleemosynas speciales in dilectione Dei et proximi factas, et tu tamen dicis quod missæ celebratæ pro omnibus plus valent ? » Respondit Spiritus :

« Dico quod quilibet sacerdos missam celebrans duo facere debet. Primo debet dirigere mentem suam ad Deum pro illo, vel illa, vel illis pro quibus specialiter tenetur Deum præ omnibus in devotionem habere; et isto modo missæ dicuntur speciales, quia specialiter nos juvant existentes in purgatorio, et isto modo ego Guido sum liberatus a purga torio per quatuor annos citius quam debuissem de numero constituto pro peccatis. Habeo enim pauperem cognatum religiosum, quem sustentavi in scholis Bononiæ per quinque annos, et ipse pro me devote orat Deum ; cujus orationibus ego sum modo adjutus quod non ero in pœna nisi usque post Pascha, et, si volueris probare hoc verum esse, venias ad locum istum ad Pascha, et, si me tunc non audieris, scias me esse in cœlo. » Quod et idem Prior, cum aliquibus de familia papæ, ita fuisse invenit ut Spiritus dixit.

Tredecimo Prior quæsivit si sciret utrum Deus esset in cœlo in quo erunt sancti. Respondit Spiritus : « Prius dixi quod adhuc non fui in cœlo, et ideo nescio adhuc inde dicere quam quod est mihi revelatum. Tantum enim dixit mihi angelus meus : « Esto in hac pœna usque Pascha, et « tunc videbis regem cœlorum in diademate suo cum ange« lis et sanctis suis... »

Le prieur interroge ensuite l'esprit sur la valeur relative des prières dites habituellement pour les morts, lui demandant quelles sont les plus efficaces ; et, l'esprit voulant bien satisfaire sur tous les points à sa curiosité de plus en plus excitée, le colloque dure encore longtemps; mais il devient pour nous de moins en moins intéressant.

L'auteur de cet écrit, quel est-il? Si nous n'avions pas la *Scala cœli,* nous ne saurions à qui la *Disputatio* doit être attribuée. Un clerc quelconque aurait pu mettre en scène le prieur d'Alais dans cette fiction théologique, même sans son agrément. Nous avons bien d'autres exemples de cette liberté prise avec les gens. Mais qu'est-ce que cette *Scala cœli ?* Un recueil de fables, pour la plupart démoniaques, soit empruntées à Césaire d'Heisterbach, à Jacques de Vitry, à l'auteur, qui n'est pas nommé, du traité *De septem donis*, etc., etc., soit pour la première fois racontées dans ce livre par un narrateur sans esprit. Mais l'intention déclarée de ce narrateur, de ce compilateur, a été de présenter ces historiettes comme contenant chacune une leçon de morale, d'en tirer cette leçon et d'enseigner ainsi, par un choix d'exemples terrifiants, la pratique de tous les devoirs, de toutes les vertus. Et que voyons-nous dans la *Disputatio ?* Un enseignement pareil donné suivant la même méthode. Cette *Disputatio* n'est qu'un long chapitre à placer, sous le titre de *Purgatorium*, dans la *Scala cœli*. Aussi n'hésitons-nous pas à croire que les deux ouvrages sont du même auteur.

Jacques de Vitry, Césaire, Étienne de Bourbon, ont-ils tenu pour vraies toutes les anecdotes qu'ils ont rapportées? Le croire serait, pensons-nous, leur faire injure. Jacques de Vitry n'était certes pas un sot. Notre avis est qu'ayant entendu raconter tel ou tel miracle, ils se sont inquiétés peu de vérifier s'il était faux ou vrai, l'aventure leur paraissant digne d'être mise par écrit dès qu'elle était édifiante. Mais le cas du prieur Jean Gobi n'est pas le même. On veut bien admettre que la femme et les amis du défunt aient pris pour sa voix un bruit par eux entendu durant une ou plusieurs nuits, et qu'ils soient ensuite venus, pleins de trouble, entretenir le prieur Jean Gobi de ce fait singulier. Mais on ne peut douter que celui-ci n'ait inventé le reste. Le reste est donc une fiction. Assurément il est difficile d'admettre que le prieur ait conté tout cela sans avoir le dessein d'y faire croire. Nous le trouvons donc blâmable. Mais au point de vue de notre morale, qui n'était pas celle du XIVe siècle. Tout mensonge aujourd'hui nous révolte. Au moyen âge, on mentait sans reproche quand c'était à bonne intention. Cela même ne s'appelait pas mentir, le roman et l'histoire étant confondus. Le goût de la vérité pour elle-même est un goût moderne.

Constatons donc ce que s'est proposé Jean Gobi lorsqu'il a rédigé le procès-verbal de ce débat imaginaire. Il a voulu d'abord recommander les prières pour les âmes du purgatoire. C'est ce qu'indiquent clairement plusieurs passages du fragment cité et ce que la fin de l'opuscule montre mieux encore. Estimant sans doute qu'on négligeait trop, dans sa ville natale, de prier et de faire prier pour les morts, il a jugé qu'il était bon de prouver l'utilité de ces prières. Voilà, comme il nous semble, son principal dessein, mais non le seul ; les dernières phrases du fragment ont, en effet, pour but de prouver une tout autre chose. On sait quelle opinion professait le pape Jean XXII sur la condition présente des âmes admises dans le ciel ; pour jouir de la vision béatifique, *ut videant Deum facie ad faciem*, elles devaient, assurait-il, attendre le jugement final. Et dans le fragment, l'ange dit à l'âme du défunt, momentanément internée dans le purgatoire : *Esto in hac pœna usque Pascha, et tunc videbis regem cœlorum in diademate suo, cum angelis et sanctis suis.* Telle fut la doctrine de l'Université de Paris, contraire à celle de Jean XXII. Nous n'insistons pas; mais nous devions faire remarquer cette malice.

Où finit la *Disputatio*, au folio 57, nous avons un traité mystique intitulé *Cordiale*. C'est le *Cordiale de quatuor novissimis*, qui fut, au xve siècle, aussi goûté que l'*Imitation*. Il ne faut pas s'étonner si l'auteur n'est pas nommé dans notre manuscrit. Il ne l'est pas non plus dans les n°s 268 de l'Arsenal, 1059 de la Mazarine, 1267 de Troyes, 457 de Douai, 444 de la Palatine, 547 de Bruges, 3598 de Vienne, 12706 de Munich et dans bien d'autres copies. Il ne l'est pas davantage dans la plupart des éditions. Hain en cite vingt et une du xve siècle, qui sont pareillement anonymes (1); et le sont aussi les traductions en français, en anglais, en espagnol, dans toutes les langues, qui furent faites vers le même temps. Cependant il s'est rencontré des copistes et des éditeurs qui, se croyant sans doute bien informés, ont assigné cet ouvrage à des auteurs divers. Cet auteur est nommé, dans le n° 4696 de Vienne, Henri de Hesse; en d'autres manuscrits, Thomas Haselbach (2), Gérard Groot (3); dans trois éditions, Denys de Leewis ou de Ryckel (4); c'est enfin, au dire de Possevin, Gérard de Vlindershoven. Ce problème d'histoire littéraire ne sera probablement jamais résolu.

Au folio 155, *Epistola beati Bernardi, abbatis, de*

(1) Hain, *Repert. bibl.*, n°s 5691 et seq.
(2) Fabricius, *Bibl. med. et inf. æt.*, t. III, p. 217.
(3) Paquot, *Mémoir. pour serv. à l'hist. litt.*, t. I, p. 421.
(4) Hain, *Repert. bibl.*, n° 6242 et seq.

forma honestæ vitæ. Cette épître est anonyme dans le n° 398 de Saint-Omer ; mais on la rencontre sous le nom de saint Bernard dans un assez grand nombre de manuscrits, parmi lesquels il nous suffira d'indiquer les n°s 2042 (fol. 96), 3758 (fol. 138) de la Bibliothèque nationale et 333 (fol. 76) des Nouvelles acquisitions, 1103 de la Mazarine, 863 de Grenoble, et un volume de la Laurentienne décrit par Bandini (1). Cependant, Mabillon n'a pas admis cette attribution. Il a bien, à la vérité, publié l'épître, mais parmi les œuvres faussement mises au compte de saint Bernard (2). Le style de cette pièce n'est pas, dit-on, le sien. Nous le voulons bien ; mais nous ne saurions accorder à Théophile Raynaud que, si l'auteur n'est pas saint Bernard, c'est Bernard *Sylvestris* (3). Il a vu, nous assure-t-il, des manuscrits qui l'ont mis sur la voie de cette substitution. Les a-t-il réellement vus? Pour notre part, nous n'avons pas encore fait la rencontre de manuscrits semblables. Bernard *Sylvestris* et Bernard de Chartres ont été longtemps confondus ou pris l'un pour l'autre. Eh bien, nous ne connaissons pas une seule copie de l'épître sous l'un de ces deux noms. Bernard de Chartres et Bernard *Sylvestris* étaient d'ailleurs des clercs séculiers. Or l'épître paraît composée pour l'instruction d'un moine très rigide. Jérémie de Montagnone, qui la cite fréquemment dans son *Compendium moralium*, la cite comme étant d'un auteur ignoré : *Auctor libri de formula ho-*

(1) *Catal. bibl. Laurent.*, t. II, col. 57.
(2) *S. Bernardi opera*, t. V, p. 794.
(3) *Histoire litt. de la France*, t. XII, p. 264.

nestæ vitæ. Cela veut clairement dire qu'il ne la croyait pas plus de Bernard *Sylvestris* que de saint Bernard.

Au folio 159, une très courte pièce, intitulée *Confessio B. Bernardi ad novitios*, qui commence par ces mots : *Quia ad remissionem peccatorum requiritur contritio amara, confessio pura, satisfactio condigna, idcirco, antequam vadas ad confessionem*... Une note écrite sur la marge du volume par une main du XVIe siècle nous dissuade de croire le copiste qui donne cette pièce à saint Bernard. C'est un sage avis. L'œuvre est certainement d'un moine, mais d'un moine postérieur à l'abbé de Clairvaux et moins grave que lui.

A cet opuscule succède le *Speculum peccatorum ou peccatoris*, qui commence par ces mots : *Quoniam carissime, in via hujus vitæ fugientis sumus, dies nostri sicut umbræ prætereunt*. Un écrit si longtemps estimé ne pouvait manquer dans notre recueil d'opuscules mystiques. Mais, quelle qu'en ait été la renommée, on n'en connaît pas l'auteur. Il est anonyme, ainsi que dans notre manuscrit, dans les n°s 1201 (fol. 244) 14923 (fol. 268) de la Bibliothèque nationale, 268 de l'Arsenal, 339 de Metz, 341 de Tours, A 454 de Rouen, 457 de Douai, 3973 de Vienne, 3801 de Munich et 193 du collège *Corpus Christi*, à Oxford. Ce n'est pourtant pas à dire qu'on ne l'ait attribué jamais à personne. Il y en a des copies et même des éditions sous le nom de saint Augustin; mais c'est une attribution que les Bénédictins ont jugée fausse. Aussi n'ont-ils admis le célèbre *Speculum* que dans le tome VI, col. 983, des Œuvres de ce Père. Il porte un autre grand nom dans le nº 152 de Metz, le nom du pape saint Grégoire; mais sans plus de raison. Pas plus saint Grégoire que saint Augustin n'a pu dire : *Hæc in corde suo retineat implicatus peccatis, amore mundi et carnis debriatus et cæcatus, cui plus placet luxuriosi cadaveris venenosa voluptas quam animæ suæ suavitas, qui plus studet circa marcam quam circa Marcum...* L'usage du marc, comme poids de l'or et de l'argent, paraît ancien ; mais il ne l'est pas assez pour qu'on puisse imputer à saint Augustin, même à saint Grégoire, le méchant jeu de mots que nous venons de citer.

Au folio 173, un traité, sans nom d'auteur, sous ce titre *De defectibus occurrentibus in missa* et dont voici les premiers mots, qui sont une paraphrase du titre : *Regula dirigens missarum celebratores ut caveant a defectibus et periculis ac disturbiis in missa contingentibus...* Un autre exemplaire, pareillement anonyme, est dans le nº 39 du collège *Corpus Christi*, à Oxford. Dans cette *Régle* pour la célébration de la messe sont cités à tout propos Albert le Grand, saint Thomas, Pierre de Tarentaise et même Durand de Saint-Pourçain. Elle ne fut donc pas écrite avant la fin du XIVe siècle. Nous croyons que l'auteur était, comme tous les maîtres qu'il cite, Dominicain.

Enfin, au folio 188, sous ce titre *S. Bernardus abbas et doctor*, un autre traité sur la messe, incomplet, commençant par : *Ad honorem gloriosæ et individuæ Trinitatis et ad reverentiam excellentissimi sacramenti pretiosi corporis et sanguinis Domini nostri J. C., describo tibi formam qua poteris leviter manu duci...*

C'est un traité bien connu, mais non pas sous le nom de saint Bernard. Il est intitulé *De præparatione ad missam* et porte le nom de saint Bonaventure dans les n°s 10606 de la Bibliothèque nationale et 922, 1090 de la Mazarine. Mais, quoiqu'il ait été plusieurs fois publié dans les Œuvres de ce docteur, des critiques ont considéré l'attribution comme douteuse (1); d'autres l'ont rejetée comme sûrement fausse (2), et néanmoins d'autres encore, plus récents, les PP. Sbaraglia et Benoît Bonelli, l'ont maintenue comme vraie (3). Les arguments pour et contre nous semblent faibles, et c'est le doute que nous conseillons. Saint Bernard doit, sans aucune hésitation, être écarté. Un autre exemplaire du même traité se rencontre, sans aucun nom d'auteur, dans notre n° 3758 (fol. 1).

13964

A la fin du volume, daté de l'année 1473, l'ouvrage anonyme qui l'occupe tout entier est mal intitulé : *De regimine principum*. Le titre exact est : *Breviloquium de virtutibus antiquorum principum atque philosophorum;* et l'auteur est Jean de Galles. On cite quatre éditions de cet ouvrage, et les manuscrits en sont très nombreux : *Hist. littér. de la France*, t. XXV, p. 182.

(1) Oudin, *Comment. de script. eccl.*, t. III, col. 419.
(2) *Histoire litt. de la France*, t. XIX, p. 283.
(3) Fidelis a Fanna, *Ratio novæ coll. oper. S. Bonaventuræ*, p. 33.

14027

Le titre est *Regimen sanitatis*, sans le nom de l'auteur. Mais ici l'embarras n'est pas de trouver un nom ; l'ouvrage, plusieurs fois imprimé, a tour à tour été donné par les éditeurs au Milanais Magnino et au Catalan Arnaud de Villeneuve. Cela devait embarrasser les critiques; aussi plusieurs d'entre eux ont-ils inventé diverses fables pour justifier l'attribution qu'ils croyaient préférable. Un bref résumé de ces fables est au tome XXVIII de l'*Histoire littéraire*, p. 54. On y peut lire aussi que l'auteur le plus vraisemblable de l'ouvrage est, non pas Arnaud, mais bien Magnino.

14193

Ce volume est composé de pièces pour la plupart mutilées et n'ayant les unes aux autres aucun rapport. La nomenclature de ces débris, qu'on lit sur la feuille de garde, est incomplète et souvent fautive. Mais l'état des pièces ne nous permettra pas toujours d'en corriger les imperfections.

Fol. 1. Poème, commençant par ce vers :

Cur ultra studeam probus esse probusque videri ?

Wolf a publié ce poème dans ses *Lectiones memorabiles*, t. I, p. 742. Matthias Francowitz l'a deux fois réimprimé, dans l'*Auctuarium* de son *Catalogus testium veritatis*, p. 45, et dans son recueil intitulé *Varia doctor, virorum poemata*, p. 349. Mais ni Wolf ni Francowitz n'en ont connu l'auteur. C'est Pierre le Peintre, chanoine de Saint-Omer. Il se désigne lui-même lorsqu'il dit :

Nocte vigil tota non cesso versificari ;
Pingo die tota cupioque deos operari ;
Sed pereant versus, pereant simulacra deorum,
Nil mihi quippe boni confert ornatus eorum ;

et il nous apprend en même temps que ses tableaux ne lui rapportaient pas plus que ses vers. Ses tableaux reli gieux, que nous ne connaissons pas, ne valaient peut-être pas mieux que ses vers pieux, qu'on nous a conservés. Il nous a laissé, du moins, quelques pièces de vers profanes qui sont de vives et plaisantes satires. C'est par elles que son nom vivra. Deux copies du petit poème ici présent se trouvent dans les n°s 115 et 710 de Saint-Omer.

Au même feuillet, vers le milieu de la deuxième colonne, une semblable complainte sur la triste condition des gens studieux, commençant par :

Temporibus nostris mutari sæcula cerno.

L'auteur de cette pièce est encore Pierre le Peintre, et elle est aussi dans les n°s 115 et 710 de Saint-Omer. Nous l'avons en outre dans le n° 16699 (fol. 173) de la Bibliothèque nationale, et elle avait été publiée par Wolf et par Francowitz avant de l'être récemment par M. Fierville : *Notices et extr. des man.*, t. XXXI, prem. part., p. 130. Une première suite de notre copie est au revers du fol. 7, une seconde au fol. 9, et l'ensemble offre un certain nombre de vers qui manquent dans l'édition de M. Fierville. Ces vers se lisent aussi dans notre nº 16699.

A la quatrième colonne de ce premier feuillet :

> Dæmonis inventum scelerum sunt millia centum...

Le poète va-t-il décrire ces cent mille vices? Il se borne à flétrir celui qui le choque le plus dans les mœurs de son temps, la sodomie. Le sentiment est louable, mais les vers ne le sont pas. Ils ont été publiés par Beaugendre sous le nom de Marbode : *Opera Hild. et Marb.*, col. 1574, et, sans nom d'auteur, par M. Wright, *Anglo-lat. satir. poets*, t. II, p. 158, ainsi que par M. Hagen, *Carmina medii ævi*, p. 174. M. Wright n'avait aucune raison de croire qu'ils sont d'un Anglais et Beaugendre nous laisse ignorer ce qui les lui a fait attribuer à Marbode.

Ce feuillet finit par une petite pièce en vers léonins intitulée : *Puella amico promittenti nec danti.* Ne sachant pas qu'elle ait encore été publiée, nous la transcrivons :

> Gaudia nympharum violas floresque rosarum,
> Lilia candoris, miri quoque poma saporis,
> Parque columbarum, quibus addita mater earum,
> Vestes purpureas quibus exornata Napæas
> Vincere tam cultu possim quam vincere vultu,
> Insuper argentum, gemmas promittis et aurum.
> Omnia promittis, sed nulla tamen mihi mittis,
> Si me deligeres et quæ promittis haberes,
> Res præcessissent et verba secuta fuissent.
> Ergo vel es fictus nescisque cupidinis ictus;
> Vel verbis vanis es dives, rebus inanis.
> Quod si multarum sis plenus divitiarum,
> Rusticus es qui me, tua te non credis amare.

Le moyen âge nous a laissé beaucoup de vers plus mauvais que ceux là. Suivent cinq lettres du subtil théologien Gautier de Mortagne, éditées par Luc Dachery dans le tome second de son *Spicilège*, et sommairement analysées par M. Daunou dans l'*Histoire littéraire*; t. XIII, p. 513.

Au fol. 8, d'autres vers. Les premiers, commençant par

> Susceptum semen sex primis, Petre, diebus,

avaient été recueillis par Baluze (1) comme étant d'Hildebert. Beaugendre ne les a pourtant pas publiés. Il a connu la conjecture de Baluze; mais il ne l'a pas admise. Pourquoi n'a-t-il pas eu toujours cette prudence? Nous avons indiqué de nombreuses copies de cette épigramme physiologique dont l'auteur ne sera sans doute jamais connu (2).

Les deux vers qu'on lit ensuite,

> Est aliquando bono bene ne gravibus superetur

appartiennent à une autre épigramme de quatre vers, qu'on peut croire d'Hildebert. Beaugendre ne l'ayant pas fidèlement reproduite, nous en avons donné, d'après plusieurs manuscrits, un texte plus clair (3).

A la pièce suivante,

> Res male tuta puer; ne te committe quibusdam,

il manque aussi deux vers. Nous l'avons publiée tout

(1) Papiers de Baluze, n° 120, fol. 323.

(2) *Les Mélanges poét. d'Hild.*, p. 180.

(3) *Ibid.*, p. 120.

entière d'après les papiers de Baluze, avec un vers faux que nous n'avons pas su comment corriger (1). M. Ellis en a donné depuis une édition meilleure d'après un manuscrit de la Bodléienne (2).

Nous avons déjà cité, sous le n° 712 (3), la pièce suivante :

Signat musa Petri vario modulamine metri...

Elle est de Pierre le Peintre, et M. Wattenbach l'a, comme nous l'avons dit, deux fois publiée. Nous avons pareillement cité, sous le n° 8433 (4), les douze vers mnémoniques sur les trois maris de sainte Anne qu'on lit au revers de notre feuillet 8 :

Anna viros habuit Joachim, Cleopham Salomeque...

Ils sont, croyons-nous, inédits, mais ils manquent d'intérêt. Les suivants, que nous n'avons pas rencontrés ailleurs, nous paraissent plus dignes d'être connus.

Cælica justitiam generant, humana dolorem,
Nummus amicitiam, stimulum Venus, ira furorem,
Latro perfidiam, mulier scelus, unda tumorem,
Bellum sævitiam, pisces mare, flamma calorem,
Usus (5) militiam, tonitrum polus, herba virorem,
Parcus avaritiam, manus actum, lingua cruorem (6),
Lis inimicitiam, spes ardua, culpa pudorem,
Spiritus ecclesiam, gemitum dolor, astra nitorem.

(1) *Mél. poét. d'Hildebert*, p. 187.
(2) *Anecd. Oxon.*, class. scr., t. I, part. v, p. 23.
(3) Tome I, p. 81.
(4) *Ibid.*, p. 358.
(5) Est-ce bien *usus* ?
(6) Cela est aussi obscur.

On voit les difficultés que le poète s'était proposées. Il n'a pas dû les surmonter sans quelque peine, et, comme toute peine mérite, dit-on, récompense, nous tirons ses vers de l'oubli.

Ceux qu'on lit après,

Cur pueri plures coitu generentur in uno...

sont encore des vers physiologiques, dont l'objet est d'exposer toutes les phases de la génération. Ils sont probablement d'un médecin ; d'un médecin, cela va sans dire, mal informé.

Il y a plus d'aisance et d'esprit dans les deux pièces qui suivent. Voici la première :

Cum Linus Pholoen peteret, nec posset habere,
    Vulgavit falso quod violaret eam.
Illam quærebant multi ; mala fama fugavit
    Omnes. Cum nemo ducere vellet eam,
Duxit eam Linus, Lino fraus profuit ista ;
    Et sic interdum dicere falsa juvat.

Et voici la seconde, que nous croyons du même auteur :

Sit, Rufine, pater quivis vir, dum tibi nullus.
    Gabba mihi pater est ; quis, nisi Nemo, tibi ?
Mille patres tibi sunt, ego, qui loquor, unus eorum.
    Cui pater est populus non habet ille patrem.
Patre licet careas, o Neminis inclyta proles,
    Quo te cumque tamen vertis, ubique pater.
Vertere detrorsum, pater est ibi ; vertere retro,
    Est ibi ; si contra verteris, est et ibi.
Una tibi mater, pater est tibi nullus et omnis ;
    Mater enim populi sponsa, pater populus.
O proles populi et scorti, non degenerasti

Cum, septennis adhuc, in patre mater eras. (1),
Ergo tuum patrem, proles generalis, honora,
Imo tuum patrem quemlibet esse puta,
Semipatrique mihi modicum præstetur honoris,
Nam sum semipater, judice matre, tuus;
Noster es, et, signo si res eget, hoc tibi signum est :
Nescio quid nostri, Rufe, coloris habes.

On est tenté de supposer que ces petits poèmes sont de Matthieu de Vendôme. *Elegos,* a-t-il dit, *Vindocinensis amat;* et, en effet, il ne nous a laissé que des vers élégiaques. Ajoutons qu'il avait coutume d'appeler *Rufinus, Rufus,* son rival détesté, Arnoul de Saint-Euverte (2). On sait enfin qu'il avait le goût de l'injure, et qu'il a souvent, pour le satisfaire, déclamé contre des monstres par lui créés.

A la suite, des hexamètres sur une fiction érotique. Voici le premier :

Eole, rex fortis, ventosæ cura cohortis...

Ces hexamètres ont été publiés par M. Endlicher : *Cod. philol. Vindob.*, p. 178. Il en existe une autre copie dans le n° 117 de Tours, fol. 121. Cette pièce finit par :

Quaslibet in partes similes exerceat artes.

Les trois vers qu'y a joints le copiste en doivent être séparés. Ce sont des vers mnémoniques, qui n'ont rien de jovial.

(1) Ces deux vers sont ailleurs avec ces variantes :

O proles populi et scorti, non degenerabas
Cum duodenus adhuc in patre mater eras.

(2) *Journal des Savants;* 1883, p. 211.

Cette quatrième colonne du huitième feuillet se termine par la courte pièce,

Ut belli sonuere tubæ, violenta peremit...,

imprimée dans l'*Anthologie* sous le nom de l'empereur Trajan ; n° 393 de l'édition donnée par M. Riese.

Au fol. 10, les actes d'un synode diocésain assemblé dans la ville de Pont-Audemer en l'année 1279. Ces actes ont été publiés.

Du fol. 20 au fol. 31, des notes empruntées à plusieurs de ces manuels épistolaires qui portent le titre commun d'*Ars dictaminis*. Au revers du feuillet 23 on lit : *Hæc de salutationibus magistri Bernardi, Magudensis archiepiscopi, ad præsens sufficiant. Magudensis* ne peut être une altération de *Maguntinensis*, le pape dont le nom se lit en tête des formules de lettres pontificales étant Célestin III, qui siégea de 1198 à 1218 ; aucun Bernard ne figure, en effet, à cette date parmi les archevêques de Mayence. Il faut lire *Bernardi Magdunensis*, et ne tenir aucun compte de ce titre d'archevêque donné par le copiste à Bernard de Meung, grammairien de grand renom au XIIe siècle, dont le *Dictamen* a été décrit par M. Wattenbach dans les *Archiv* de Pertz ; t. X, p. 557. Ce *Dictamen*, l'avons-nous ici ? Nous ne l'avons pas certainement sous le nom de l'auteur. En voici, du moins, quelques extraits ; mais ce sont des extraits qui, réduits aux formules, ne nous apprennent rien.

Du fol. 31 au fol. 82, un mélange de sermons et de lettres dont le n° 2907 nous offre quelques pièces dans le même désordre. Parlons d'abord des sermons.

Une note marginale les attribue, par simple conjecture, à certain Odon, chanoine régulier, dont le nom se lit en tête des lettres. Quoique les auteurs de l'*Histoire littéraire* aient adhéré sans défiance à cette conjecture (1), il nous est prouvé qu'elle n'est pas en tout bien fondée.

Le premier des sermons commence par : *Qui est ex Deo verba... - Magnum est bonum et necessarium, fratres carissimi, ex Deo esse.* Ce sermon est peut-être, en effet, du chanoine ci-dessus nommé. Du même auteur doit être le suivant, commençant par : *Hodierna die, elevatis sursum cordibus, immensas gratiarum actiones tibi, Jesu bone, referimus.* Nous n'avons pas rencontré d'autres copies de ces sermons. Mais le troisième nous est d'ailleurs connu. Celui-ci, commençant par *Quem vultis dimittam vobis*, est du pape Innocent III et a été publié sous son nom dans le tome CCXVII, col. 525, de la *Patrologie*. Assurément on ne suppose pas que, dans un recueil formé par lui-même, que précède un prologue de sa main à l'abbé de Citeaux, le pape Innocent III ait inséré, se l'attribuant, un sermon fait par un autre. Nous avons, d'ailleurs, à nous féliciter d'avoir rencontré dans notre manuscrit une ancienne et bonne copie de ce sermon dont les éditions sont très défectueuses. Il y a des fautes de toute sorte, même de bizarres. Ainsi, dans les éditions, l'orateur finit en invitant ses confrères à se rendre dignes par leur bonne vie d'être admis, dans le ciel, à posséder Dieu : *Quatenus... ad*

(1) *Hist. litt. de la Fr.*, t. XIV, p. 350.

ipsius possitis pertingere possessionem. Mais cette entrée en possession de Dieu n'est qu'un mythe, dont l'invention est imputable à quelque copiste ou à quelque typographe. Au lieu de *possessionem*, notre manuscrit a *visionem*. Nous ne connaissons pas une autre copie du sermon suivant (fol. 44) : *Humiliate vos ad benedictionem... — Obsecro vos, fratres carissimi, obsecro vos, filii Dei, intenti estote*. Mystique comme les deux premiers, ce sermon paraît du même auteur. C'est aussi notre opinion sur le cinquième, qui commence par : *Amen, amen dico vobis... — Hodierna sancti Evangelii lectio, fratres carissimi, admonet ut petamus;* et sur le sixième : *Magno et ineffabili gaudio mens tua, homo*. Nous n'avons rien de plus à dire sur ces sermons. Mais sur le septième et dernier nous avons à donner quelques explications dont la nécessité sera tout à l'heure reconnue.

Ce sermon, séparé des autres, commence au fol. 74, par ces mots : *Foderunt manus meas... — Septimana præsens, carissimi fratres, ex re nomen habens, vocatur laboriosa*. Dans le n° 1417 de Colbert, qui est aujourd'hui le n° 2907 de la Bibliothèque nationale, ce sermon se lit au fol. 153. Or, ce volume contient un grand nombre de lettres dont les premières sont d'Hildebert. C'est pourquoi Beaugendre, ayant rencontré là ce sermon jusqu'alors inédit, l'a cru d'Hildebert et l'a publié sous son nom (*Hild. opera*, col. 439). Il s'est évidemment trompé. Le sermon dont il s'agit est, dans notre manuscrit, entre deux lettres dont l'auteur incontestable est le chanoine Odon. Ainsi Beaugendre n'avait aucune raison pour l'introduire dans les Œuvres d'Hildebert, et son erreur nous semble d'autant plus fâcheuse qu'il nous l'a fait partager (1). Non, ce sermon n'est pas d'Hildebert.

Quant aux lettres, on ne sait guère à quel Odon les rapporter. Oudin et les auteurs de la *Gaule chrétienne* les croient d'Odon, abbé de Sainte-Geneviève. L'abbé Lebeuf et les auteurs de l'*Histoire littéraire* (2) les réclament pour Odon, abbé de Saint-Père. Ces deux suppositions ne nous semblent pas avoir encore été mieux justifiées l'une que l'autre. Quel que soit le très pieux Odon à qui l'on doit ces lettres, elles ont été publiées par d'Achery dans le tome II, p. 525-548 de son *Spicilège*.

N'omettons pas de faire remarquer que la quatrième de ces lettres (fol. 69) est imprimée sous le nom d'Hildebert à la page 53 de l'édition de Beaugendre. Cette lettre est à l'adresse d'un puissant personnage, récemment disgracié. L'ayant trouvée dans le n° 1417 de Colbert (fol. 149) et ne sachant pas que son confrère d'Achery l'avait depuis longtemps éditée sous un autre nom, Beaugendre l'a reproduite comme étant d'Hildebert, l'a datée de l'année 1129 et s'est donné beaucoup de peine pour établir qu'Étienne de Garlande est le personnage dont elle plaint la disgrâce. Elle n'est pas plus d'Hildebert que le sermon tout à l'heure cité.

Au feuillet 82, une homélie qu'une note marginale donne à saint Césaire. Il est vrai que les premières phrases de cette exhortation ascétique sont aussi les premières d'une homélie tour à tour imprimée sous

(1) *Not. et extr. des man.*, t. XXXII, 2e part., p. 130.
(1) Tome XIV, p. 350.

les noms de saint Césaire (*Patrol.* t. LXVII, c. 1089) et de saint Eucher (*Ibid.*, t. L, c. 848); mais la suite diffère complètement.

Du feuillet 87 au feuillet 95, des canons ou décrets pontificaux.

Au feuillet 95, la fin de la dédicace du *Carmen paschale* de *Juvencus*. Le commencement de cette dédicace est au feuillet 119. Ce feuillet 95 n'est donc pas à sa place.

Au revers de ce feuillet, un tableau de lettres formées, avec quelques explications sur l'usage de ces lettres. Ces notes instructives, qui se trouvent aussi dans le n° 882 de Douai, ont été publiées par Sirmond dans le tome II de ses *Conciles*.

A deux pages de considérations sur la mort, dont le commencement nous manque, succèdent plusieurs lettres et un sermon d'Ives de Chartres. Ce sermon, qui a pour objet les cérémonies d'une dédicace, est un vrai traité. On le peut lire dans le tome CLXII de la *Patrologie*, col. 527. Les lettres sont dans le même volume.

Suit une pièce très précieuse, la lettre de Lambert, abbé de Pouthière, sur la prononciation usuelle du latin au XIIe siècle. On est généralement persuadé que Mabillon a donné cette lettre tout entière dans l'appendice du second tome de ses *Annales*, p. 744. Il n'en a publié qu'une partie, peut-être la moins curieuse. Nous signalons notre texte complet aux savants que ces questions intéressent. Lambert ne prescrit pas de prononcer de telle manière ou de telle autre ; c'est un témoin, qui fait connaître en les expliquant, quelquefois en les justifiant, les usages de son temps. Sa lettre est donc un document de grande importance.

Au feuillet 109, le traité de Gerbert *De rationali et ratione uti*. M. Olleris a connu ce manuscrit et en a recueilli les variantes.

Suivent quelques fragments. Le premier est sur une question de logique, la distinction du sujet et de l'accident; les autres ont pour matière divers passages de l'Écriture sainte.

Au fol. 119, le commencement de la dédicace qui précède le *Carmen paschale*. Nous avons dit que la fin de cette dédicace est au fol. 95.

Au fol. 121, l'apologie d'Innocent II, par le jeune Arnoul, futur évêque de Lisieux. Cet écrit, dont plusieurs passages sont des invectives d'une grande véhémence, a été publié par d'Achery; *Spicileg*. t. I, p. 152 de l'édition in-folio.

Au fol. 137, un traité, dont la fin manque, sous ce titre : *Libellus mag. Hugonis de Sancto Victore de Virtute amoris*. Mais ce titre est faux ; nous avons ici le *Tractatus de gradibus caritatis* de Richard de Saint-Victor : *Patrologie*, t. CXCVI, col. 1195. Corrigeons d'étranges fautes dans les premiers mots de l'édition. On y lit : *Cogit me infantia charitatis tuæ mihi, amantissime, aliquid*... Mais on devrait y lire : *Cogit me instantia caritatis tuæ, amicorum amantissime, aliquid*... D'autres éditions de ce traité, qui ne sont pas meilleures, l'attribuent à saint Bernard, et dans le n° 56 du collège Marie-Madeleine, à Oxford, il est sous le nom de saint Anselme. Mais l'auteur véritable est bien Richard de Saint-Victor. Mabillon l'a reconnu.

Au fol. 155, une sorte de sermon, du moins un discours solennel sur le miracle opéré par le corps de Saint-Martin qui mit en fuite les Danois assiégeant la ville de Tours. Le fait eut lieu, dit-on, en l'année 841. Le narrateur ne paraît pas douter de ce qu'il raconte; il prend soin néanmoins d'avertir ses auditeurs qu'il ne peut garantir toutes les circonstances du miracle, étant clerc d'Utrecht et ne parlant que sur la foi d'autrui. Le commencement de cette pièce nous manque.

FIN DU TOME DEUXIÈME

NUMÉROS DES VOLUMES DÉCRITS

TABLE DES AUTEURS CITÉS

Le Mans. — Typographie Edmond Monnoyer.

DU MÊME AUTEUR

HISTOIRE DE LA PHILOSOPHIE SCOLASTIQUE

Paris, Pedone-Lauriel, 1872-1880, 3 vol. in-8°.

LES MÉLANGES POÉTIQUES D'HILDEBERT DE LAVARDIN

Paris, Pedone-Lauriel, 1882, in-8°.

LES ŒUVRES DE HUGUES DE SAINT-VICTOR

Paris, Hachette et Cie, 1886, 1 vol. in-8°.

DES POÈMES LATINS ATTRIBUÉS A SAINT BERNARD

Paris, Klincksieck, 1890, in-8°.

HISTOIRE LITTÉRAIRE DU MAINE

Paris, Dumoulin, 1870-1877, 10 vol. in-18.

LE MANS. — TYP. ED. MONNOYER

www.ingramcontent.com/pod-product-compliance
Ingram Content Group UK Ltd.
Pitfield, Milton Keynes, MK11 3LW, UK
UKHW020127220726
13923UKWH00001B/37